国家出版基金项目
NATIONAL PUBLICATION FOUNDATION

中國第一歷史檔案館
福建省林則徐研究會
編

清宮林則徐檔案匯編

13

海峽出版發行集團
海峽文藝出版社

第一三册 目録

文種	事由	時間	頁碼
江蘇巡撫林則徐題本	宜興縣縣丞汪仁俸滿循例保薦	道光十五年五月二十八日 一八三五年六月二十三日	一
江蘇巡撫林則徐題本	上海縣黄浦司巡檢陳光曙俸滿循例保薦	道光十五年五月二十八日 一八三五年六月二十三日	八
江蘇巡撫林則徐題本	驗明碭山縣民楊廣興傷斃田玉擬絞監候	道光十五年五月二十八日 一八三五年六月二十三日	一五
江蘇巡撫林則徐題本	驗明海州客民祁聘居毆斃顧有高擬絞監候	道光十五年五月二十八日 一八三五年六月二十三日	二五
江蘇巡撫林則徐奏摺	江安蘇松兩糧道道光十三年漕項奏銷已未完錢糧比較分數	道光十五年六月十九日 一八三五年七月十四日	三六

江蘇巡撫林則徐清單	江安蘇松兩糧道道光十三年漕項錢糧奏銷比較完欠分數清單	道光十五年六月十九日 一八三五年七月十四日	四二
江蘇巡撫林則徐奏摺	追補江蘇省三次清查案内虧墊銀數並查辦限滿未完之員	道光十五年六月十九日 一八三五年七月十四日	六一
江蘇巡撫林則徐奏摺	奏報江蘇省道光十五年五月份雨水糧價情形	道光十五年六月十九日 一八三五年七月十四日	六七
江蘇巡撫林則徐清單	江蘇省道光十五年五月份糧價清單	道光十五年六月十九日 一八三五年七月十四日	七一
江蘇巡撫林則徐奏片	奏報江蘇省道光十五年五月份收捐監生銀數	道光十五年六月十九日 一八三五年七月十四日	八六
江蘇巡撫林則徐奏摺	審擬挾讎燒斃七命之鎮洋縣民聞奉等案	道光十五年六月十九日 一八三五年七月十四日	八九
上諭	著林則徐會同滸墅淮安關監督查辦蠹吏加徵額税等事	道光十五年六月二十一日 一八三五年七月十六日	九九
江蘇巡撫林則徐題本	儀徵縣知縣丁憂委改補知縣王澄署理	道光十五年六月二十一日 一八三五年七月十六日	一〇三
江蘇巡撫林則徐題本	題報分發山東試用知縣汪承鏞親父在籍病故例應丁憂	道光十五年六月二十一日 一八三五年七月十六日	一〇七
江蘇巡撫林則徐題本	題報撥解江寧乙未年夏秋冬三季兵餉銀數並起解緣由	道光十五年六月二十一日 一八三五年七月十六日	一一二

具文人	事由	日期	頁碼
江蘇巡撫林則徐題本	題銷江淮興武二衛幫支領道光十五年行月錢糧數目	道光十五年六月二十一日 一八三五年七月十六日	一一七
江蘇巡撫林則徐題本	驗明銅山縣民王學蘭戳斃王鳴案擬絞監候	道光十五年六月二十一日 一八三五年七月十六日	一二三
江蘇巡撫林則徐奏摺	宿遷縣知縣張志遂疎防致人犯逃脱請旨革職協緝	道光十五年六月二十九日 一八三五年七月二十四日	一三七
江蘇巡撫林則徐奏片	飭屬不分畛域緝捕案犯情形	道光十五年六月二十九日 一八三五年七月二十四日 *	一四一
江蘇巡撫林則徐奏摺	揚關年收税銀溢額照例盡數報解	道光十五年六月二十九日 一八三五年七月二十四日	一四七
江蘇巡撫林則徐奏片	蘇松等屬叠被風潮及辦理勸捐情形	道光十五年六月二十九日 一八三五年七月二十四日 *	一五一
兩江總督陶澍江蘇巡撫林則徐奏摺	大挑試用知縣潘照麟陳請改教職循例請旨准改	道光十五年六月二十九日 一八三五年七月二十四日	一五七
兩江總督陶澍江蘇巡撫林則徐奏摺	江蘇省並無洋銀出洋請毋庸禁止	道光十五年六月二十九日 一八三五年七月二十四日 *	一六〇
江蘇巡撫林則徐題本	題銷江蘇省道光十四年份撫標各營支過朋馬錢糧數目	道光十五年閏六月初一日 一八三五年七月二十六日	一六六
江蘇巡撫林則徐題本	題報前署兩淮鹽運使王鳳生病故日期	道光十五年閏六月初六日 一八三五年七月三十一日	一七一

具文者	事由	日期	頁碼
江蘇巡撫林則徐題本	題報蘇松太道陽金城委管江海關税務日期	道光十五年閏六月初六日 一八三五年七月三十一日	一七六
江蘇巡撫林則徐題本	題報江淮等屬道光十三年帶徵歷年地丁等項錢糧完欠數目	道光十五年閏六月初六日 一八三五年七月三十一日	一八〇
江蘇巡撫林則徐題本	驗明江寧縣回民馬長年毆斃周應順案擬絞監候	道光十五年閏六月初六日 一八三五年七月三十一日	一九〇
江蘇巡撫林則徐題本	驗明清河縣客民李廣德毆斃李長春案擬杖流	道光十五年閏六月初六日 一八三五年七月三十一日	二〇四
上諭	著准林則徐所奏將宿遷縣知縣張志遂革職離任並協緝	道光十五年閏六月十九日 一八三五年八月十三日	二一六
江蘇巡撫林則徐奏摺	奏報江蘇省道光十五年六月份雨水糧價情形	道光十五年閏六月二十四日 一八三五年八月十八日	二一七
江蘇巡撫林則徐清單	江蘇省道光十五年六月份糧價清單	道光十五年閏六月二十四日 一八三五年八月十八日	二二二
江蘇巡撫林則徐奏片	奏報江蘇省道光十五年六月份收捐監生銀數	道光十五年閏六月二十四日 一八三五年八月十八日	二三七
江蘇巡撫林則徐奏摺	審明呂鵬京控案擬將案犯許渭充軍	道光十五年閏六月二十四日 一八三五年八月十八日	二四〇
兩江總督陶澍江蘇巡撫林則徐奏摺	審明前任安東縣知縣馮立嶸虧缺庫項案分別定擬	道光十五年閏六月二十四日 一八三五年八月十八日	二四九

文件	事由	日期	頁碼
江蘇巡撫林則徐題本	題報海門同知照磨胡澤光俸滿循例保薦	道光十五年七月初一日 一八三五年八月二十四日	二五七
江蘇巡撫林則徐題本	題報上海縣典史李約俸滿循例保薦	道光十五年七月初一日 一八三五年八月二十四日	二六三
江蘇巡撫林則徐題本	題參署銅山縣知縣王文炳等疎防劫案限滿贓犯無獲	道光十五年七月初一日 一八三五年八月二十四日	二七〇
江蘇巡撫林則徐題本	題參昭文縣知縣張綬組等疎防行舟被搶届滿贓犯無獲	道光十五年七月初一日 一八三五年八月二十四日	二七六
江蘇巡撫林則徐題本	題參前任宜興縣知縣錢燕桂等疎防停船被竊限滿贓犯無獲	道光十五年七月初一日 一八三五年八月二十四日	二八二
江蘇巡撫林則徐題本	題報江蘇省道光十五年份夏麥收成分數	道光十五年七月初一日 一八三五年八月二十四日	二八九
江蘇巡撫林則徐奏摺	江蘇省道光十四年份徵收新舊地丁錢糧比較完欠分數	道光十五年七月十八日 一八三五年九月十日	三〇〇
江蘇巡撫林則徐清單	江蘇省道光十四年份徵收新舊地丁錢糧比較上三年完解分數清單	道光十五年七月十八日 一八三五年九月十日	三〇六
江蘇巡撫林則徐奏摺	辦解顏料棉布部價不敷動支耗羡銀兩	道光十五年七月十八日 一八三五年九月十日	三二二
江蘇巡撫林則徐奏摺	江蘇省道光十五年閏六月份雨水糧價情形	道光十五年七月十八日 一八三五年九月十日	三二六

文件	事由	日期	頁碼
江蘇巡撫林則徐奏片	奏報江蘇省道光十五年閏六月份收捐監生銀數	道光十五年七月十八日 一八三五年九月十日	三三一
江蘇巡撫林則徐奏摺	奏報起程監臨文闈日期	道光十五年七月十八日 一八三五年九月十日	三三四
兩江總督陶澍江蘇巡撫林則徐奏摺	上海縣捐修城垣工竣請奬勵捐資出力官紳	道光十五年七月十八日 一八三五年九月十日	三三七
江蘇巡撫林則徐題本	溧陽縣補徵道光十一年份緩漕米石全完題請開復知縣鄧秉乾	道光十五年七月十八日 一八三五年九月十日	三四四
江蘇巡撫林則徐題本	勘明丹徒縣坍荒減則田地題請照例豁減錢糧	道光十五年七月十八日 一八三五年九月十日	三四九
上諭	著林則徐等妥議朱為弼奏剔弊速漕各事	道光十五年七月二十四日 一八三五年九月十六日	三五九
江蘇巡撫林則徐題本	題銷蘇州等屬道光十四年份地丁等項錢糧數並已未完各職名（首缺）	道光十五年八月初三日 一八三五年九月二十四日	三六二
江蘇巡撫林則徐奏摺	查提江蘇省道光十四年份交代存庫銀兩	道光十五年八月初六日 一八三五年九月二十七日	四四〇
江蘇巡撫林則徐清單	江蘇省道光十四年份各屬交代提清存庫及歸入下屆彙辦各案清單	道光十五年八月初六日 一八三五年九月二十七日	四四四
江蘇巡撫林則徐奏摺	江蘇省道光十五年七月份雨水糧價情形	道光十五年八月初六日 一八三五年九月二十七日	四七一

江蘇巡撫林則徐清單	江蘇省道光十五年七月份糧價清單	道光十五年八月初六日 一八三五年九月二十七日	四七六
江蘇巡撫林則徐奏片	江蘇省道光十五年七月份收捐監生銀數	道光十五年八月初六日 一八三五年九月二十七日	四九一
江蘇巡撫林則徐奏摺	寶蘇局餉錢充裕請暫停鼓鑄	道光十五年八月初六日 一八三五年九月二十七日	四九四
江蘇巡撫林則徐等奏摺	遵旨會訊辦理滸墅關丈量沈培違例徇私案	道光十五年八月初六日 一八三五年九月二十七日	四九九
江蘇巡撫林則徐等奏摺	遵旨查辦宿遷分口差役康景山等違例需索案	道光十五年八月初六日 一八三五年九月二十七日	五一二
兩江總督陶澍江蘇巡撫林則徐奏摺	請以吴縣知縣湯譽光調署南匯縣知縣並請實授	道光十五年八月初六日 一八三五年九月二十七日	五二一
江蘇巡撫林則徐題本	題報江寧等屬道光十四年冬季委署州縣職名	道光十五年八月初六日 一八三五年九月二十七日	五二六
江蘇巡撫林則徐題本	題報署吴縣主簿孫沁俸滿循例保薦（首缺）	道光十五年八月初六日 一八三五年九月二十七日	五三一
江蘇巡撫林則徐題本	題報太倉州甘草司巡檢曾浩俸滿循例保薦	道光十五年八月初六日 一八三五年九月二十七日	五三六
江蘇巡撫林則徐題本	題參元和縣知縣黄冕等疎防行船被劫届滿贓犯無獲（破損）	道光十五年八月初六日 一八三五年九月二十七日	五四三

江蘇巡撫林則徐題本	題參署荆溪縣知縣洪玉珩等疎防劫案限滿贓犯無獲	道光十五年八月初六日 一八三五年九月二十七日	五五〇
江蘇巡撫林則徐題本	題參署荆溪縣知縣洪玉珩等疎防行舟被搶限滿贓犯無獲	道光十五年八月初六日 一八三五年九月二十七日	五五六
江蘇巡撫林則徐題本	題報江陰縣徐泗等處坍没田岸應需豁課銀數目	道光十五年八月初六日 一八三五年九月二十七日	五六二
江蘇巡撫林則徐題本	題報驗明海州民人薄開春戳斃李遺太案擬絞監候	道光十五年八月初六日 一八三五年九月二十七日	五七三
江蘇巡撫林則徐題本	題報驗明靖江縣民秦松觀傷斃伊妻印氏擬絞監候	道光十五年八月初六日 一八三五年九月二十七日	五八五
江蘇巡撫林則徐題本	題報驗明銅山縣民陳得馨戳斃伊妻滕氏並子女擬絞監候	道光十五年八月初六日 一八三五年九月二十七日	五九九

江蘇巡撫林則徐題本

宜興縣縣丞汪仁倖滿循例保薦

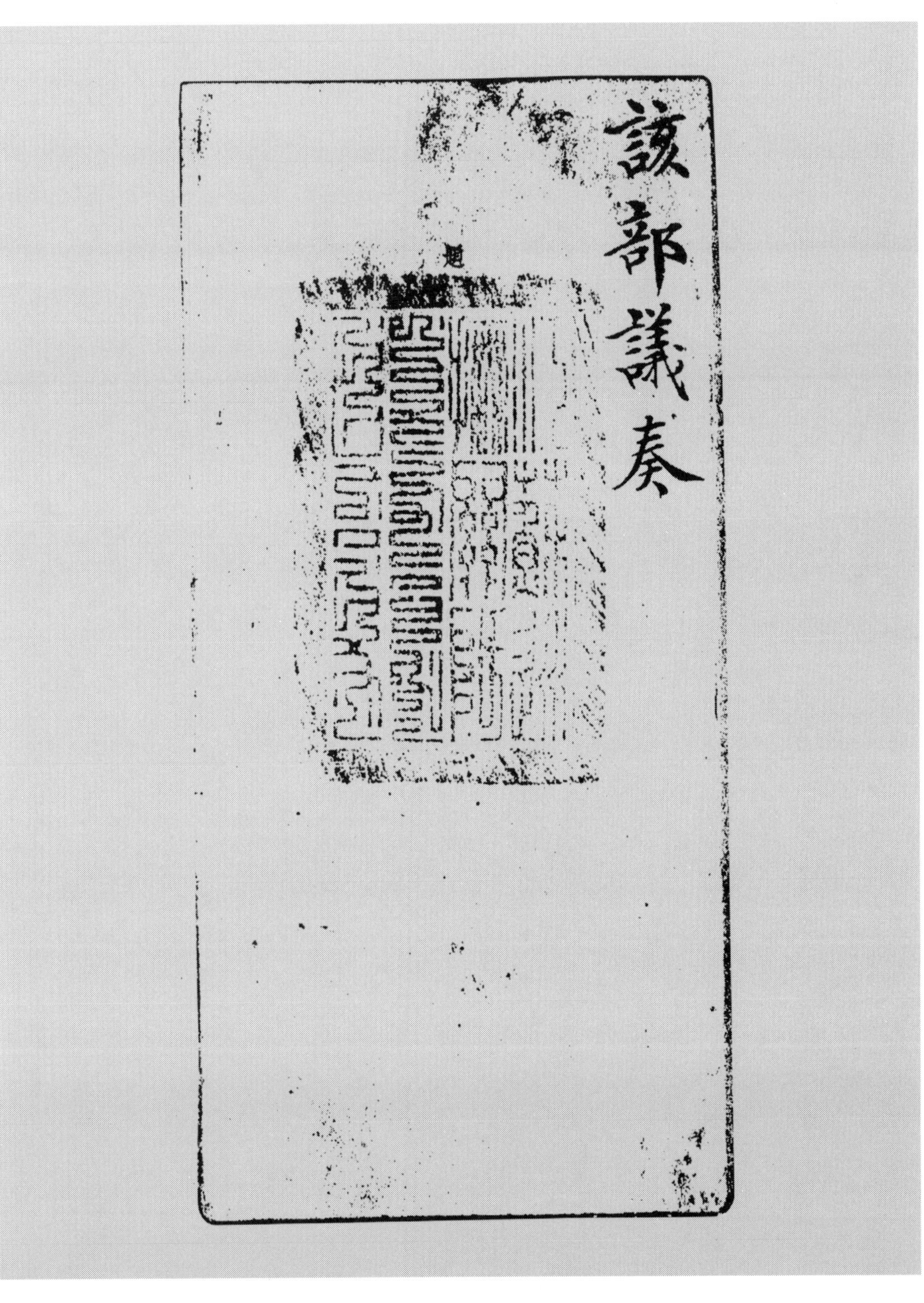

題

該部議奏

江蘇巡撫林則徐題本　宜興縣縣丞汪仁俸滿循例保薦
道光十五年五月二十八日

兵部侍郎兼都察院右副都御史巡撫江蘇等處地方提督軍務總理糧儲臣林則徐謹
題爲俸滿人員循例保
題事據蘇州布政使陳鑾會同江蘇按察使裕謙
詳稱准分巡常鎮通海道李彥章移據常州府
知府汪河詳據署宜興縣知縣何森林詳准縣
丞汪仁移稱竊仁現年肆拾歲浙江秀水縣人
由監生遵續增土方例報捐從九品復遵武陟
投效例加捐縣丞分發簽掣江蘇咨署南匯縣
縣丞道光肆年捌月貳拾壹日到任迴避程途
於伍年叁月貳拾捌日卸事未經改調旋即聞
訃丁父憂回籍服滿仍赴江蘇委用咨署今職
捌年拾月初柒日到任挑浚孟瀆等河出力保

江蘇巡撫林則徐題本 宜興縣縣丞汪仁俸滿循例保薦
道光十五年五月二十八日

奏奉
上諭著以應陞之缺儘先陞用欽此試署期滿補請
實授在案今自道光肆年捌月貳拾壹日到南
匯縣縣丞任之日起前後兩任接筭連閏扣至
拾叁年拾貳月叁拾日初次陞年俸滿理合出
具親供移請送驗等因到縣該署宜興縣知縣
何森林查得汪仁自到任以來每逢朔望宣講
聖諭廣訓使民咸知感化圩圖如有坍塌勸民修築河
港於淺即令疏通親督弓兵晝夜巡查盜賊查
辦撫恤勸捐設廠煮粥或散米給錢均能實心
實力不辭勞瘁恪遵
功令不敢擅受民詞署縣何森林到任未滿叁月

例不出考理合造冊同親供給文送驗等情到
府該常州府知府汪河核驗得汪仁心細才長
辦事勤奮堪以保薦相應加考同送到供冊轉
詳核驗等情到道該分巡常鎮通海道李彥章
核驗得汪仁心地明白才具優長堪膺民社理
合加考同供冊移送驗轉等因到司該蘇州布
政使陳鑾會同江蘇按察使裕謙查得宜興縣
縣丞汪仁自前任南匯縣縣丞道光肆年捌月
貳拾壹日到任迴避程途伍年叁月貳拾捌日
卸事丁憂服滿來省咨署今職捌年拾月初柒
日到任前後兩任接算連閏扣至拾叁年拾貳
月叁拾日初次陸年俸滿茲據該縣取具供冊

江蘇巡撫林則徐題本 宜興縣縣丞汪仁俸滿循例保薦
道光十五年五月二十八日

由府道出考保爲前來驗得該員年壯才明通
事奮勉堪以保薦相應詳候驗看會
題等情到臣據此該臣查得宜興縣縣丞汪仁自
前任南匯縣縣丞道光肆年捌月貳拾壹日到
任迴避程途伍年叁月貳拾捌日卸事丁憂服
滿來省咨署今職捌年拾月初柒日到任前後
兩任核算連閏扣至拾叁年拾貳月叁拾日初
次陞年俸滿例應驗看甄別茲據蘇州布政使
陳鑾等會詳該員自到任以來每逢朔望宣講
聖諭廣訓使民咸知感化圩閘如有坍塌勸民修築河
港淤淺即令疏通親督弓兵晝夜巡查盜賊查
辦撫恤勸捐設廠煮粥或散米給錢均能實心

實力不辭勞瘁恪遵
功令不敢擾累民詞覆查該員年壯才明遇事奮
勉堪以保薦詳候驗看會
題前來臣查驗得汪仁明白穩練差委克勤堪以
保薦除將供冊送部查核外謹會同兩江總督
臣陶澍合詞具
題伏乞
皇上聖鑒勅部議覆施行謹題請
旨

江蘇巡撫林則徐題本 宜興縣縣丞汪仁俸滿循例保薦
道光十五年五月二十八日

道光[illegible]地方提督軍務總理糧儲臣林則徐

兵部侍郎兼都察院右副都御史巡撫江蘇等處地方提督軍務總理糧儲臣林則徐謹
題為俸滿人員循例保
題事該臣查得宜興縣縣丞汪仁自前任南匯縣
縣丞道光肆年捌月貳拾壹日到任迴避程途
伍年叁月貳拾捌日卸事丁憂服滿來省咨署
今職捌年拾月初柒日到任前後兩任接算連
閏扣至拾叁年拾貳月叁拾日初次陸年俸滿
例應驗看甄別茲據蘇州布政使陳鑾等會詳
該員年壯才明遇事奮勉堪以保薦詳候驗看
會
題前來臣查驗得汪仁明白熟練差委克勤堪以
保薦除將供冊送部外謹會題請
旨

江蘇巡撫林則徐題本 **上海縣黃浦司巡檢陳光曙俸滿循例保薦**

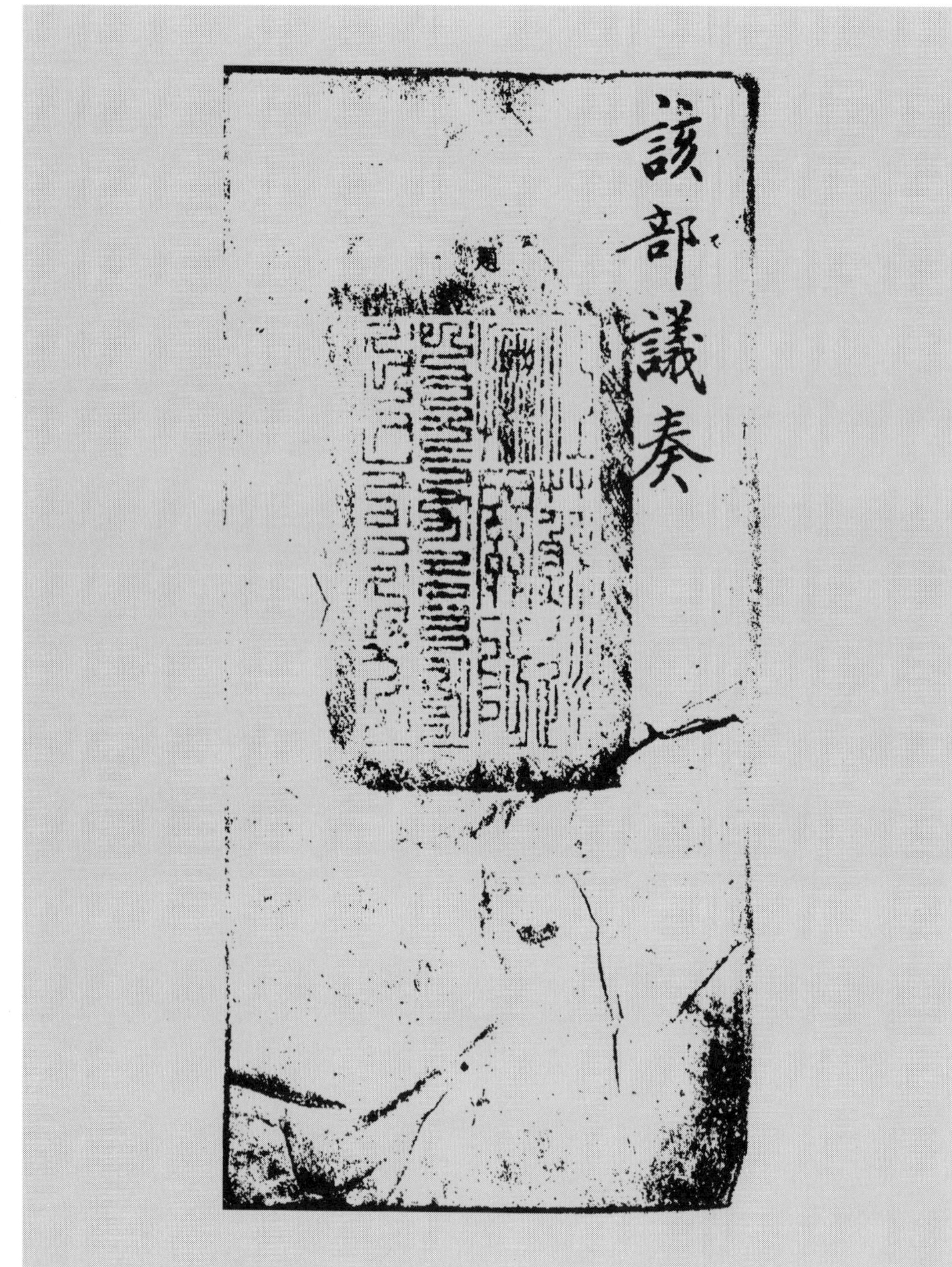
該部議奏

題

江蘇巡撫林則徐題本　上海縣黃浦司巡檢陳光曙俸滿循例保薦
道光十五年五月二十八日

兵部侍郎兼都察院右副都御史巡撫江蘇等處地方提督軍務總理糧儲臣林則徐謹
題為俸滿人員循例保
題事據蘇州布政使陳鑾會同江蘇按察使裕謙
詳稱准護理分巡蘇松太道善慶移據松江府
知府李昭美詳據上海縣知縣溫綸澄申據黃
浦司巡檢陳光曙申稱竊光曙現年伍拾叁歲
係順天大興縣人祖籍浙江山陰縣由監生遵
續增武陟例捐從玖品分發籤掣江蘇咨署丹
徒縣安港司巡檢道光貳年拾壹月初貳日先
行任事拾壹月叁拾日奉文准署對調江西崇
義縣鉛廠司巡檢叁年柒月貳拾捌日卸事嗣
因正任鉛廠司巡檢梁綸無庸迴避奉部飭回

本任於肆年肆月初捌日回任陸月初貳日聞
訃丁母憂是日在任丁父憂陸月初柒日卸事
回籍服滿仍赴江蘇委用咨署今職柒年肆月
貳拾伍日到任試署期滿呈請實授在案今自
前任丹徒縣安港司巡檢道光貳年拾壹月叁
拾日奉文准署之日起前後兩任接筭連閏扣
至拾壹年捌月拾捌日初次陸年俸滿備具親
供申送到縣該上海縣知縣温綸湛查得陳光
曙自到任以來每逢朔望隨同宣講
聖諭廣訓使民咸知理法督率弓兵晝夜巡緝地方安
謐遇有私梟獲解究辦恪遵
功令不敢擅受民詞該員辦事結實緝捕勤能實

爲佐雜中出色之員堪以保薦相應塡考造冊
送驗等情到府該松江府知府李昭美核驗得
陳光曙年富才明緝捕勤慎堪膺保薦相應加
考同供冊詳送核驗等情到道該護理分巡蘇
松太道善慶到任未及叁月例不加考合將供
冊移送驗轉等因到司該蘇州布政使陳鑾會
同江蘇按察使裕謙查得上海縣黃浦司巡檢
陳光曙自前任丹徒縣安港司巡檢道光貳年
拾壹月叁拾日奉文准署肆年陸月初柒日丁
憂卸事服滿來省咨署今職柒年肆月貳拾伍
日到任前後兩任接算連閏扣至拾壹年捌月
拾捌日初次陸年俸滿茲據該府縣取具供冊

出考保薦由道移送驗轉前來驗得該員才具
明白緝捕勤能堪以保薦相應詳候驗看會
題等情到臣據此該臣查得上海縣黃浦司巡檢
陳光曙自前任丹徒縣安港司巡檢道光貳年
拾壹月叁拾日奉文准署肆年陸月初柒日丁
憂卸事服滿來省咨署今職柒年肆月貳拾伍
日到任前後兩任接算建閏扣至拾壹年捌月
拾捌日初次陸年俸滿例應驗看甄別兹據蘇
州布政使陳鑾等會詳該員自到任以來每逢
朔望隨同宣講
聖諭廣訓使民咸知理法督率弓兵晝夜巡緝地方安
謐遇有私梟獲解究辦恪遵

江蘇巡撫林則徐題本　上海縣黃浦司巡檢陳光曙俸滿循例保薦
道光十五年五月二十八日

功令不敢擅受民詞屢查該員才具明白緝捕勤
能堪以保薦詳候驗看會
題前來臣查驗得陳光曙捕務勤能地方熟悉堪
以保薦除將供冊送部查核外謹會同兩江總
督臣陶澍合詞具
題伏乞
皇上聖鑒勅部議覆施行謹題請
旨

江蘇巡撫林則徐題本　上海縣黃浦司巡檢陳光曙俸滿循例保薦
道光十五年五月二十八日

道光……方提督軍務總理糧儲臣林則徐

兵部侍郎兼都察院右副都御史巡撫江蘇等處地方提督軍務總理糧儲臣林則徐謹

題爲俸滿人員循例保

題事。該臣查得上海縣黃浦司巡檢陳光曙自前任丹徒縣安港司巡檢道光貳年拾壹月叁拾日奉文准署，肆年陸月初柒日丁憂卸事，服滿來省咨署，令職柒年肆月貳拾伍日到任，前後兩任核算連閏扣至拾壹年捌月拾捌日初次陸年俸滿，例應驗看甄別。茲據蘇州布政使陳鑾等會詳，該員才具明白，緝捕勤能，堪以保薦，詳候驗看會

題前來，臣查驗得陳光曙補務勤能，地方熟悉，堪以保薦，除將供冊送部外，謹會題請

旨

江蘇巡撫林則徐題本

驗明碭山縣民楊廣興傷斃田玉擬絞監候

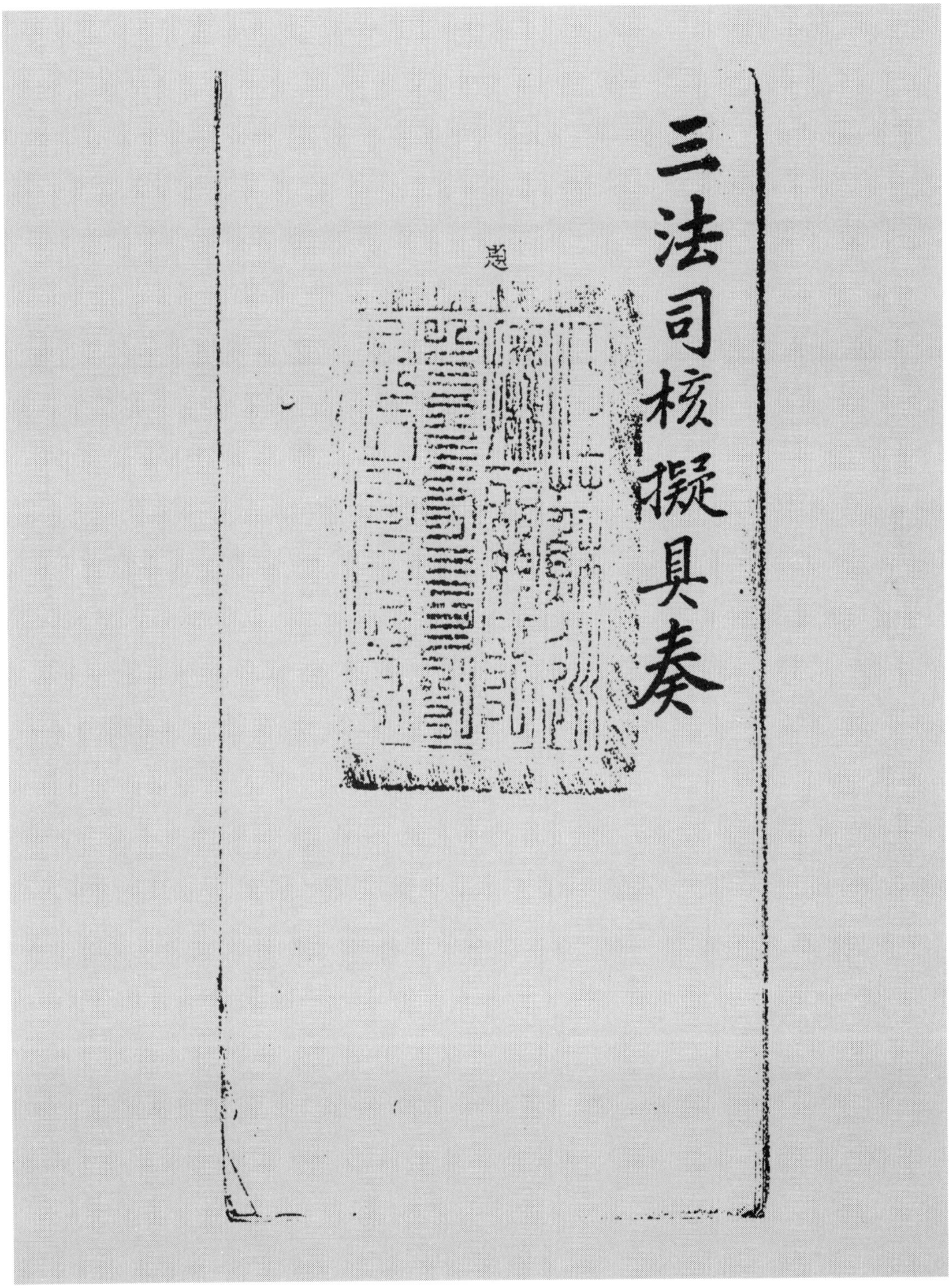
三法司核擬具奏

題

江蘇巡撫林則徐題本　驗明碭山縣民楊廣興傷斃田玉擬絞監候
道光十五年五月二十八日

兵部侍郎兼都察院右副都御史巡撫江蘇等處地方提督軍務總理糧儲臣林則徐謹
題爲報驗事據江蘇按察使裕謙詳據徐州府知
府武凌漢詳據碭山縣知縣楊鴻彬詳稱道光
拾肆年捌月初壹日據保正徐春報據民人田
和投稱本月貳拾伍日伊弟田玉因至楊廣興
店内喫茶被索茶錢口角爭毆致被楊廣興奪
刀扎傷肚腹稟蒙驗傷飭醫詎伊弟傷重於貳
拾玖日身死等語往查屬實理合報驗等情到
縣卷查道光拾肆年本月貳拾伍日據田和稟
控伊弟田玉被楊廣興奪刀扎傷肚腹等情即
經驗明田玉肚腹左刃傷壹處填單附卷訊據
田玉供伊至楊廣興店内喝茶無錢付給被討

爭罵伊拔刀向扎被楊廣興奪刀回扎肚腹等
語飭醫調治差拘楊廣興訊究在卷據報前情
隨帶吏件親詣屍所如法相驗據件作陸盼修
喝報已死田玉問年叁拾陸歲驗得仰面致命
肚腹左刃傷壹處斜長陸分寬叁分深透膜皮
肉捲縮血污餘無故委係受傷身死報畢親驗
無異飭取兇刀比對屍傷相符填格取結屍飭
棺殮兇刀貯庫捌月貳拾陸日據差將楊廣興
獲解到案查驗楊廣興左胎膊肚腹右腿各有
刃傷壹處均已結痂填單附卷隨提集人證訊
據保正徐春供與原報同據鄰證田棕密王玉
柱同供道光拾肆年柒月貳拾伍日小的們在

楊廣興店內喫茶見田玉也走來喫茶無錢付
給楊廣興攔住索討田玉不依彼此爭罵田玉
掖出身帶小刀扎傷楊廣興左胳膊肚腹左腿
楊廣興奪刀回扎田玉肚腹左倒地小的們趕
攏勸散不料田玉傷重到貳拾玖日身死了小
的們勸阻不及是實據屍兄田和供田玉是小
的胞弟與楊廣興素識無嫌道光拾肆年柒月
貳拾伍日兄弟赴楊廣興店內喫茶無錢付給
被楊廣興攔索爭罵兄弟掖刀把楊廣興戳傷
楊廣興奪刀回扎兄弟肚腹左經田椋密王玉
往勸散兄弟回家告知小的控案驗傷醫治無
效到貳拾玖日因傷身死並無別故求究抵據

兇犯楊廣與供碭山縣人年貳拾貳歲父親已
故拾叁年母親陳氏年陸拾歲哥子楊廣名兩
目雙瞽小的並沒妻子向開茶店生理與田玉
素識無嫌道光拾肆年柒月貳拾伍日田玉到
小的店內喫茶無錢付給小的攔住索討田玉
不依斥罵小的回罵田玉拔出身帶小刀連扎
小的左胳膊肚腹左腿叁下小的奪刀回扎適
傷他肚腹左倒地有鄰人田棕密王玉柱勸散
後聞田和控案小的害怕躲避不料田玉傷重
於貳拾玖日身死小的被獲解案的並非有心
致死也沒起釁別故小的傷已平復是實各等
供據此將犯收禁錄供通詳奉批飭審遵提覆

訊各供均與前審無異不叙外該碭山縣知縣
楊鴻彬審看得縣民楊廣興扎傷田玉身死壹
案緣楊廣興籍隸碭山向開茶店生理與田玉
素識無嫌道光拾肆年柒月貳拾伍日田玉赴
楊廣興店内喫茶無錢付給楊廣興攔住索討
田玉不依斥罵楊廣興回詈田玉拔出身帶小
刀扎楊廣興左胳膊肚腹左腿楊廣興奪刀回
扎適傷田玉肚腹左倒地經田捺密等勸散田
玉歸告伊兄田和控縣驗傷飭醫詎田玉傷重
延至貳拾玖日殞命報驗獲犯訊供通詳奉批
覆審遵復提犯研鞫據供前情不諱詰非有心
欲殺亦無起釁別故案無遁飾查律載鬬毆殺

人者不問手足他物金刃並絞監候等語此案
楊廣興用刀扎傷田玉身死應按律問擬楊廣
興合依鬬毆殺人者不問手足他物金刃並絞
律擬絞監候秋後處決田玉刃傷楊廣興本干
律擬業已身死應毋庸議田綵密等勸阻不及
亦無庸議楊廣興傷已平復屍棺給屬領埋兇
刀解驗等情由府審解到司該江蘇按察使裕
謙提犯親訊核擬無異解候勘
題等情招解到臣提犯親審無異該臣看得碭山
縣民楊廣興扎傷田玉身死一案緣楊廣興籍
隸碭山向開茶店生理與田玉素識無嫌道光
拾肆年柒月貳拾伍日田玉赴楊廣興店内喫

茶無錢付給楊廣興攔住索討田玉不依斥罵
楊廣興回詈田玉拔出身帶小刀扎楊廣興左
胳膊肚腹左腿楊廣興奪刀回扎適傷田玉肚
腹左倒地經田棕密等勸散田玉歸告伊兄田
和控縣驗傷飭醫詎田玉傷重延至貳拾玖日
因傷殞命報驗獲犯訊詳審供不諱詰非有心
欲殺亦無起釁別故案無遁飾查律載鬬毆殺
人者不問手足他物金刃並絞監候等語此案
楊廣興用刀扎傷田玉身死應按律問擬楊廣
興合依鬬毆殺人者不問手足他物金刃並絞
律擬絞監候秋後處決田玉刃傷楊廣興本干
律擬業已身死應無庸議田棕密等勸阻不及

亦無庸議揚廣興傷已平復屍棺飭埋兇刀貯
回貯庫臣謹具
題伏乞
皇上聖鑒勅下三法司核覆施行再此案審限陸箇
月應以道光拾肆年捌月貳拾陸獲犯之日起
除封印壹月又自縣由府解司程限壹月統應
扣至拾伍年肆月貳拾陸日全限屆滿合並陳
明謹題請
旨

江蘇巡撫林則徐題本 驗明碭山縣民楊廣興傷斃田玉擬絞監候

道光十五年五月二十八日

道光拾伍年伍月貳拾捌日兵部侍郎兼都察院右副都御史巡撫江蘇等處地方提督軍務總理糧儲臣林則徐

兵部侍郎兼都察院右副都御史巡撫江蘇等處地方提督軍務總理糧儲臣林則徐謹

題為報驗事。竊臣看得碭山縣民楊廣興扎傷田
玉身死壹案，緣楊廣興向開茶店生理，與田玉
素識無嫌。道光拾肆年柒月貳拾伍日，田玉赴
楊廣興店內喫茶，無錢付給，楊廣興攔住索討，
田玉不依斥罵，楊廣興回詈，田玉拔出身帶小
刀扎楊廣興左胳膊、肚腹、左腿，楊廣興奪刀回
扎，適傷田玉肚腹，左倒地，延至貳拾玖日因傷
殞命。報驗獲犯，訊詳審供不諱。楊廣興依鬬毆
殺人律擬絞監候，秋後處決。謹題請

旨

江蘇巡撫林則徐題本

驗明海州客民祁聘居毆斃顧有高擬絞監候

江蘇巡撫林則徐題本 驗明海州客民祁聘居毆斃顧有高擬絞監候

道光十五年五月二十八日

江蘇巡撫林則徐題本 驗明海州客民祁聘居毆斃顧有高擬絞監候

道光十五年五月二十八日

兵部侍郎兼都察院右副都御史巡撫江蘇等處地方提督軍務總理糧儲臣林則徐謹
題爲報驗事據江蘇按察使裕謙詳准分巡淮海
道文麟移據署海州知州王夢齡詳稱道光拾
肆年捌月貳拾伍日據保正楊應魁報據顧有
寬投稱捌月貳拾貳日伊兄顧有高因向祁聘
居索欠不還扯毀其草屋欲將木料作抵祁聘
居攔阻爭角毆傷伊兄身死等語往查屬實理
合報驗等情並據顧有寬同報到州隨帶吏件
前詣該處勘得祁聘居住居草屋有扯毀形跡
勘畢如法相驗據仵作王萬喝報已死顧有高
問年叁拾柒歲驗得仰面致命左脇拳傷壹處
圍圓叁寸伍分青紅色不致命右膝擦傷壹處

皮破有血參差不齊難量分寸合面不致命左
臂踢傷壹處尖圓叁寸捌分青紅色餘無故委
係受傷身死報畢親驗無異傷令比對屍傷相
符塡格取結屍飭棺殮訊據保正楊應魁供與
報詞同據鄰證郭起禄馬興法同供道光拾肆
年伍月內祁聘居向顧有高借錢伍千文小的
們知道的捌月貳拾貳日小的們聞祁聘居門
首喧鬧趕出查看見顧有高把祁聘居屋上的
草扯毀說要把木料取回抵欠祁聘居攔阻彼
此爭罵顧有高撲毆祁聘居閃避舉脚踢傷顧
有高左臂顧有高轉身揪住祁聘居髮辮捺按
祁聘居用拳毆傷他左脇倒地小的們連忙上

前勸住不料顧有高傷重旋即身死就通知屍
弟顧有寬看明投保報驗的小的們救阻不及
是實據屍弟顧有寬供顧有高是胞兄與祁聘
居素識無嫌道光拾肆年伍月內祁聘居向哥
子借錢伍千文立有票據原約玖月初歸還捌
月貳拾貳日哥子聞知祁聘居要回阜寧原籍
去向索討祁聘居懇緩哥子不依爭吵扯毀祁
聘居草屋說要把木料取回抵欠祁聘居攔阻
哥子詈罵撲毆被祁聘居踢傷左臂哥子揪住
祁聘居髮辮祁聘居用拳毆傷哥子左脇
倒地是郭起樓們勸住不料哥子傷重旋即身
死郭起樓們通知小的趕來看明投保稟報的

求究祗據光犯祁聘居供阜寧縣人寄居海州
年貳拾柒歲父母俱故兄弟祁小二並沒妻子
與顧有高素識無嫌道光拾肆年伍月內小的
向顧有高借錢伍千文立有票據原約玖月內
歸償捌月貳拾貳日小的有事要回原籍顧有
高走來索討小的沒錢懇緩顧有高不依爭吵
把小的屋上的草扯毀說要拏取木料抵欠小
的攔阻顧有高詈罵撲毆小的閃避舉脚踢他
左臂壹下顧有高轉身揪住小的髮辮往下捺
按小的情急用拳嚇毆適傷顧有高左肋倒地
擦傷右膝是郭起樓們勸住不料顧有高傷重
過不一會就死了並非有心欲殺也沒起釁別

江蘇巡撫林則徐題本　驗明海州客民祁聘居毆斃顧有高擬絞監候
道光十五年五月二十八日

故及在場幫毆的人是實各等供據此並據顧
有寬呈出祁聘居借票核與所供相符當即附
卷將犯帶回收禁錄供通詳蒙批飭審等因遵
提犯證覆鞫各供均與前審無異不叙外該署
海州知州王夢齡審看得祁聘居毆傷顧有高
身死壹案緣祁聘居原籍阜寧寄居海州與顧
有高素識無嫌道光拾肆年伍月祁聘居向顧
有高借錢伍千文立有票據約期玖月歸償捌
月貳拾貳日祁聘居有事欲回原籍顧有高聞
知往向索討祁聘居乏錢懇緩顧有高不依爭
吵扯毀祁聘居草屋聲言欲取木料抵欠祁聘
居攔阻顧有高詈罵撲毆祁聘居閃避舉脚踢

傷其左臂顧有高轉身揪住祁聘居髮辮往下
捺按祁聘居情急用拳嚇毆適傷其左脇倒地
磕傷右膝經郭起樓等勸歇詎顧有高傷重旋
即殞命報州驗訊通詳奉批覆審遵復提犯研
鞫據供前情不諱究非有心欲殺亦無起釁別
故及在場幫毆之人案無遁飾查律載鬭毆殺
人者不問手足他物金刃並絞監候等語此案
祁聘居用拳毆傷顧有高身死應按律問擬祁
聘居合依鬭毆殺人者不問手足他物金刃並
絞律擬絞監候秋後處決郭起樓等勸阻不及
應無庸議屍棺給屬領埋祁聘居所欠錢文照
數追給屍屬具領借票塗銷等情由道審解到

江蘇巡撫林則徐題本　驗明海州客民祁聘居毆斃顧有高擬絞監候

道光十五年五月二十八日

司該江蘇按察使裕謙提犯親審核擬無異解

候勘

題等情招解到臣提犯親審無異該臣看得海州

客民祁聘居毆傷顧有高身死壹案緣祁聘居

原籍阜寧寄居海州與顧有高素識無嫌道光

拾肆年伍月內祁聘居向顧有高借錢伍千文

立有票據約期玖月歸償捌月貳拾貳日祁聘

居有事欲回原籍顧有高聞知往向索討祁聘

居乏錢懇緩顧有高不依爭吵扯毀祁聘居草

屋聲言欲取木料抵欠祁聘居攔阻顧有高詈

罵撲毆祁聘居閃避舉腳踢傷其左臀顧有高

轉身揪住祁聘居髮辮往下揿按祁聘居情急

用拳嚇毆適傷其左脇倒地掽傷右膝經郭起
棲等勸歇詎顧有高傷重旋即殞命報驗訊詳
審供不諱究非有心欲殺亦無起釁別故及在
場幫毆之人案無遁飾查律載鬬毆殺人者不
問手足他物金刃並絞監候等語此案祁聘居
用拳毆傷顧有高身死應按律問擬祁聘居合
依鬬毆殺人者不問手足他物金刃並絞律擬
絞監候秋後處決郭起棲等勸阻不及應無庸
議屍棺飭埋祁聘居所欠錢文照數追給屍屬
具領借票塗銷臣謹具
題伏乞
皇上聖鑒勑下三法司核覆施行再此案審限應以

江蘇巡撫林則徐題本　驗明海州客民祁聘居毆斃顧有高擬絞監候
道光十五年五月二十八日

道光拾肆年捌月貳拾伍報官之日起該州於
拾月貳拾伍日赴沭陽勘災公出至拾壹月初
壹日公回計公出陸日再除封印壹月又自州
由道解司程限貳拾壹日統扣至拾伍年肆
月貳拾貳日全限屆滿合並陳明謹題請
旨

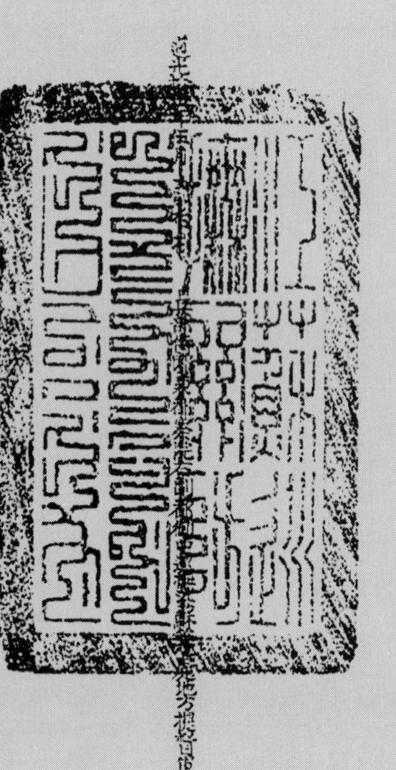

江蘇巡撫林則徐題本　驗明海州客民祁聘居毆斃顧有高擬絞監候

道光十五年五月二十八日

兵部侍郎兼都察院右副都御史巡撫江蘇等處地方提督軍務總理糧儲臣林則徐謹
題爲報驗事該臣看得海州客民祁聘居毆傷顧
有高身死壹案緣祁聘居與顧有高素識無嫌
道光拾肆年伍月內祁聘居向顧有高借錢伍
千文捌月貳拾貳日顧有高往向索討祁聘居
乏錢懇緩顧有高不依爭吵扯毀祁聘居草屋
聲言欲取木料抵欠祁聘居攔阻顧有高詈罵
撲毆祁聘居閃避舉腳踢傷其左胷顧有高轉
身揪住祁聘居髮辮往下捺按祁聘居情急用
拳嚇毆適傷其左脇倒地旋即殞命報驗審供
不諱祁聘居依鬬毆殺人律擬絞監候秋後處
決謹題請
旨

道光十五年六月十九日

江蘇巡撫林則徐奏摺

江安蘇松兩糧道道光十三年漕項奏銷已未完錢糧比較分數

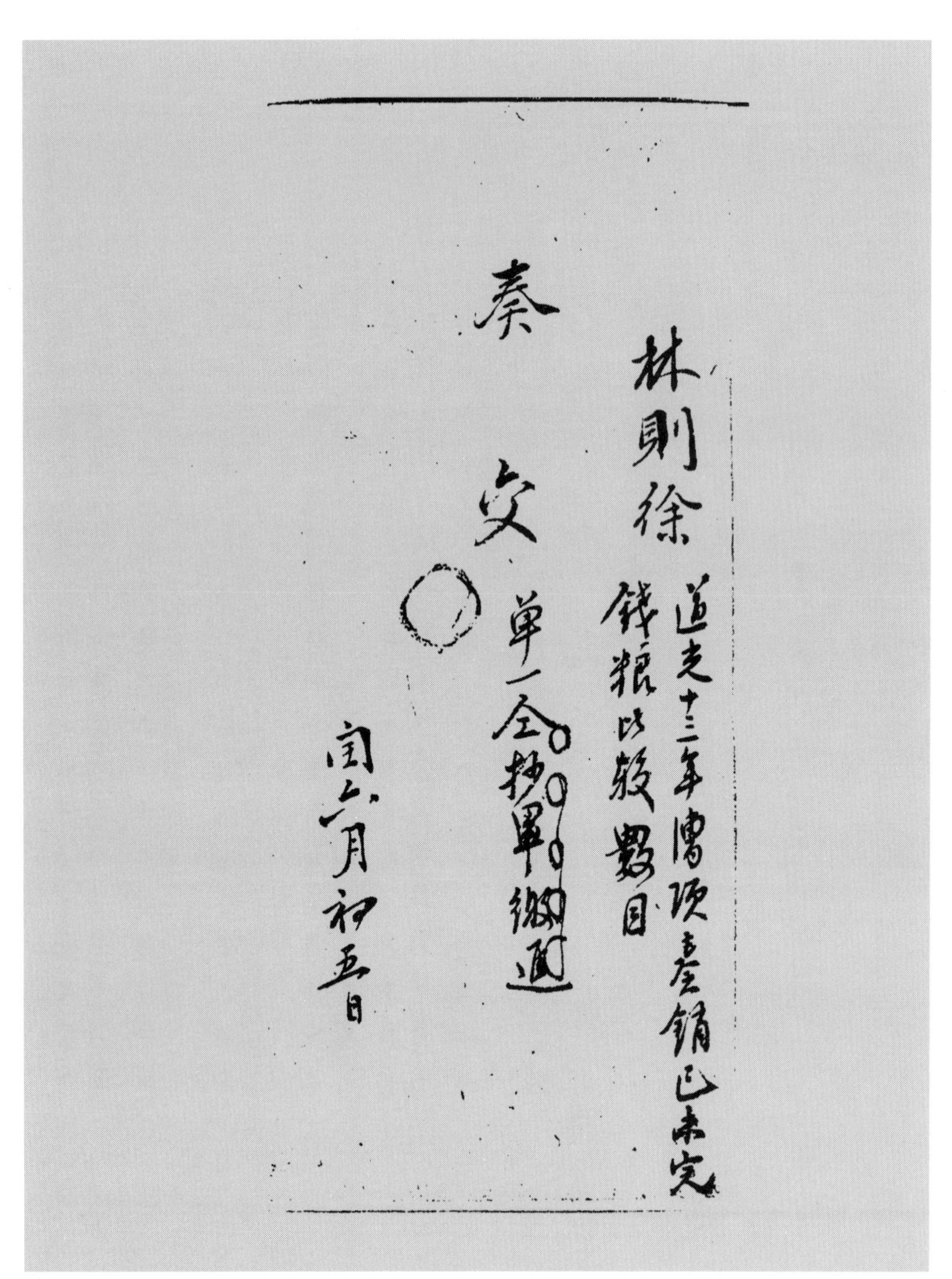
林則徐

道光十三年漕項奏銷已未完

錢粮比較數目

奏

安

單一全抄單繳過

閏六月初五日

江蘇巡撫林則徐奏摺　江安蘇松兩糧道道光十三年漕項奏銷已未完錢糧比較分數　道光十五年六月十九日

江蘇巡撫
林則徐跪

奏為查明江安蘇松兩糧道所屬道光十三年漕項
奏銷案內已未完解錢糧比較上三年完欠分數
循例恭摺具奏祈
聖鑒事竊查道光六年戶部設定新舊比較分
數于奏銷截數後開單奏報並准部咨漕
項半糧于隔年奏銷時分別開單奏報等因
轉行江安蘇松兩糧道遵照辦理在案茲據
道光十三年漕項奏銷之時據江安督糧道廣
鍔詳稱江安各屬道光十三年額徵漕項銀
兩除撥充解須等款外實應徵銀一十七萬四千
八百五十八兩零截至道光十五年造報查銷之

日已完解道銀一十五萬一千二百七十九兩零未完銀二萬三千五百八十兩零比較道光十年計今居少完四厘比較道光十一年計今居少完四厘比較道光十二年計今居多完六厘又田賦項下道光十三年帶徵嘉慶二十三年起至道光十二年止積欠銀兩除各屬因災蠲緩等款外實應徵銀五萬一千六百八十九兩零截至道光十五年奏報奏銷之日已完解道銀三萬二千四百九十九兩零未完銀一萬八千七百九十兩零比較道光十年計今居多完一分一厘比較道光十一年計今居多完二分七厘比較道光十二年計今居多完二分三厘

又據護理蘇松糧道陳思增詳稱蘇松
糧道道光十三年額征漕項除蠲緩奉
款外實應征銀四十七萬八千三百四十四兩零截
至道光十五年造報奏銷之日止已完解過
銀二十二萬九千五百五十二兩零未完銀二十
四萬八千七百九十二兩零比較道光十年計
今屆少完二厘比較道光十一年計今屆少
完二厘比較道光十二年計今屆少完三
厘又旧賦項下道光十三年帶征嘉慶
二十三年起至道光十一年止積欠銀兩
除奏案遞補緩帶款外實應征銀
一百七十九萬二千八百八十一兩零截至道

江蘇巡撫林則徐奏摺 江安蘇松兩糧道道光十三年漕項奏銷已未完錢糧比較分數

道光十五年六月十九日

光十五年份造報奏銷之日止已完解道銀
一十一萬八千四百六十八兩零未完銀一百三十七
萬五千四百四十二兩零比較道光十
年計今應完數相同比較道光十一年計
今應少完四釐比較道光十二年計今應多
完三釐均遵照部頒式樣將新舊七
款數年分已未完數開列比較清單
詳請具
奏前來臣覆覈無異除飭兩糧道嚴飭各屬
將未完銀兩實力催征完解仍將查紅簿
送核遵加確覈如有舛數參差即行揭
參征存並聲明之之新舊一款外謹會同兩

總督臣鄧廷楨合詞恭摺具
奏，併另繕清單恭呈
御覽。伏乞
皇上聖鑒。謹
奏。
道光十五年六月初五日奏
硃批：戶部知道。欽此。
六月十九日

江蘇巡撫林則徐清單　**江安蘇松兩糧道道光十三年漕項錢糧奏銷比較完欠分數清單**

清單

謹將江安蘇松兩糧道所屬道光十三年分漕
項錢糧奏銷比較上三年完欠分數繕具清單
恭呈
御覽
計開
江安糧道屬
新賦項下道光十三年奏銷冊報
道光十三年分額徵漕項銀二十六萬二千
四百三十八兩零内除
太平府屬建陽衛寧太幫應支月糧抵兑屯
折銀四百六十九兩零
各屬災蠲災緩並熟田緩徵坍江義塚註緩

候豁銀七萬五千三百五十八兩零

各屬經給各衛幫蓆贈月糧等欵銀一萬一千七百五十一兩零

實應徵解漕項銀一十七萬四千八百五十九兩零

截至道光十五年造報奏銷之日止

已完銀一十五萬一千二百七十九兩零内

一造入道光十三年分漕項奏銷簡明册内動給銀一十五萬八百八十八兩零

一提存新安衛池州幫運灑災減丁船月糧銀内扣軍三料價並永減月糧存候造入道光十五年漕項秋撥册内銀三百九十

一兩零
未完熟田漕項銀二萬三千五百八十兩零
已完八分六釐
未完一分四釐
比較道光十年分額徵漕項除抵兑並該年
災蠲災緩及候豁等項外實應徵銀二十
萬七千六百二十一兩零
截至道光十二年造報奏銷之日止
已完九分銀一十八萬七千三百一十二兩零
未完一分銀二萬三百九兩零
計今屆已完分數比較道光十年少完四釐
比較道光十一年分額徵漕項除抵兑並該

年災蠲災緩及註緩請豁等項外實應徵

銀一十五萬四千八百八十五兩零

截至道光十三年造報奏銷之日止

已完九分銀一十三萬九千八百九十九兩零

未完一分銀一萬四千九百八十五兩零

計今届已完分數比較道光十一年少完四釐

比較道光十二年分緩徵漕項除抵充並該

年災蠲災緩及註緩候豁等項外實應徵

銀一十七萬六千八百六兩零

截至道光十四年造報奏銷之日止

已完八分銀一十四萬一千六百二十三兩零

未完二分銀三萬五千一百八十三兩零

計今屆已完分數比較道光十二年多完六釐

舊賦項下

道光十三年應徵嘉慶二十三年起至道光十二年舊欠漕項銀四十九萬五千七百四兩零內除各屬因災蠲免遞緩銀四十四萬二千五百六十六兩零又搭運緩漕經給幫丁蓆贈並徵存蓆贈及抵缺完交司庫報撥銀一千八百四十七兩零

實應徵銀五萬一千二百八十九兩零

截至道光十五年造報奏銷之日止

已完解道漕項銀三萬二千四百九十九兩零

內

一造入道光十四年漕項秋撥冊内銀一千
九百五十三兩零
一造入道光十五年漕項春撥冊内銀八千
九百四十三兩零
一存候造入道光十五年漕項秋撥冊内銀
二萬一千六百二兩零
未完熟田漕項銀一萬八千七百九十兩零
已完六分三釐
未完三分七釐
比較道光十年應徵節年漕項銀一萬九千
二兩零
截至道光十二年造報奏銷之日止

已完五分二釐銀九千八百三十二兩零

未完四分八釐銀九千一百六十九兩零

計今屆已完分數比較道光十年多完一分一釐

比較道光十一年應徵節年漕項銀二萬六千五百九十七兩零

截至道光十三年造報奏銷之日止

已完三分七釐銀九千八百二十五兩零

未完六分三釐銀一萬六千七百七十二兩零

計今屆已完分數比較道光十一年多完二分六釐

比較道光十二年應徵節年漕項銀三萬四

千六百三十二兩零
截至道光十四年造報奏銷之日止
已完四分銀一萬三千八百七十兩零
未完六分銀二萬七百六十一兩零
計今屆已完分數比較道光十二年多完二
分三釐
蘇松糧道屬
新賦項下道光十三年奏銷册報
道光十三年分額徵漕項銀六十一萬一千
五百九十三兩零內除
鎮海衛徑解蘇州藩司贍運等銀四百三十
二兩零

丹徒縣災田應錙銀四百二十七兩零
各屬災田錙剩併勘不成災緩徵銀一十三
萬二千三百五十二兩零
各屬沙田海廢併減則坍荒築塘挖廢及捐
置義塚田地等案内註緩註錙銀三十六
兩零
實應徵解漕項銀四十七萬八千三百四十
四兩零
截至道光十五年造報奏銷之日止
已完銀二十二萬九千五百五十二兩零内
一造入道光十四年春撥年款册内銀一十
六萬四千四百二十二兩零

一造入道光十四年秋撥年款冊內銀四萬
六千三百一十四兩零
一造入道光十五年春撥年款冊內銀七千
一兩零
一存候造入道光十五年秋撥年款冊內銀
一萬一千八百一十三兩零
未完銀二十四萬八千七百九十二兩零
已完四分八釐
未完五分二釐
比較道光十年分額徵漕項除各屬捐置義
塚田地註銷併勘不成災各屬緩徵及鎮
海衛經解蘇州藩司第三賠運等項外實

應徵銀五十八萬九千五百三十九兩零
截至道光十二年造報奏銷之日止
已完五分銀二十九萬六千九百二十八兩零
未完五分銀二十九萬二千六百一十兩零
計今届已完分數比較道光十年少完二釐
比較道光十一年分額徵漕項除各屬捐置
義塚坍没海廢田地蠲豁註緩併各屬災
田應蠲災田蠲剩勘不成災緩徵及鎮海
衛經解蘇州藩司軍三贍運等項外實應
徵銀四十九萬八千九百九十七兩零
截至道光十三年造報奏銷之日止
已完五分銀二十四萬七千二百二十二兩零

未完五分銀二十五萬一千七百七十五兩零
計今屆已完分數比較道光十一年少完二釐
比較道光十二年分額徵漕項除各屬捐置
義塚築塘挖廢坍荒田地註豁併勘不成
災緩徵及鎮海衛徑解蘇州藩司軍三贍
運等項又前署金山縣知縣蔣封岐虧缺
銀兩應歸参案另結外實應徵銀五十九
萬九千一百九十兩零
截至道光十四年造報奏銷之日止
已完五分一釐銀三十萬五千六百八十九
兩零
未完四分九釐銀二十九萬三千五百一兩

零
計今屆已完分數比較道光十二年少完三釐
舊賦項下
道光十三年應徵嘉慶二十三年至道光十二年舊欠漕項銀二百二十一萬六千一百三十兩零內除震澤縣已故知縣年釗虧缺嘉慶二十四五兩年漕項銀一萬一千八百七兩零又丹徒縣已故知縣王臺虧缺道光四年漕項銀二千一百六十兩又前署武進縣已故知縣趙懷鍔虧缺道光五六兩年漕項銀一千八百二兩零均經先後奏參分別催追撥補又前任常熟

縣知縣李奕賡分賠嘉慶二十四年墊完
民欠漕項銀五百一十三兩零已咨原籍
河南省押令完繳又前任新陽縣知縣唐
旅中等墊完民欠漕尾米石動缺嘉慶二
十三四五年併道光元二六七等年漕項
銀一萬六千二十三兩零統俟分別咨追
完繳歸款另報又各屬遞展緩徵漕項應
俟屆限啟徵另報銀三十九萬八百七十
七兩零又四川順慶府通判阿洪阿扣存
應支俸廉代賠伊故父程志忠前在武進
縣任內欠繳清查原缺嘉慶二十四年漕
項已由川省造入道光十三年秋撥冊內

報撥登銷銀六十四兩零
實應徵銀一百七十九萬二千八百八十一
兩零
截至道光十五年造報奏銷之日止
已完解道銀一十一萬八千四百二十八兩
零内
一造入道光十四年秋撥年款冊内銀一萬
七千二百四十三兩零
一造入道光十五年春撥年款冊内銀一十
萬一千一百八十四兩零
未完銀一百六十七萬四千四百五十二兩零
已完七釐

未完九分三釐

比較道光十年應徵節年漕項銀一百三十
七萬三千九百八十八兩零
截至道光十二年造報奏銷之日止
已完七釐銀八萬九千七百二十五兩零又
溢完銀一釐
未完九分三釐銀一百二十八萬四千二百
六十二兩零
計今屆已完分數比較道光十年完數相同
比較道光十一年應徵節年漕項銀一百四
十六萬五千九百七十六兩零
截至道光十三年造報奏銷之日止

已完一分一釐銀一十五萬六千六百八十
六兩零又溢完銀二釐
未完八分九釐銀一百三十萬九千二百九
十兩零
計今居已完分數比較道光十一年少完四釐
比較道光十二年應徵節年漕項銀一百六
十四萬四千七百五十七兩零
截至道光十四年造報奏銷之日止
已完四釐銀六萬八千六百八十二兩零
未完九分六釐銀一百五十七萬六千七十
五兩零
計今居已完分數比較道光十二年多完三釐

江蘇巡撫林則徐清單　江安蘇松兩糧道道光十三年漕項錢糧奏銷比較完欠分數清單

道光十五年六月十九日

户部知道

追補江蘇省三次清查案內虧墊銀數並查辦限滿未完之員

林則徐 追補江蘇省三次清查案內虧
墊銀數等由
奏
[illegible]○
又六月初五日

江蘇巡撫林則徐奏摺　追補江蘇省三次清查案内虧墊銀數並查辦限滿未完之員

道光十五年六月十九日

江蘇巡撫臣林則徐跪

奏為追補江蘇省三次清查案内虧墊銀數並將

限滿未完之員遵照章程辦理仰祈

聖鑒事竊照江寧蘇州兩藩司所屬三次清查追

補各款新設章程每年截數

奏報一次現屆辦道光十四年十限完欠之期據江

寧布政司楊簧、蘇州布政司陳鑾將追完銀數

及限滿未完之員造冊詳請具

奏前來臣查江蘇省上屆九限

奏報江淮等屬尚有未補銀一百二萬一千二百七十一

兩零蘇松等屬未補銀七十萬六千四百卅兩零

今查該司等冊報十限截數江淮等屬共追

完銀三千八百四十二兩零蘇松等屬共追完
銀二萬二千九百五十五兩零現飭陸續補原缺年
款惟參革知縣武念祖朱光上元等任內欠追
賠銀兩統限屆滿無完先經參革盤追該
參員於未經參追之先前赴山東河南措資先後
准到該省咨覆並無該參員逗留在境又
經飭訊在蘇之家屬據供武念祖之父在陝西
原籍病故係該員武念祖回籍守制尚未尋有下
落等供現經通飭各屬查明有無該參員
逗遛在境並又咨查陝西省是否該參員潛
計潛回刻日查辦等飭蘇追籍人參革知縣孫
仲賢一員未完宿遷任內虧欠民銀兩均經限滿無

完者交江寧縣監禁，三限追查，封備抵。前據江寧府詳報因病援案，又經駁飭還禁，將監追銀兩有無完繳之處，按擬詳辦。又參革知縣周煒一員，前因未完華亭、溧陽等縣任內交欠追賠銀兩，監追限滿無完，前按元和縣詳報，該參員在監病重，援案醫調，當經批飭趕緊醫痊，還禁具報，現仍嚴催司府查照章程擬詳辦。其各屬領受流攤民役欠各款，尚未全完，仍飭趕緊催追完款，再酌援江蘇省善後彌補善者民兩，除蘇州藩司所屬業按接年提足外，江寧藩司所屬除已陸續提補者，有道光五年未完銀二千五百五十一兩零，六年未完民四千三百六十

二兩零，七年未完銀二千二百二十八兩零，八年未完
銀七萬四十七兩零，九年未完銀一千六百七十二兩零，十年
未完銀一千四百二十一兩零，十一年未完銀九萬九十九兩零，
十二年未完銀二千兩零，十三年未完銀三千三兩零，十
四年未完銀六千五百九十六兩零，現在分别追繳。又江
藩所屬原報有著續歸無著之款，江寧藩
所屬冊報共銀八萬一千四百四十六兩零，蘇州藩
司冊報共銀一十七萬二千六百五十一兩零，應俟原報
無著提補清楚之後，再行照案接續提補，除
飭司遵照部咨查造員名銀數清冊另案送
部查覈外，所有江蘇省三次清查案内十限追
補銀數，併限滿未完之員，遵照章程查辦

一三

江蘇巡撫林則徐奏摺　追補江蘇省三次清查案內虧墊銀數並查辦限滿未完之員

道光十五年六月十九日

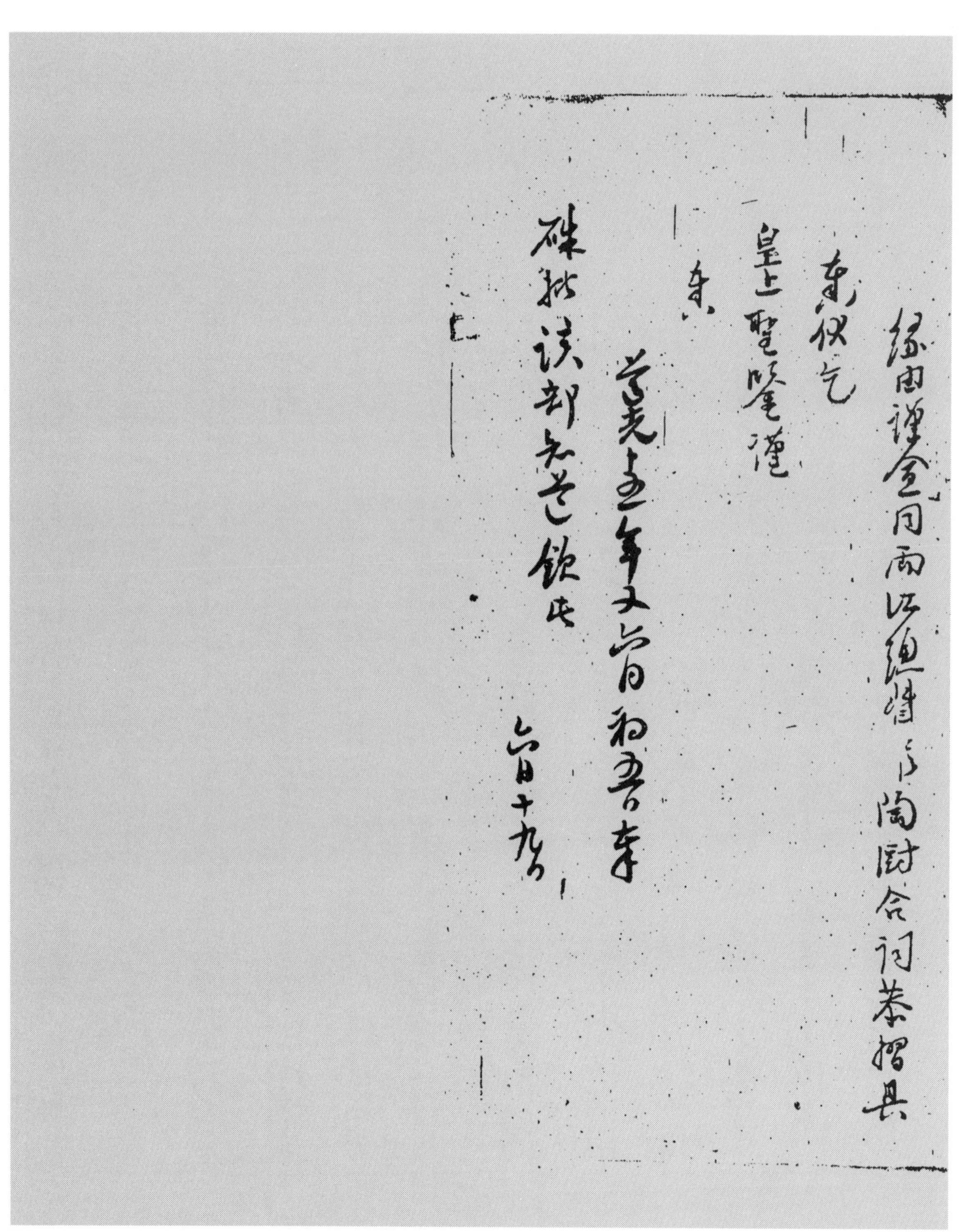

緣由謹會同兩江總督臣陶澍合詞恭摺具

奏伏乞

皇上聖鑒謹

奏

道光十五年六月十九日

硃批該部知道欽此

旨十九日

江蘇巡撫林則徐奏摺

奏報江蘇省道光十五年五月份雨水糧價情形

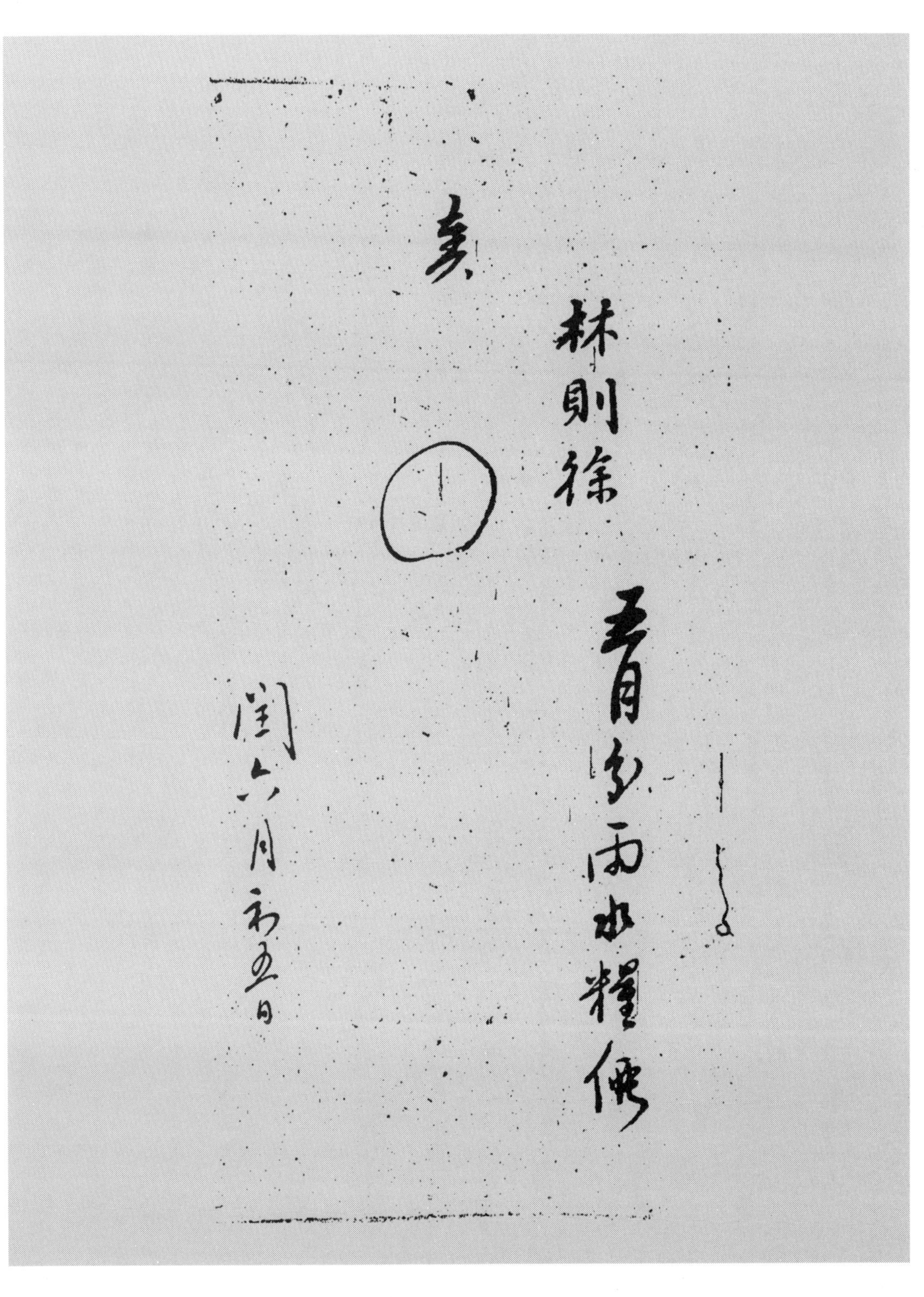

江蘇巡撫林則徐奏摺　奏報江蘇省道光十五年五月份雨水糧價情形

道光十五年六月十九日

江蘇巡撫臣林則徐跪

奏為恭報五月分雨水糧價情形仰祈

聖鑒事竊照江蘇省本年四月分雨水糧價及二麥

情形經臣恭摺

奏報在案旋據各屬稟報五月上旬初五六七九十

中旬十七八九二十下旬二十三四五六七三十等日

或微雨廉纖或得雨一二三寸不等而闔省

統計則未經得雨之處甚多查本年春間

已覺亢晴日久重運經行之時河水即形淺

涸迨節交夏至正須耑插秧苗偏值日燥風

乾河水倍加消耗沿河車戽之聲不絕于

耳而高田腹地尤虞引灌無從臣率屬設壇

虔誠步禱幸于五六月之交蘇松常鎮太倉
等屬俱報得雨然尚未深透惟盼日內連霑甘
霈庶高下田畝均可一律補種秋禾至江寧淮揚徐
海等屬先因春夏久晴河灘乾涸近水州縣據
報間有魚蝦遺子化生爲蝻臣與督臣疊次札飭
印委各員集夫趕緊撲捕逐段搜尋分別設
廠收買用火焚燒並令散放鵝鴨隨處啄食
現據陸續具報搜捕淨盡其有未盡之處已飭
該管府州親督搜查務期盡絕根株不使稍留
餘孽蔓延貽患查江北各屬得雨已比江南爲
多惟下河一帶河道田疇尚形乾涸再得滂沱
大沛不獨田禾有裨即蝻孽亦可全除至

通省粮價江寧常州鎮江揚州徐州太倉通州
海門八府州所屬俱报平減餘与上月相同地
方安謐理合恭摺具
奏併繕五月分粮價清單敬呈
御覧伏乞
皇上聖鑒謹
奏
道光十五年閏六月初五日奉
硃批知道了欽此
六月十九日

江蘇省道光十五年五月份糧價清單

清單

謹將江蘇省道光十五年五月分米糧時價開

繕清單恭呈

御覽

計開

江寧府屬　價貴中

上米每倉石價銀二兩一錢至三兩　與上

月同

中米每倉石價銀二兩至二兩九錢　與上

月同

糙米每倉石價銀一兩九錢至二兩七錢

與上月同

小麥每倉石價銀一兩六錢三分至二兩三

錢、較上月賤五錢、

大麥每倉石價銀八錢至一兩六錢、較上月賤五錢

黃豆每倉石價銀一兩九錢四分至二兩四錢、與上月同

蘇州府屬價貴中

上米每倉石價銀二兩三錢至三兩、與上月同

中米每倉石價銀二兩二錢至二兩七錢、與上月同

糙米每倉石價銀二兩七分至二兩五錢與上月同

小麥每倉石價銀一兩七錢至二兩二錢
與上月同
大麥每倉石價銀八錢五分至一兩二錢
與上月同
黄豆每倉石價銀一兩七錢八分至二兩四
錢五分　與上月同
松江府屬　價貴中
上米每倉石價銀二兩五錢至三兩二錢
與上月同
中米每倉石價銀二兩三錢至三兩一錢
與上月同
糙米每倉石價銀二兩至二兩八錢　與上

月同
小麥每倉石價銀一兩二錢七分至一兩七
錢七分 與上月同
大麥每倉石價銀七錢至一兩 與上月同
黃豆每倉石價銀一兩四錢至二兩 與上
月同
常州府屬 價貴中
上米每倉石價銀二兩二錢至二兩六錢
與上月同
中米每倉石價銀二兩一錢至二兩四錢
與上月同
糙米每倉石價銀一兩九錢五分至二兩二

錢 與上月同
小麥每倉石價銀一兩六錢至二兩一錢
較上月賤二錢
大麥每倉石價銀八錢至一兩二錢 較上
月賤一錢
黃豆每倉石價銀一兩七錢至二兩 與上
月同
鎮江府屬 價貴中
上米每倉石價銀二兩三錢至二兩五錢
與上月同
中米每倉石價銀二兩一錢五分至二兩四
錢 與上月同

糙米每倉石價銀一兩九錢五分至二兩二錢，與上月同

小麥每倉石價銀一兩三錢至二兩三錢，較上月賤二錢

大麥每倉石價銀八錢至一兩一錢，較上月賤五錢

黄豆每倉石價銀一兩八錢至二兩三錢，與上月同

淮安府屬　價貴中

上米每倉石價銀二兩八錢至四兩五分，與上月同

中米每倉石價銀二兩七錢至四兩　與上

月同

糙米每倉石價銀二兩六錢至三兩五錢

與上月同

小米每倉石價銀一兩五錢至二兩一錢

與上月同

小麥每倉石價銀二兩一錢至二兩七錢

與上月同

大麥每倉石價銀一兩二錢至二兩　與上

月同

黃豆每倉石價銀二兩至二兩四錢　與上

月同

秫秫每倉石價銀一兩二錢至一兩八錢

與上月同

揚州府屬 價貴中

上米每倉石價銀二兩四錢至三兩五分

與上月同

中米每倉石價銀二兩二錢至二兩九錢五分

與上月同

糙米每倉石價銀二兩至二兩八錢五分

與上月同

小麥每倉石價銀一兩七錢至二兩八錢

與上月同

大麥每倉石價銀八錢至一兩六錢 較上月賤二錢

黄豆每倉石價銀一兩八錢四分至二兩八
錢五分 與上月同
秫秫每倉石價銀一兩一錢 與上月同

徐州府屬 價貴中
大米每倉石價銀三兩五錢至四兩五錢二
分 與上月同
小米每倉石價銀二兩五錢五分至三兩八
錢五分 較上月賤六分
小麥每倉石價銀二兩一錢至三兩三錢一
分 較上月賤八分
大麥每倉石價銀一兩二錢至一兩九錢
與上月同

黄豆每倉石價銀一兩八錢、至二兩六錢、
較上月賤四分
一秫秫每倉石價銀一兩五錢至二兩三錢五
分 較上月賤四分
太倉州併屬 價貴中
上米每倉石價銀二兩九錢至三兩 較上
月賤二錢
中米每倉石價銀二兩八錢至三兩四錢
與上月同
糙米每倉石價銀二兩七錢至二兩八錢五
分 較上月賤五分
小麥每倉石價銀一兩一錢至二兩一錢五

分　與上月同
大麥每倉石價銀八錢至一兩三錢五分
與上月同
黃豆每倉石價銀一兩七錢至二兩一錢
與上月同
海州併屬　價貴中
上米每倉石價銀三兩七錢三分至四兩一
錢　與上月同
中米每倉石價銀三兩一錢三分至三兩八
錢　與上月同
糙米每倉石價銀三兩六分至三兩六錢
與上月同

小米每倉石價銀二兩五錢至三兩九分
與上月同
小麥每倉石價銀二兩三錢八分至二兩七
錢 與上月同
大麥每倉石價銀一兩一錢二分至一兩六
錢 與上月同
黄豆每倉石價銀二兩五分至二兩八錢
與上月同
秫秫每倉石價銀一兩三分至一兩三錢
與上月同

通州併屬 價貴中
上米每倉石價銀二兩五錢至二兩九錢

與上月同
中米每倉石價銀二兩三錢至二兩七錢五
分　與上月同
糙米每倉石價銀二兩一錢五分至二兩六
錢五分　與上月同
小麥每倉石價銀一兩八錢至二兩一錢
與上月同
大麥每倉石價銀九錢至一兩一錢五分
較上月賤五分
黄豆每倉石價銀一兩八錢至二兩　與上
月同
海門廳　價貴中

览

上米每仓石价银三两六钱，与上月同
中米每仓石价银三两四钱，与上月同
糙米每仓石价银三两，与上月同
小麦每仓石价银一两九钱，较上月贱三钱
大麦每仓石价银一两二钱，较上月贱四钱
黄豆每仓石价银二两二分，与上月同

江蘇巡撫林則徐奏片　奏報江蘇省道光十五年五月份收捐監生銀數　道光十五年六月十九日

江蘇巡撫林則徐奏片

奏報江蘇省道光十五年五月份收捐監生銀數

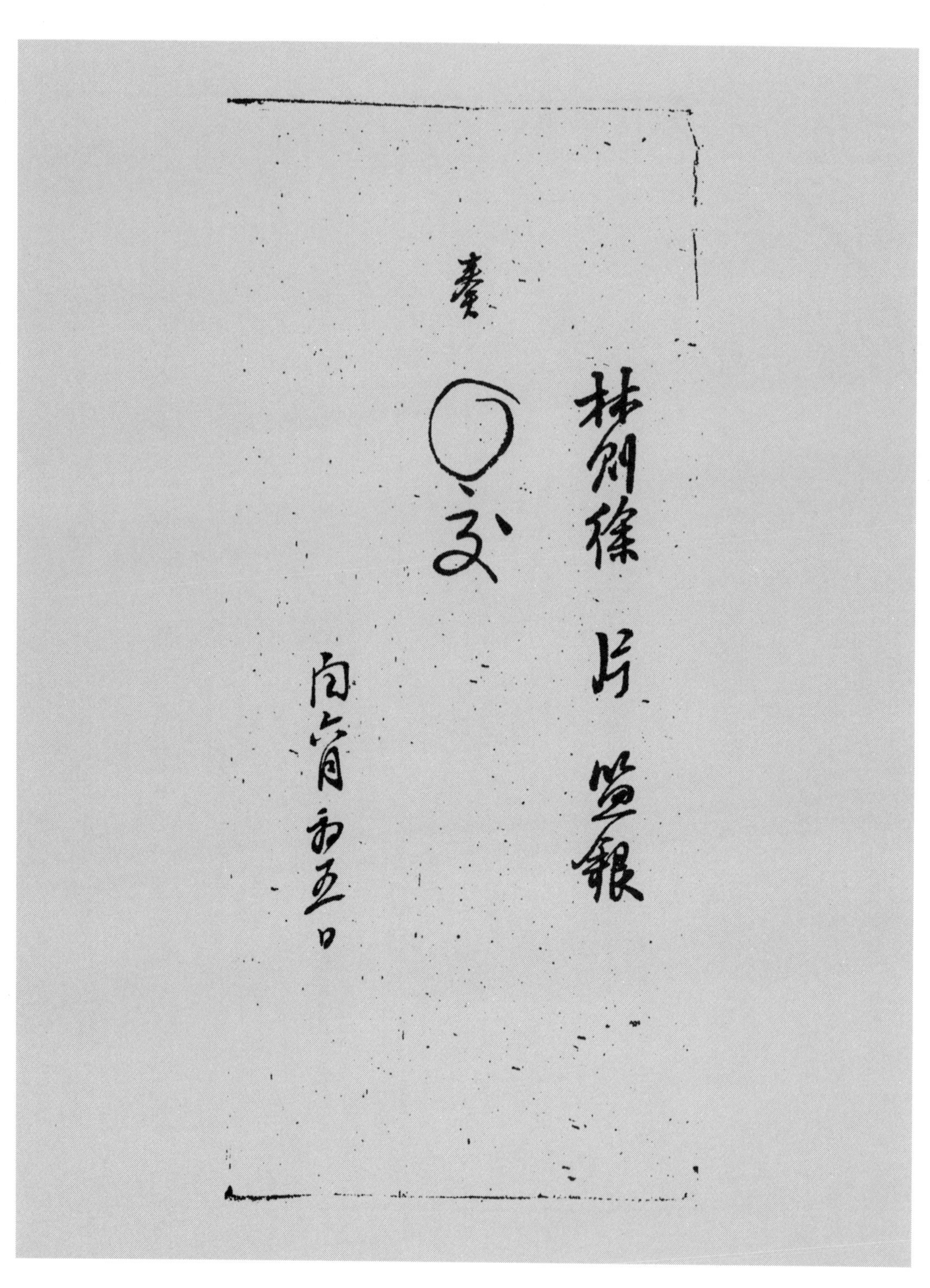
奏
林則徐　片　監銀
〇　交
內旨　初五日

江蘇巡撫林則徐奏片　奏報江蘇省道光十五年五月份收捐監生銀數

道光十五年六月十九日

再江寧蘇州兩藩庫收捐監生銀數截至道光十五年四月底業經臣附片具
奏在案。查江寧藩庫自嘉慶五年至道光十五年四月底共收捐監銀三百三十萬四千八百九十四兩，除節次撥解及提歸封貯外，存銀一萬八千四百三十四兩。茲道光十五年五月分又收捐監生十名，計銀一千四十四兩，共存銀一萬九千四百七十八兩。又蘇州藩庫自嘉慶五年至道光十五年四月底共收捐監銀四百九十二萬八千八百七十八兩，除節次撥解及提歸封貯並諮留備用外，存銀三百三十八兩。茲道光十五年五月分又收捐監生三十五名，計銀三千七百八十兩，共存銀四千一百一十八兩。茲將江蘇兩藩庫捐

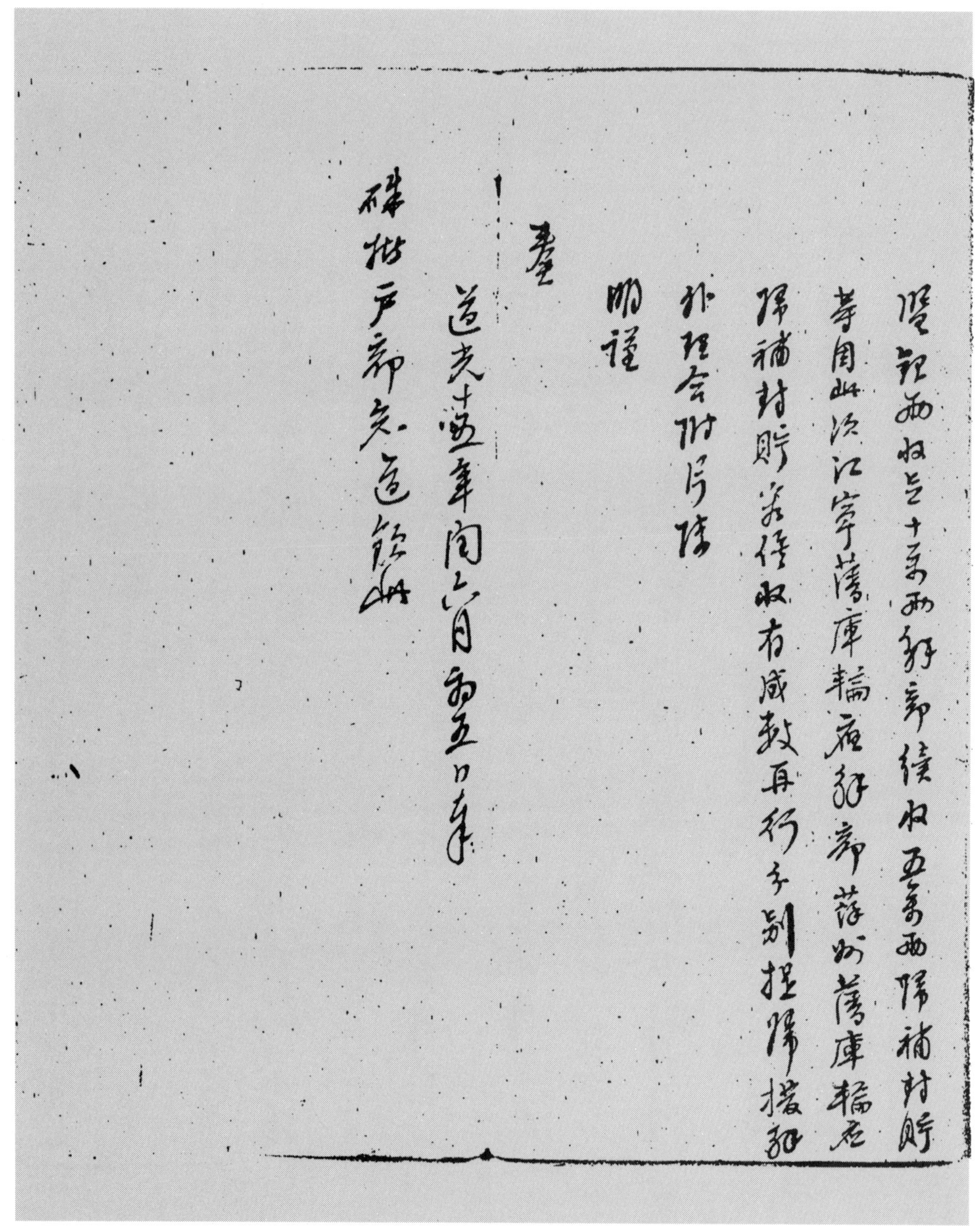

監銀兩收足十萬兩解部續收五萬兩留補封貯
等用此次江寧藩庫輪應解部蘇州藩庫輪應
留補封貯容俟收有成數再行分別提解撥解
外理合附片陳
明謹
奏
道光十五年閏六月初五日奉
硃批戶部知道欽此

審擬挾讎燒斃七命之鎮洋縣民聞奉等案

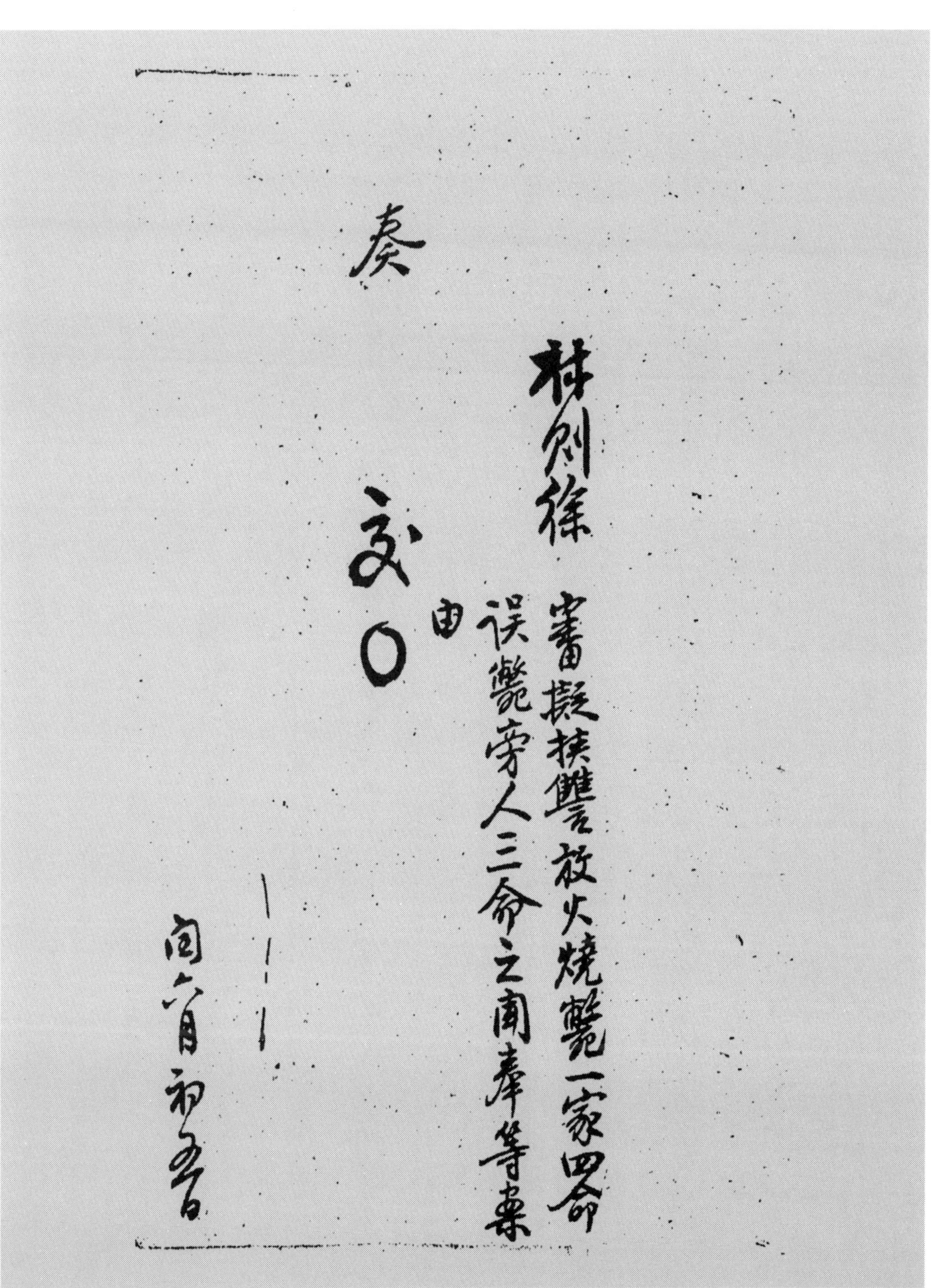

奏

林則徐　審擬挾讎放火燒斃一家四命

由　誤斃旁人三命之聞奉等案

交〇

閏六月初二日

一三

江蘇巡撫林則徐奏摺　審擬挾讎燒斃七命之鎮洋縣民聞奉等案

道光十五年六月十九日

江蘇巡撫臣林則徐跪

奏為訪拏挾仇放火燒斃一家四命並誤斃旁人三命之首

從各犯全行審獲分別按律從嚴定擬恭摺奏祈

[illegible]

[illegible]

[illegible]

[illegible]

[illegible]

[illegible]

[illegible]

[illegible]

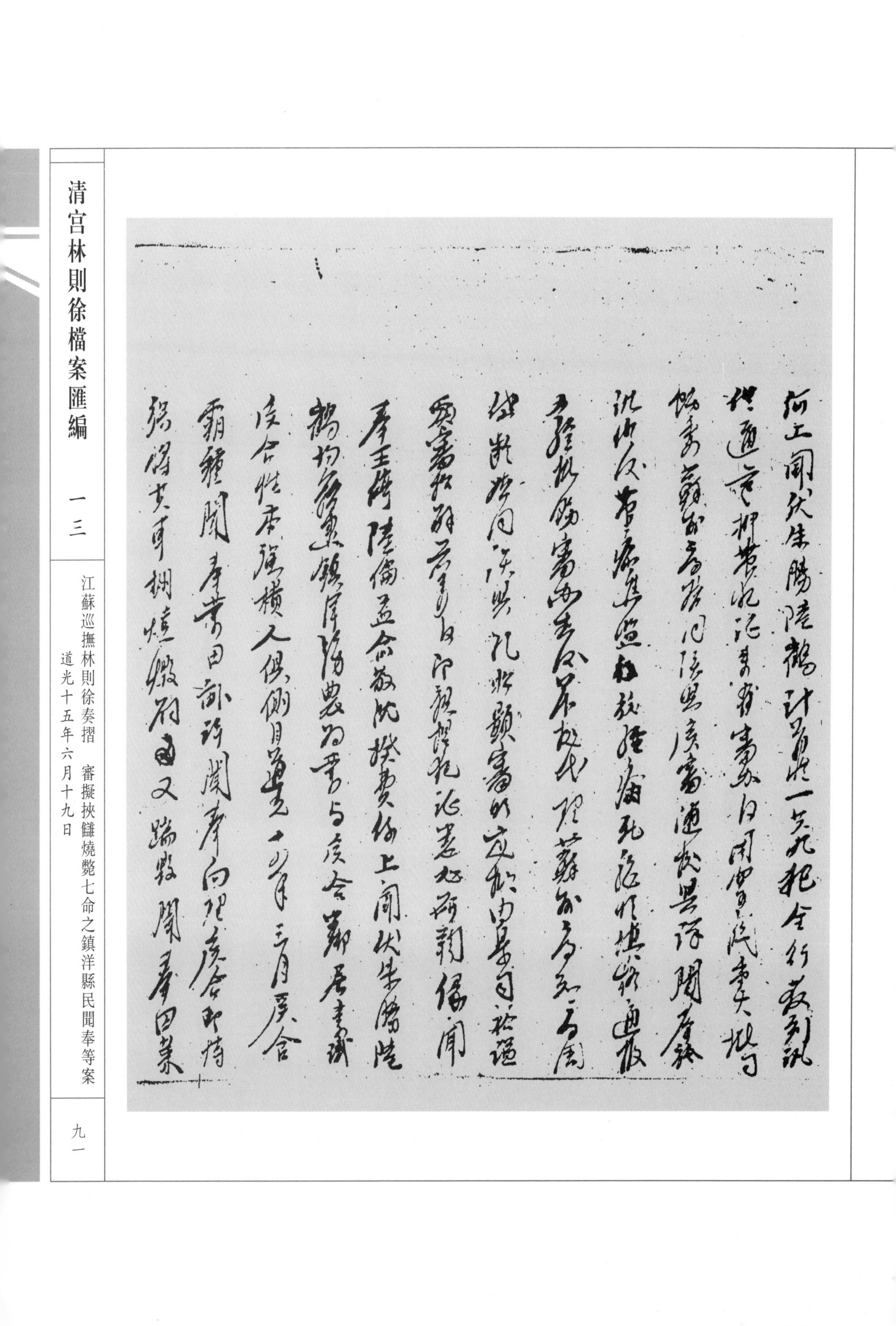

江蘇巡撫林則徐奏摺　審擬挾讎燒斃七命之鎮洋縣民聞奉等案

道光十五年六月十九日

[illegible]

聞奉晨先隱忍不敢與較。十一月二十七日王傳宏
王孝先在外傭工積蓄工錢一千五百文攜回度歲，庚
合知道向借不允，即將王孝氏交於其王傳夫婦
收領，奉孫控告。十二月十二日庚合向其索
之，顧勝成借求不遂，庚合敢與吵嚷，夜顧勝
成宰牛二頭欲大狗往庚合家燒死庚合後向
顧勝成借求，爭吵，將顧勝成扭壓扒毆，顧
勝成投告村衆聞奉令其控究，顧勝成慮
及庚合敢復報，情急生恨，起意乘隙燒聞
庚合不知其事，仍向老婦庚合閒談，遂撞見
知聞奉與庚合顧勝成控告本戶亦欲將聞奉殺
害，不與外人得知，不識姓名人時常向結伴另外行竊

主顧之嘉玟嗣蕤殺麥田傳内閣奉因戾念難之
主恐係下與伊仇隙已深慮被殺害將伊戾合殺
死又恐其家口皆在起意一併殺死燒斃詐
稱行竊火燒其房以圖掩飾先後向顧勝海及顧
第聞綸商買顧勝紋等均以事關人命駭疑知
主傳宮收戾合於佳偷蓋合數伏挨五均被戾合
斯後有人於二十五日早閒房與王傳佳蓋篷
蓋屋數伏挨胡高漢令樹見手王傳叫來幫同
前往扔火頃先閒房又扔王宗扔上閒伏呆
路隨聽同往高房先殺房合會逃出殿房及傳上
皆先走至閒燈房主移住後扔一人逐出王傳
在外夜閒卻主北人亦覺閒房又取出掌ㄅ十

同住王傳貴住上首八人被火無路可以逃出閘
謝貴物上首亦可出來是日傳既房舍逼近鄰莊
屋住之樓伙向不識姓名二人均在伊家借宿當聞
聲即行起看知是夜二更時聞奉手執燈籠
稻草並王傳德倫並與伊素未通仇各執說挾分
將稻人微因尺寸物上首走手一支九人借於房內
首將門房舍門切毀燒門　聞奉王傳德隨後前
向多取稻草在燈籠火上點燃擲向房屋簷下
其燒四面火起道合樓坍塌火焰並出民房
去取燈籠並跑入河內潮濕房舍向不識姓名之一
人在火內逃出供焚用繩尺將房舍燒打命救
用稻又向不識姓名人揭戳伊父陳八大等[illegible]時

江蘇巡撫林則徐奏摺　審擬挾讎燒斃七命之鎮洋縣民聞奉等案

道光十五年六月十九日

犯致死三人為首造殺者擬斬立決殺三家
仍照例擬凌遲其為首者亦不在此例聞奉周虎會
賣向周興凌逼致殺害孫兒起意商同王
得林等放火燒斃周虎會一家七命並誤殺旁人三命應
殊屬兇極聞奉合依殺一家非死罪三人者凌遲
處死律擬凌遲處死先刺字仍照例梟示
碎其屍梟首犯人四日番禾東王得林倫是命
敢依幫同放火謀命下手加功均合依謀殺加功
者斬律擬斬立決照例梟示聞奉帥上聞綠
條陸鶴彰隨同行事並未加功合依謀殺人不加功
者杖流律各杖一百流三千里到配折責安置
奏帥上係伊母孫錢氏二侯嫁去訊不知情

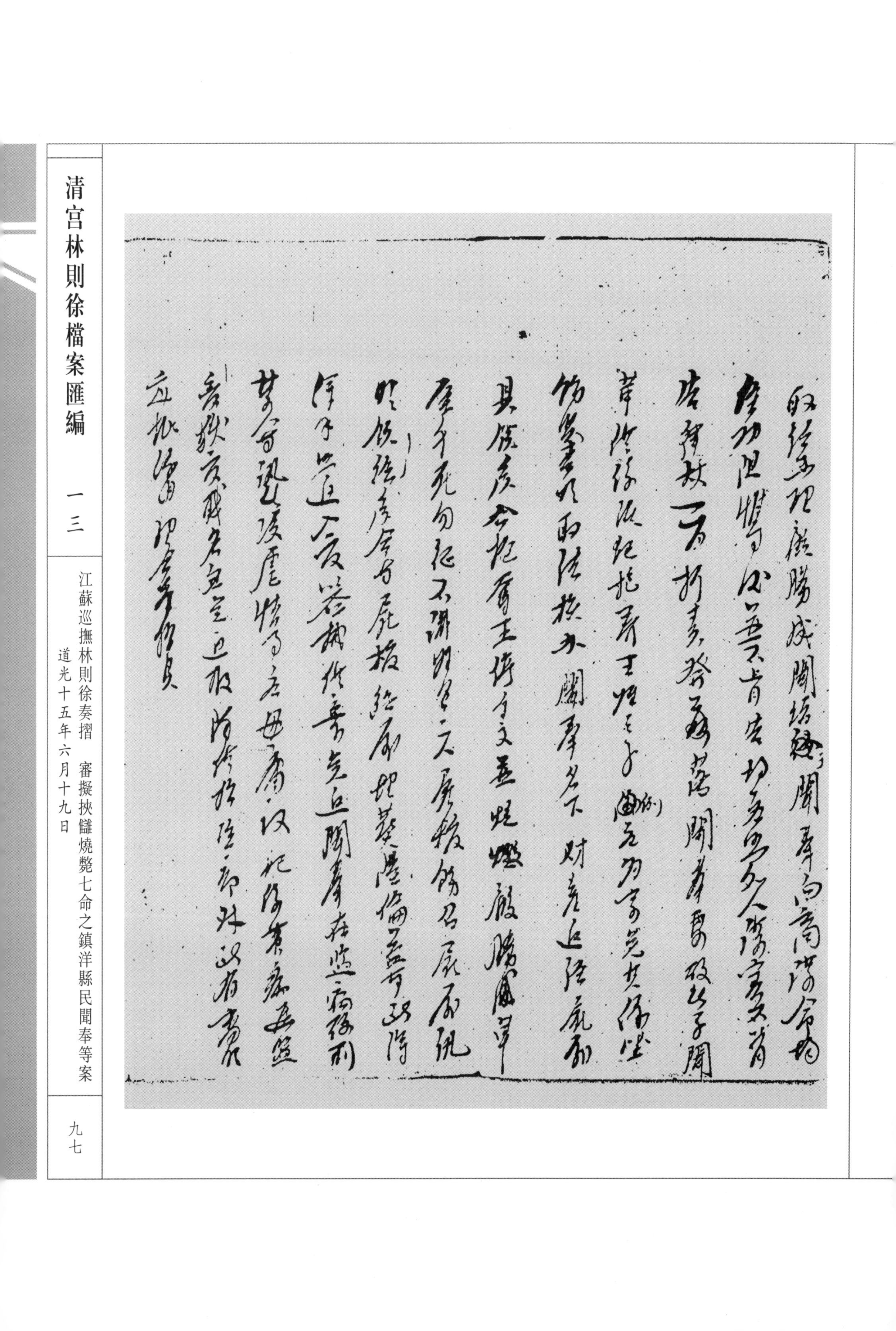

江蘇巡撫林則徐奏摺　審擬挾讎燒斃七命之鎮洋縣民聞奉等案
道光十五年六月十九日

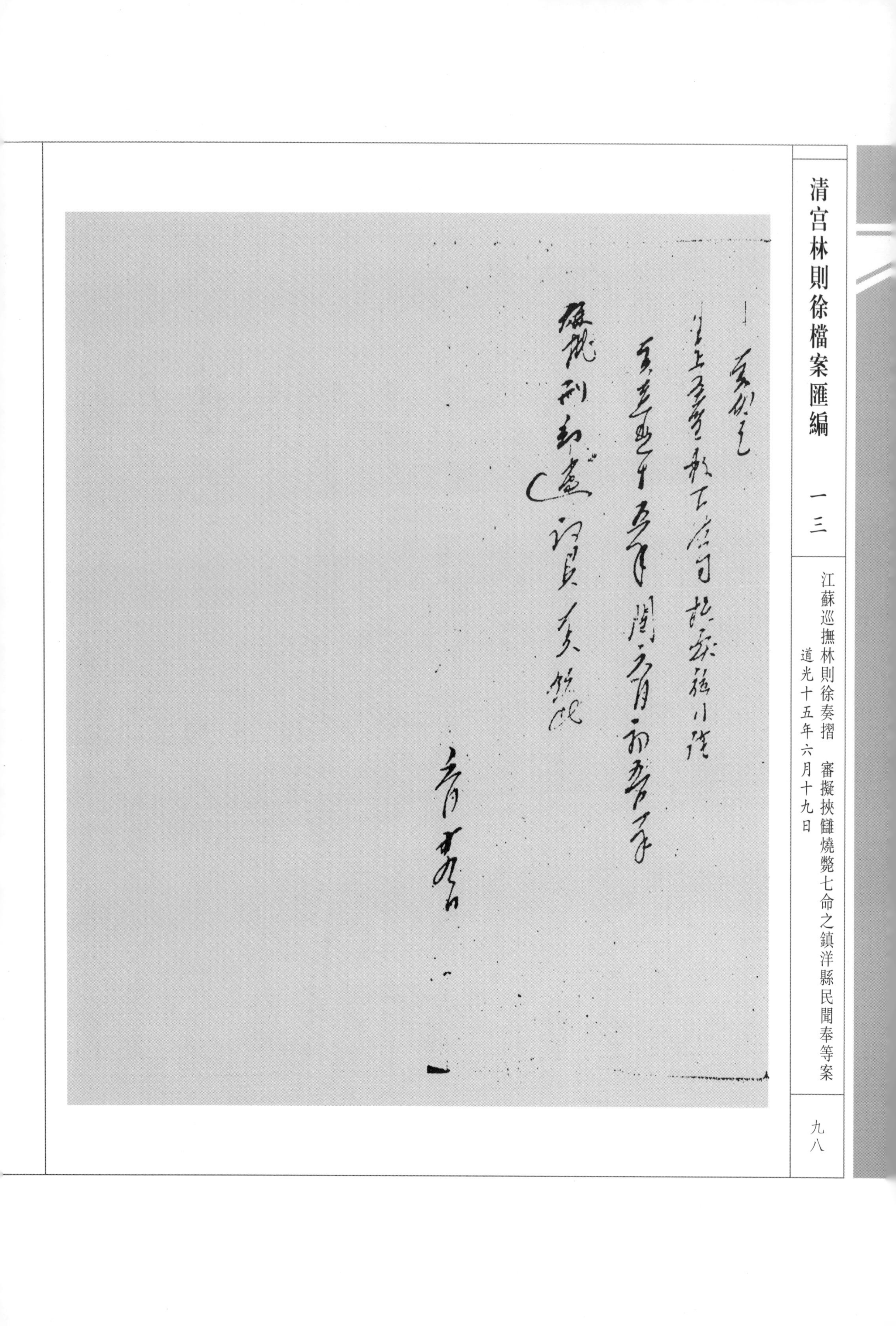

奏伏乞

皇上聖鑒，敕下法司核覆施行。謹

奏。道光十五年閏六月初四日奉

硃批：刑部速議具奏。欽此。

上諭 著林則徐會同滸墅淮安關監督查辦蠹吏加徵額稅等事

軍機大臣 字寄

江蘇巡撫林 傳諭滸墅關監督松桂 淮關

監督那崑 道光十五年六月二十一日奉

上諭有人奏江蘇滸墅關爲通商要道向有標禮並查船謝儀及上派下派押差渡夫拔單交稱接籌等項名目疊經降旨飭禁並未革除近有丈量科蠹吏沈培本係該關附近著名地棍前在衆丈量名下身後辦事迨既充丈量遂勾通內外無弊不作因該關向有罰料一項其所罰銀兩向以一半分給丈量等爲貼補飯食之需一半留爲織造辦公之用此例原爲偷漏商人而設近來商船到關衆丈量悉聽沈培主持無論果否漏稅任意丈量

上諭　著林則徐會同滸墅淮安關監督查辦蠹吏加徵額稅等事
道光十五年六月二十一日

指為以多報少無船不罰無罰不多有不服者輒行鎖繫往來莫可如何因罰料一項並無印票僅有大關籤单不過以微末委員標明所罰數目籤单又隨發隨繳在官而不在商商人無憑控訴且以少罰多並無底冊不畏稽查遂至恣其勒索其商賈之狡黠者多給使費不但可免重罰即應完之正課亦可以多報少其善良者不但貨物少而丈量多而重罰且隨其後商情畏罰貪利善良者無不習為狡黠偷漏不可甚（勝）言虧額稅之課銀肥吏胥之橐槖似此蠹吏把持誤公肥己必應嚴行究辦著林則徐會同松桂嚴密訪查如有前項劣跡即將沈培按律嚴懲毋稍寬縱至商船偷漏自

上諭　著林則徐會同辦理淮安關監督查辦蠹吏加徵額稅等事

道光十五年六月二十一日

應照例罰料其應如何給與印票另立簿據隨同
覲擴堂簿一併報部著妥議章程奏明辦理以杜
弊端而昭覈實又據奏淮關管理宿遷分口之書
吏康景山張紹盤踞多年每遇監督派往家人勾
串一氣即例有一定之額徵船料亦必加三倍徵
收且吸食鴉片俾晝作夜商旅船隻到口即日多
不驗放守至次日又須未刻方能查驗並有守至
二三日者著林則徐會同那崑查明究辦不得稍
事顢頇經此次飭查之後兩關積弊倘不能實力
剔除別經發覺或科道糾參惟該撫暨該關監督
是問將此諭知林則徐並傳諭松桂那崑知之欽
此遵

旨寄信前來

江蘇巡撫林則徐題本

儀徵縣知縣丁憂委改補知縣王澄署理

江蘇巡撫林則徐題本 儀徵縣知縣丁憂委改補知縣王澄署理
道光十五年六月二十一日

兵部侍郎兼都察院右副都御史巡撫江蘇等處地方提督軍務總理糧儲臣林則徐謹
題爲詳請具
題事據江寧布政使楊簧詳稱案奉行准吏部咨
各省委署丞倅等官及試用州縣委署員缺係
暫時署理與實缺調署不同均無庸附摺具
奏令各該督撫按季恭疏具
題等因遵照在案今查道光拾肆年秋季分江寧
等屬內有儀徵縣知縣石常泰丁憂遺缺詳委
改補知縣王澄署理在案相應查明詳候會
題等情到臣據此該臣查得委署丞倅等官及試
用州縣委署員缺例應按季恭疏具
題所有道光拾肆年秋季分江寧等屬內有儀徵

江蘇巡撫林則徐題本　儀徵縣知縣丁憂委改補知縣王澄署理

道光十五年六月二十一日

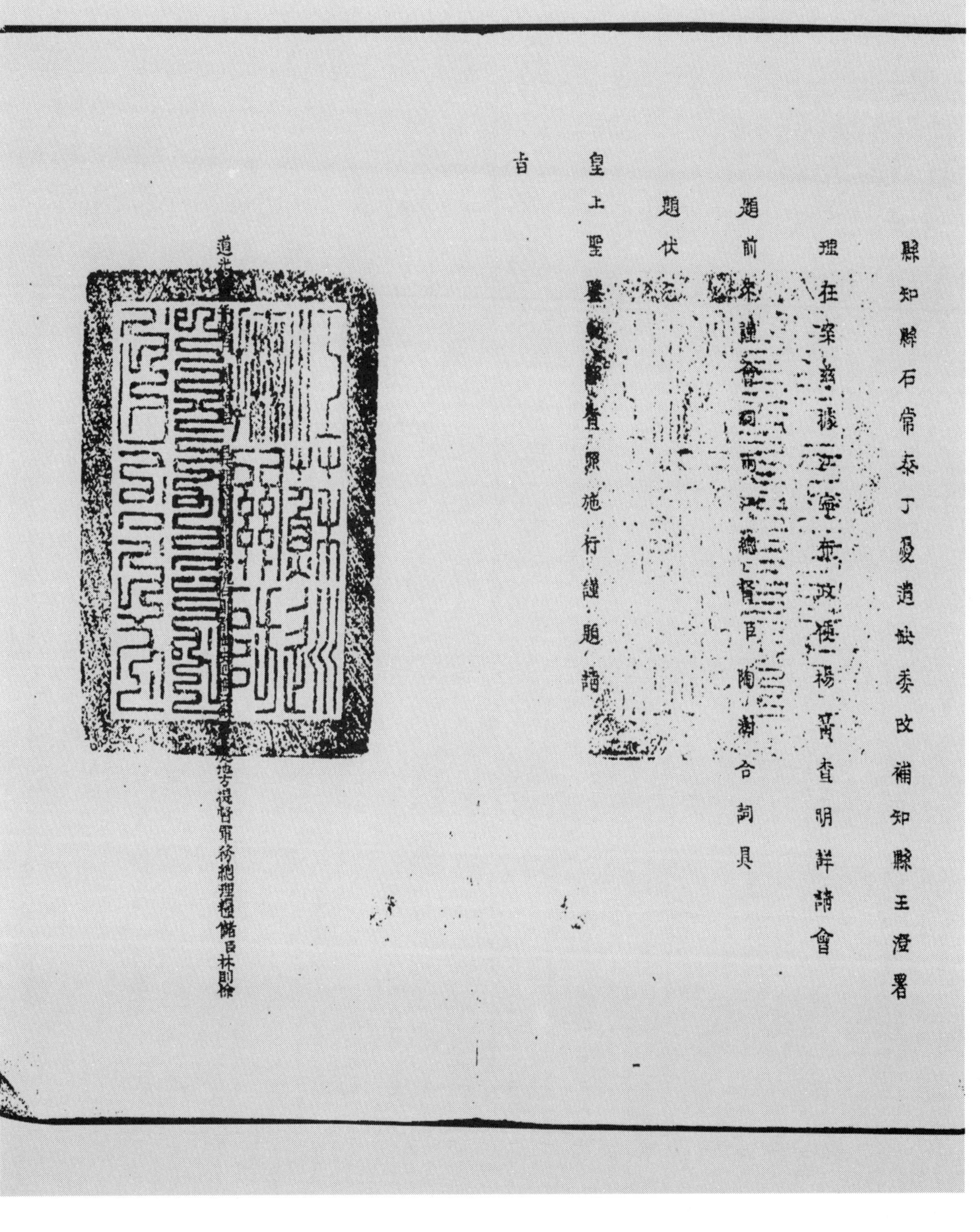

縣知縣石常泰丁憂遺缺委改補知縣王澄署

理在案茲據江寧布政使楊簧查明詳請會

題前來臣謹會同兩江總督臣陶澍合詞具

題伏乞

皇上聖鑒敕部查照施行謹題請

旨

道光[illegible]地方提督軍務總理糧儲臣林則徐

江苏巡抚林则徐题本 仪征县知县丁忧委改补知县王澄署理

道光十五年六月二十一日

兵部侍郎兼都察院右副都御史巡抚江苏等处地方提督军务总理粮储臣林则徐谨

题为详请具

题事。该臣查得委署丞倅等官及试用州县委署

员缺，例应按季恭疏具

题。所有道光拾肆年秋季分江宁等属内有仪征

县知县石常泰丁忧遗缺，委改补知县王澄署

理。在案。兹据江宁布政使杨簧查明详请会

题前来，谨会题请

旨。

題報分發山東試用知縣汪承鏞親父在籍病故例應丁憂

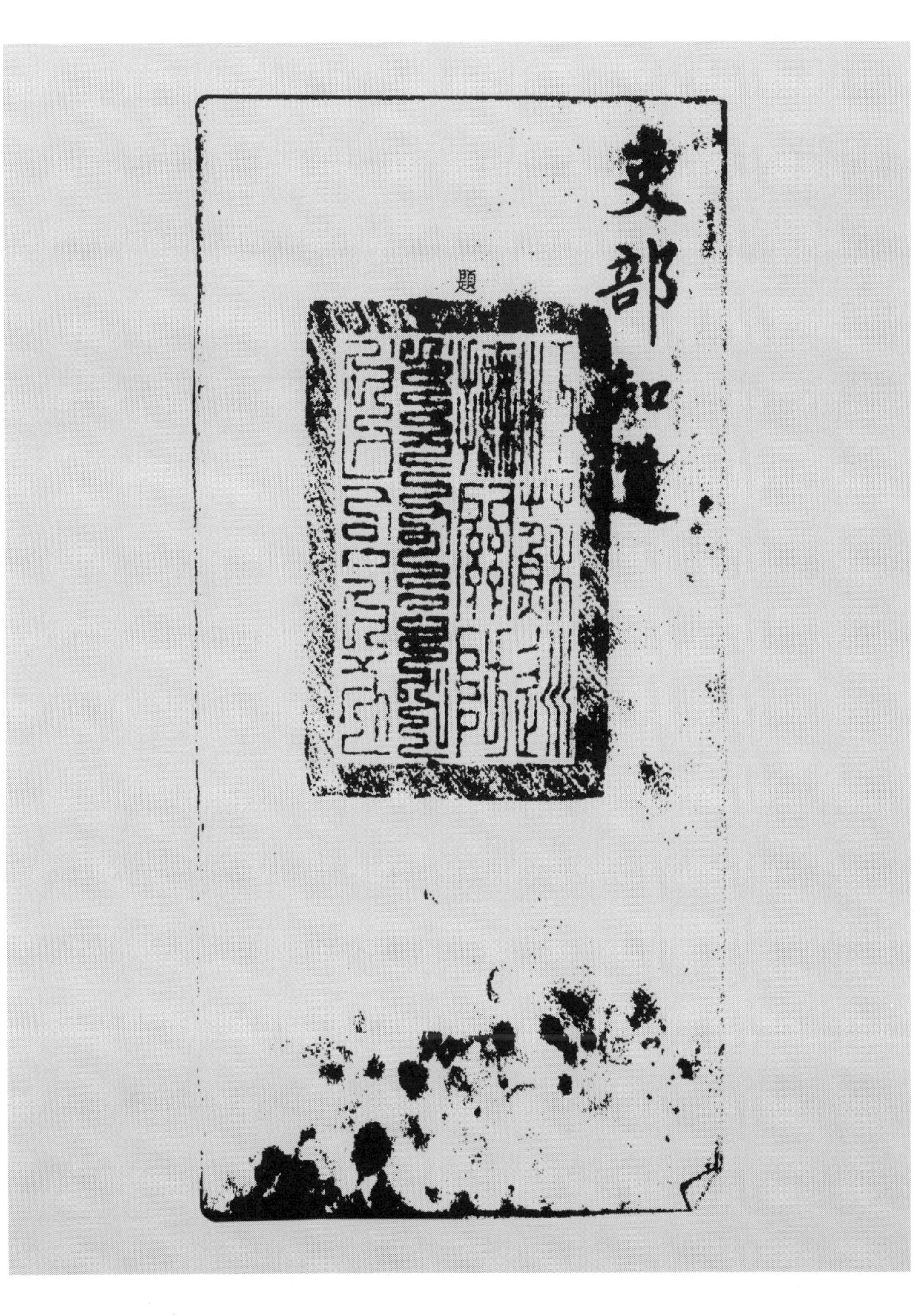

江蘇巡撫林則徐題本　題報分發山東試用知縣汪承鏞親父在籍病故例應丁憂

道光十五年六月二十一日

兵部侍郎兼都察院右副都御史巡撫江蘇等處地方提督軍務總理糧儲臣林則徐謹
題為報明丁憂事據如皋縣知縣范仕義詳稱
家屬吳林呈稱竊家長山東試用同知汪承鏞
現年叁拾玖歲係如皋縣人由貢生捐職郎中
於道光柒年陸月遵酌增常例報捐同知[illegible]論
雙單月即用并捐分發簽掣山東試用於道光
捌年陸月初拾日引
見奉
旨著照例發往欽此赴部領照起程於柒月拾肆日
到省歷奉委署濟南府糧捕通判濟南府清軍
同知家務並奉調東河協防大汛道光拾貳年
捌月聞訃丁嫡母張氏憂回籍拾肆年拾壹月

江蘇巡撫林則徐題本　題報分發山東試用知縣汪承鏞親父在籍病故例應丁憂

道光十五年六月二十一日

服滿請咨仍赴山東候用今家長本生父汪爲
霑於道光拾伍年伍月初叁日在籍病故家
係出繼之子例應丁降服憂回籍治喪並無揑
飾情弊理合並同族鄰甘結呈縣具文詳報等
情到臣據此該臣看得分發山東試用同知汪
承鏞係如皋縣人今有本生父汪爲霑於道光
拾伍年伍月初叁日在籍病故該員係出繼之
子例應丁降服憂回籍治喪據如皋縣知縣范
仕義取結詳報前來臣覆查無異除結揭送吏
部科暨山東撫臣外臣謹具
題伏乞
皇上聖鑒勅部查照施行謹具題

江蘇巡撫林則徐題本　題報分發山東試用知縣汪承鏞親父在籍病故例應丁憂
道光十五年六月二十一日

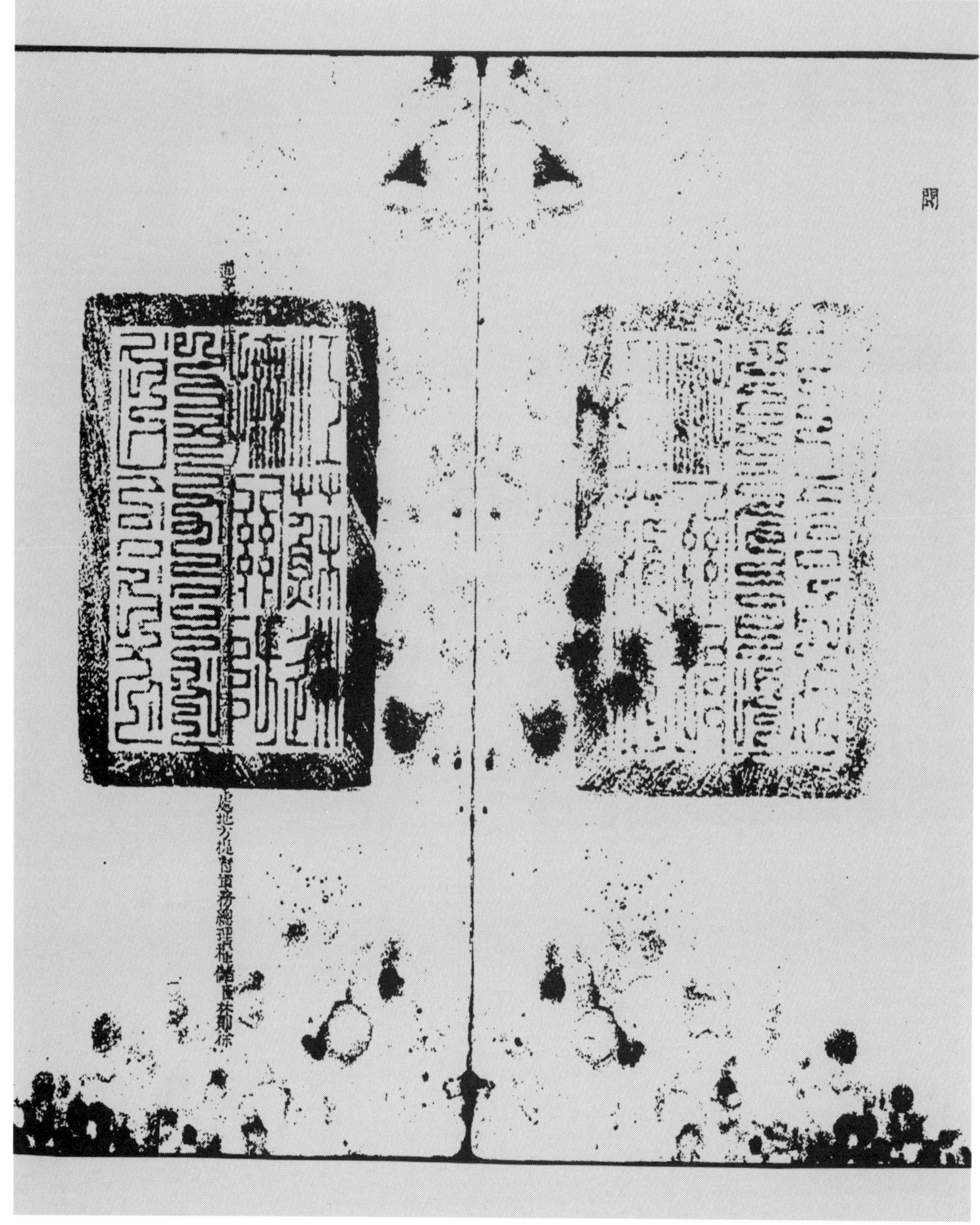

一三

江蘇巡撫林則徐題本 題報分發山東試用知縣汪承鏞親父在籍病故例應丁憂

道光十五年六月二十一日

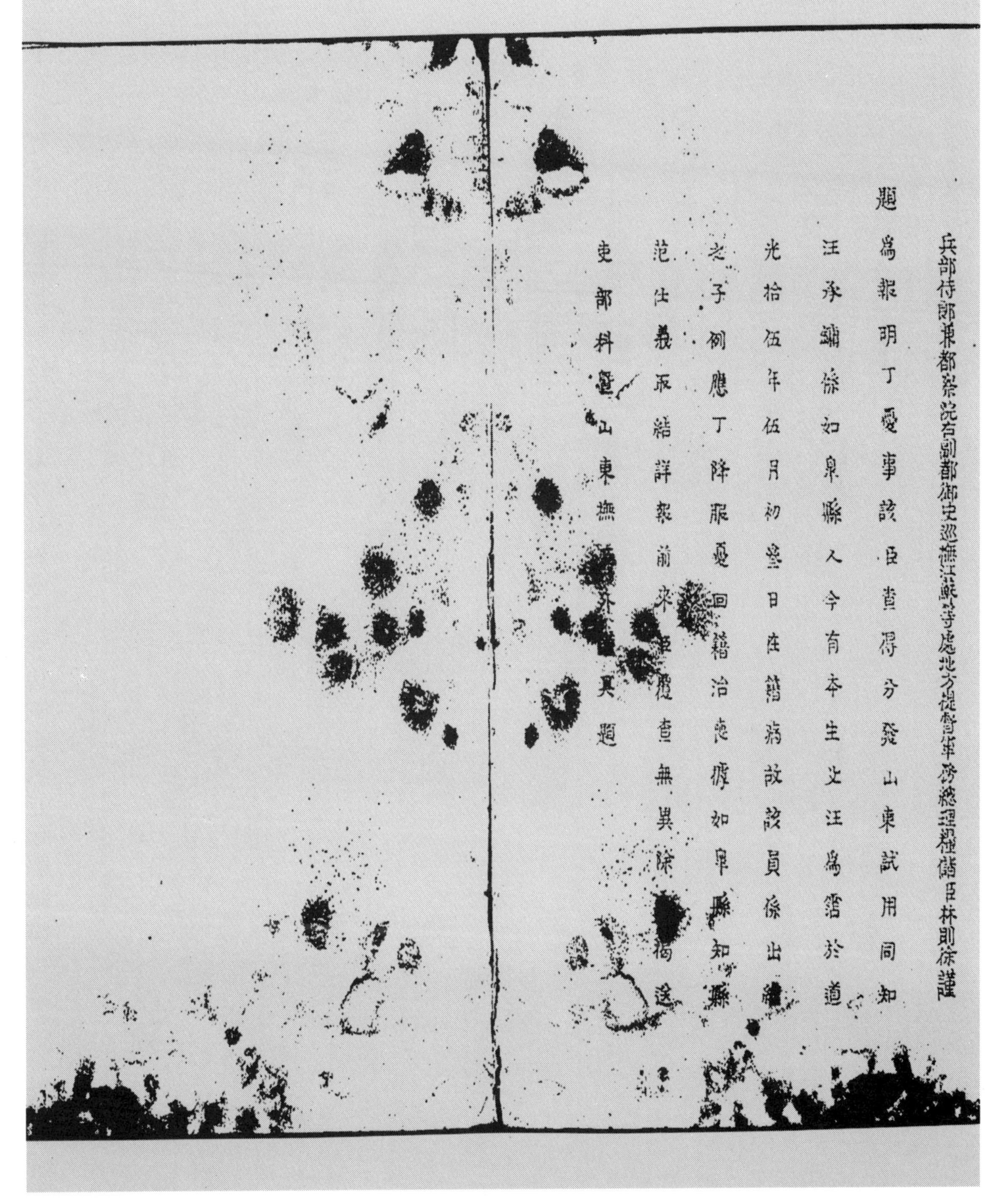

兵部侍郎兼都察院右副都御史巡撫江蘇等處地方提督軍務總理糧儲臣林則徐謹
題為報明丁憂事。該臣查得分發山東試用同知
汪承鏞係如皋縣人，今有本生父汪為霖於道
光拾伍年伍月初壹日在籍病故，該員係出繼
之子，例應丁降服憂，回籍治喪。如皋縣知縣
范仕義取結詳報前來，臣覆查無異，除揭送
吏部科暨山東撫臣外，謹具題。

題報撥解江寧乙未年夏秋冬三季兵餉銀數並起解緣由

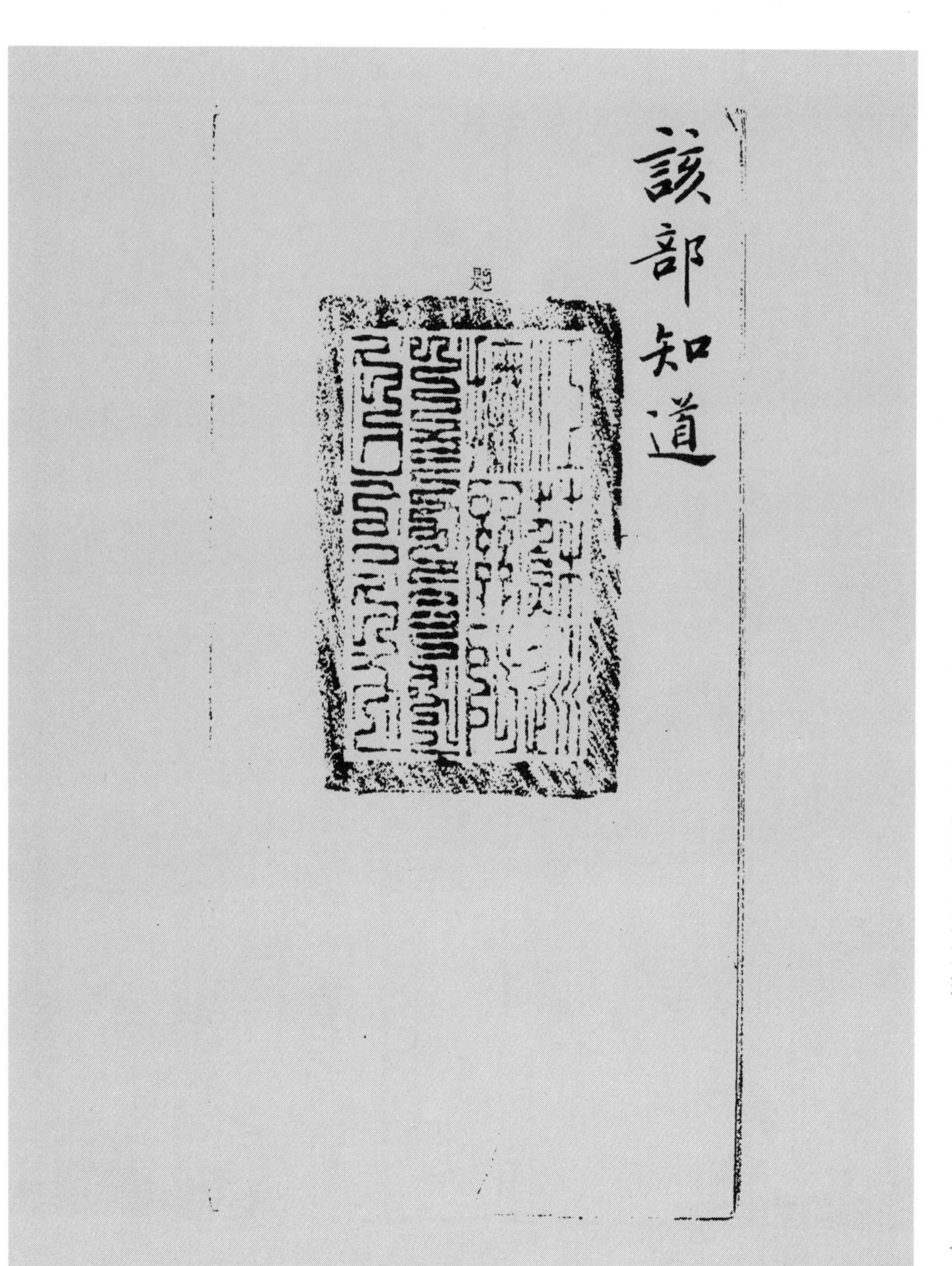

江蘇巡撫林則徐題本　題報撥解江寧乙未年夏秋冬三季兵餉銀數並起解緣由　道光十五年六月二十一日

兵部侍郎兼都察院右副都御史巡撫江蘇等處地方提督軍務總理糧儲臣林則徐謹

題爲酌撥兵餉事。據蘇州布政使陳鑾詳稱：案奉

行准户部咨江南司案呈，准北檔房傳付本部

彙題乙未年各省夏秋冬叁季並丙申年春季

兵餉錢糧壹案，道光拾肆年拾貳月拾捌日題，

貳拾日奉

旨：依議。欽此。相應抄錄原題清單，行文江蘇巡撫遵

照辦理可也。計奉部單内開：江寧所屬乙未年

夏秋冬叁季兵餉，酌撥蘇州甲午年未完地丁

銀壹拾伍萬兩等因，札司按數委員解寧支用

等因到司。奉此，該蘇州布政使陳鑾查得：奉部

指撥江寧所屬乙未年夏秋冬叁季兵餉銀壹

拾伍萬兩司庫現存道光拾肆年地丁足數動
支卽經飭委試用通判姚元浩領解銀壹拾萬
兩試用未入流高遇領解銀伍萬兩於道光
拾伍年貳月拾貳日領解起程茲准江藩司移
知業經照數兌收掣批移送前來相應將撥解
江寧兵餉動款起解緣由詳候鑒核具
題等情到臣據此該臣查得案准部咨蘇藩司庫
撥解江寧乙未年夏秋冬叁季兵餉銀壹拾伍
萬兩等因當經行司遵照委員起解去後今據
蘇州布政使陳鑾詳報在於道光拾肆年地丁
銀內動撥銀壹拾伍萬兩飭委試用通判姚元
浩領解銀壹拾萬兩試用未入流高遇領解銀

伍萬兩報於道光拾伍年貳月拾貳日起程解

赴江藩司庫照數兑收掣批迴銷相應將撥解

江寧兵餉動款起解緣由詳候具

題前來臣覆核無異理合恭疏

題報伏乞

皇上聖鑒勅部查照施行謹具題

聞

江蘇巡撫林則徐題本　題報撥解江寧乙未年夏秋冬三季兵餉銀數並起解緣由

道光十五年六月二十一日

兵部侍郎兼都察院右副都御史巡撫江蘇等處地方提督軍務總理糧儲臣林則徐謹
題爲酌撥兵餉事。該臣查得案准部咨，蘇藩司庫
協解江寧乙未年夏秋冬三季兵餉銀壹拾伍
萬兩等因，當經行司委解去後。今據蘇州布政
使陳鑾詳報，在於道光拾肆年地丁銀内動撥
銀壹拾伍萬兩，飭委試用通判姚元浩領解銀
壹拾萬兩，試用未入流高遇領解銀伍萬兩，報
於道光拾伍年貳月拾貳日起程，解赴江藩司
庫兌收，掣批迴銷，將撥解兵餉起解緣由詳
題前來。臣覆核無異，理合恭疏
題報，謹具題
聞。

道光……處地方提督軍務總理糧儲臣林則徐

江蘇巡撫林則徐題本

題銷江淮興武二衛幫支領道光十五年行月錢糧數目

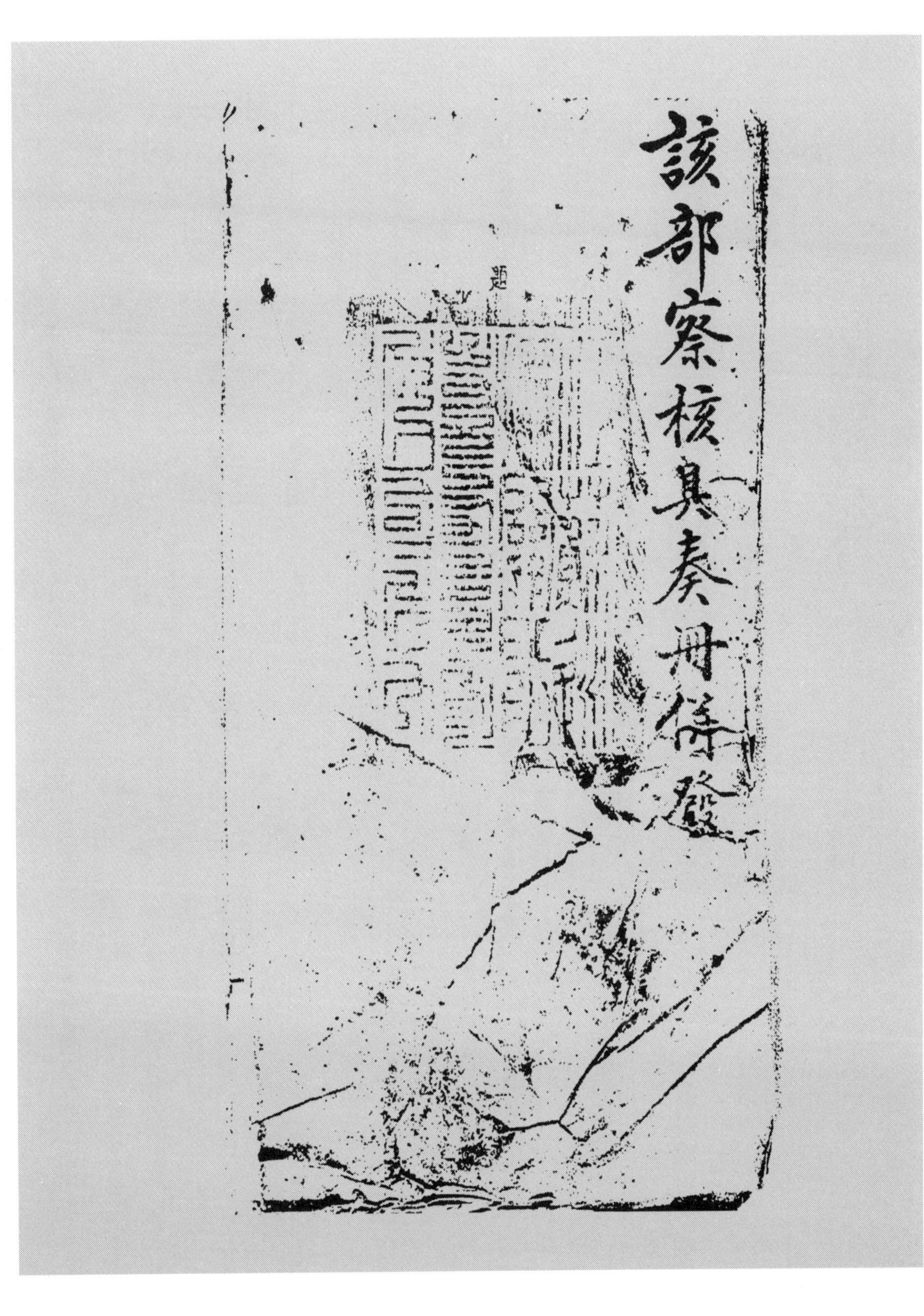
該部察核具奏冊併發

江蘇巡撫林則徐題本　題銷江淮興武二衛幫支領道光十五年行月錢糧數目

道光十五年六月二十一日

兵部侍郎兼都察院右副都御史巡撫江蘇等處地方提督軍務總理糧儲臣林則徐謹
題爲奏銷江興武衛支領行月錢糧事據江安督
糧道唐鑑詳稱竊照省衛官丁支領行月本折
錢糧例應按年奏銷造冊詳送
題報所有江淮興武二衛幫道光拾伍年起運拾
肆年分漕白船玖百壹拾隻應支行月等米陸
萬伍千捌百伍拾叁石伍斗貳升肆合陸勺行
月俸糧等銀玖萬捌千伍百叁拾捌兩貳分捌
釐相應造冊呈送具
題再江淮興武二衛幫原支名本實折等米奉文
自乾隆伍拾叁年爲始改支本色已於冊內分
晰開造餘照舊例造報合并聲明等情據此該

江蘇巡撫林則徐題本 題銷江淮興武二衛幫支領道光十五年行月錢糧數目

道光十五年六月二十一日

臣查得省衛官丁支領行月本折錢糧例應按
年
奏銷造冊
題報所有道光拾伍年起運拾肆年分漕白船隻
支領各幫官丁俸工行月本折銀米先經行令
造報奏銷去後今據江安督糧道唐鑑詳稱江
淮興武貳衛幫道光拾伍年起運拾肆年分漕
白船玖百壹拾隻實支行月等米陸萬伍千捌
百伍拾叁石零行月俸廪等銀玖萬捌千伍百
叁拾捌兩零造冊呈送并聲明江淮興武貳衛
幫原支名本實折等米奉文自乾隆伍拾叁年
爲始改支本色已於冊內分晰開造餘照舊例

造報等情前來臣覆加察核謹將給放派支線
由分晰繕造黃冊恭呈
御覽並將清冊咨移部科外相應具
題伏乞
皇上聖鑒勅部查核施行再此案奏銷例應於伍月
內
題報今據該道於限內具詳合並陳明為此具本
專差承差戴文斌齎捧謹具題
聞
計進
呈文冊壹本

江蘇巡撫林則徐題本 題銷江淮興武二衛幫支領道光十五年行月錢糧數目

道光十五年六月二十一日

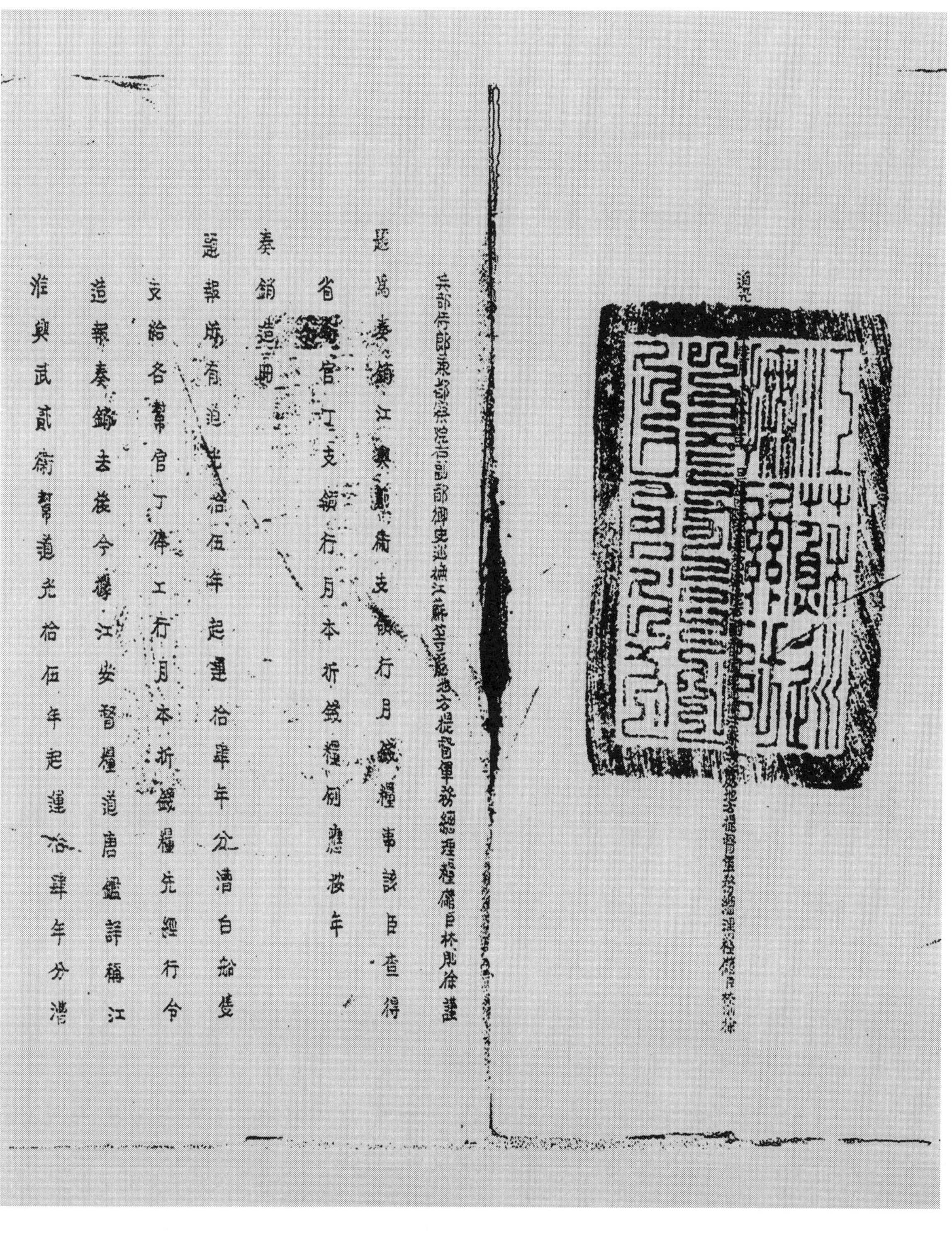

道光

兵部侍郎兼都察院右副都御史巡撫江蘇等處地方提督軍務總理糧儲臣林則徐謹

題為奏銷江淮興武二衛支領行月錢糧事。該臣查得

省[illegible]官丁支領行月本折錢糧例應按年

奏銷造冊

題報。所有道光拾伍年起運拾肆年分漕白船隻

支給各幫官丁俸工行月本折錢糧，先經行令

道報奏銷去後。今據江安督糧道唐鑑詳稱：江

淮興武貳衛幫道光拾伍年起運拾肆年分漕

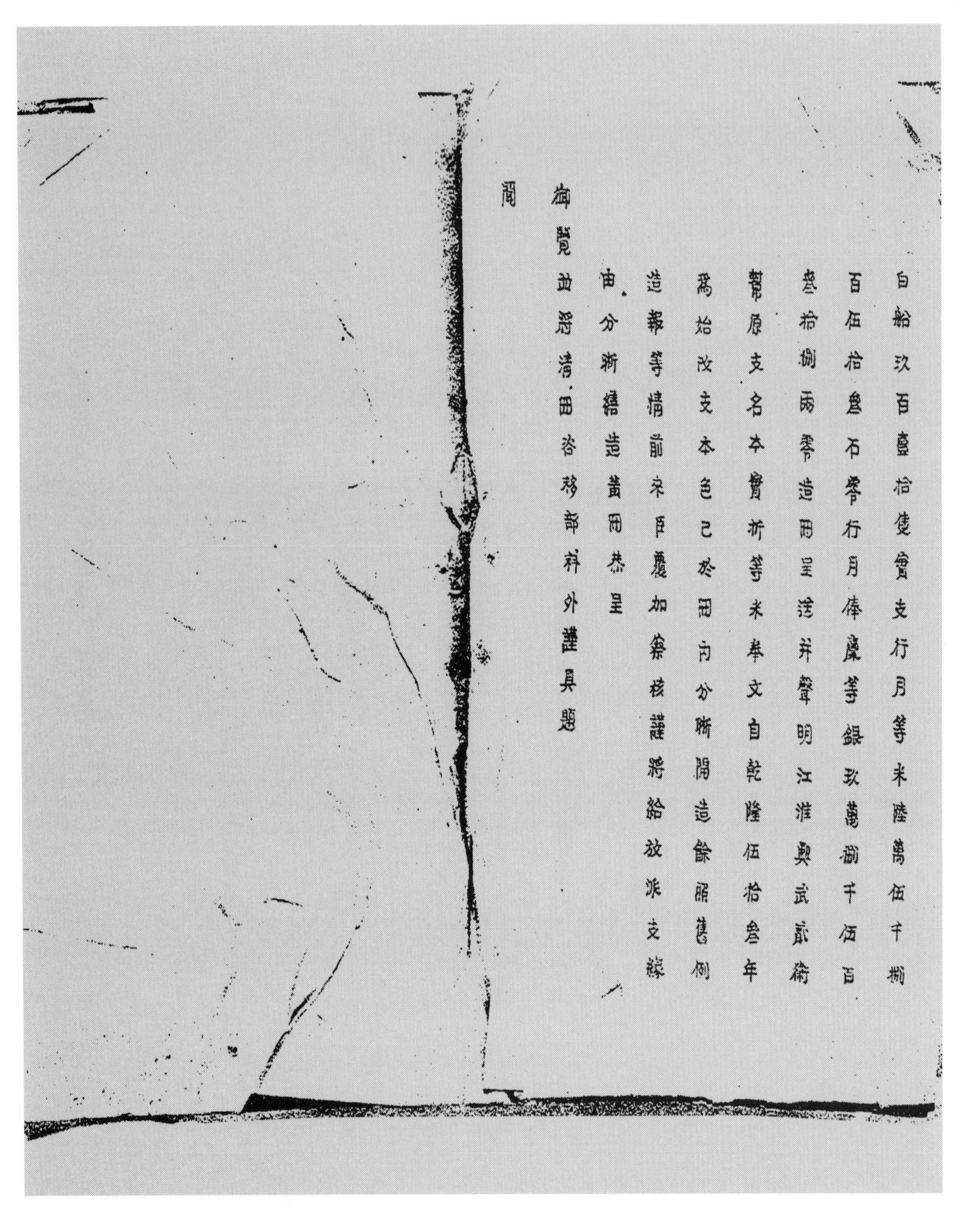
白船玖百壹拾隻實支行月等米陸萬伍千捌
百伍拾叁石零行月俸廩等銀玖萬捌千伍百
叁拾捌兩零造冊呈送并聲明江淮興武貳衛
幫原支名本實折等米奉文自乾隆伍拾叁年
爲始改支本色已於冊內分晰開造餘照舊例
造報等情前來臣覆加察核謹將給放派支緣
由分晰繕造黃冊恭呈
御覽並將清冊咨移部科外謹具題
聞

江蘇巡撫林則徐題本

驗明銅山縣民王學蘭戳斃王鳴案擬絞監候

題

三法司核擬具奏

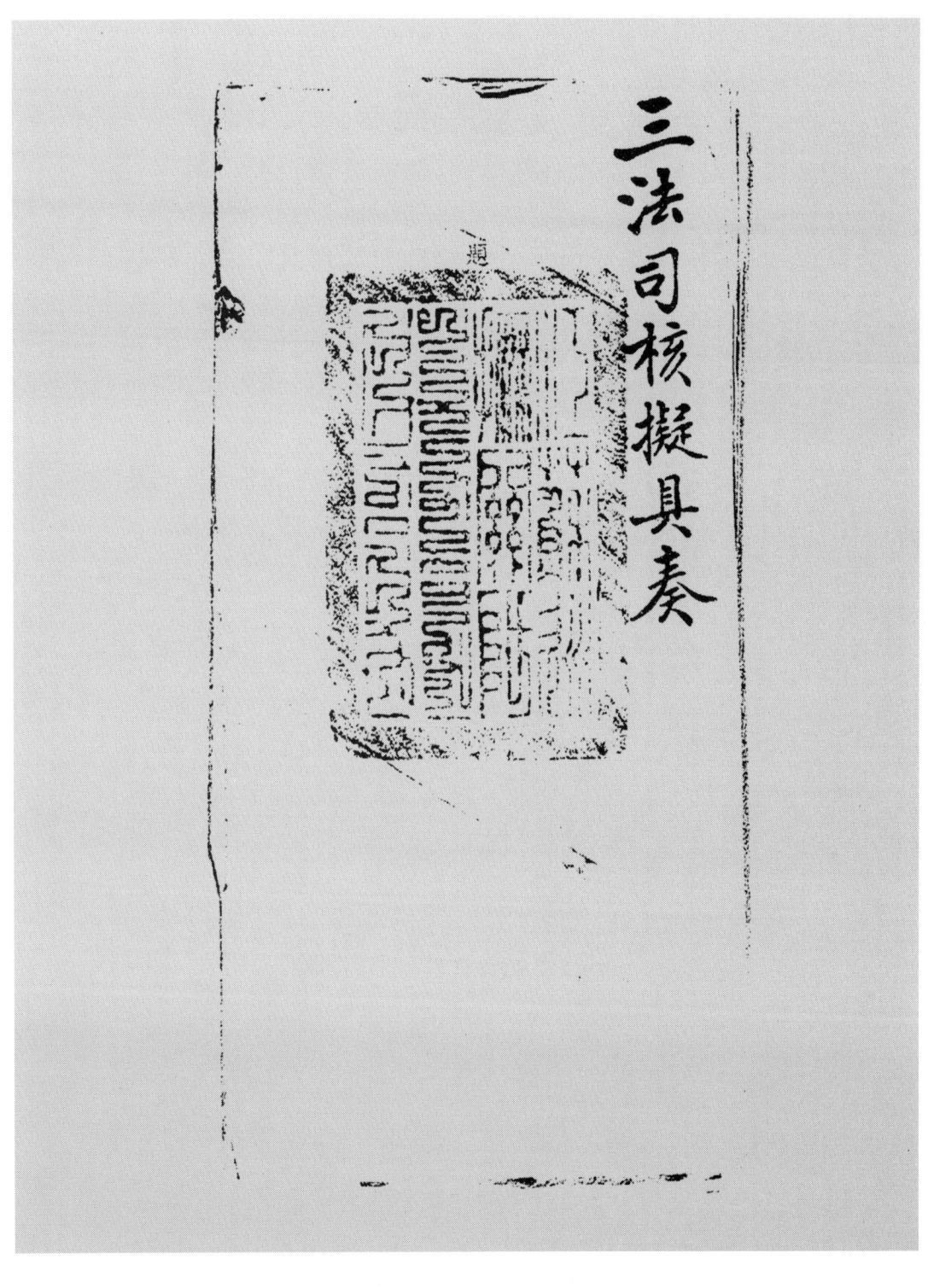

江蘇巡撫林則徐題本　驗明銅山縣民王學蘭戳斃王鳴案擬絞監候

道光十五年六月二十一日

江蘇巡撫林則徐題本 驗明銅山縣民王學蘭戳斃王鳴案擬絞監候
道光十五年六月二十一日

兵部侍郎兼都察院右副都御史巡撫江蘇等處地方提督軍務總理糧儲臣林則徐謹
題為報驗事據江蘇按察使裕謙詳據徐州府知
府武凌漢詳據署銅山縣知縣王文炳詳稱道
光拾肆年柒月初捌日據地保張義興報據民
人王學芝投稱柒月初捌日有同姓不宗之王
鳴摘食伊地內瓜果經伊村斥是夜王鳴帶弟
王四赴伊地內踐毀瓜果將伊毆打伊弟王學
蘭趕救王鳴轉向撲毆持刀追趕被伊弟用槍
戳傷身死等語往查屬實理合報驗等情並據
王學芝及屍弟王四同報到縣據即帶領吏仵
前詣屍所如法相驗據仵作崔亮喝報已死王
鳴問年叁拾肆歲驗得仰面不致命左腿刃傷

江蘇巡撫林則徐題本　驗明銅山縣民王學蘭戳斃王鳴案擬絞監候　道光十五年六月二十一日

當處深透過合面左腿入刃處長壹寸伍分寬
陸分出刃處長壹寸壹分寬叁分血污餘無故
委係受傷身死報單親驗無異飭取兇器鐵槍
比對傷痕相符填格取結屍飭棺殮隨訊據地
保張義興供與報詞同據鄰佑王學會供道光
拾肆年未月初伍日下午王學蘭的哥子王學
芝在地工作王鳴走過摘食瓜果王學芝向索
錢文不給彼此口角小的聽聞趕去勸散那夜
王鳴又同他兄弟王四往王學芝地內踐毀瓜
果致被王學蘭戳傷身死的是實據王學芝供
王鳴與小的同姓不宗鄰莊素識小的與兄弟
王學蘭有地數段分種瓜果秫稼道光拾肆年

柒月初伍日下午小的在地工作王鳴到小的
地内摘食瓜果小的向他索錢不給用言村斥
彼此口角走散那夜小的在地看守瓜果兄弟
也在毗連地内看守耕稼壹更多天王鳴同他
兄弟王四到小的地内王鳴上前將瓜果践踏
小的喊嚷不依王鳴把小的揪推倒地用拳毆
打小的喊救兄弟趕來喝阻王鳴把小的鬆放
轉向攔毆兄弟閃避王鳴拔刀向砍兄弟跑走
王鳴持刀追趕兄弟轉身用槍戳傷王鳴左腿
倒地不料王鳴傷重過了一會死了小的投保
報驗的小的委没幫毆的事是實據屍弟王四
供道光拾肆年柒月初伍日黄昏時分哥子王

鳴回家說他路過王學芝地旁因口渴摘食地
內瓜果王學芝向他索錢不給把他村斥叫小
的同去毆打王學芝出氣小的應允哥子攜帶
千刀小的空手當更多天同到王學芝地內哥
子上前把瓜果踐毀王學芝喊嚷不依哥子把
王學芝揪按倒地用拳毆打王學芝喊救王學
蘭攜帶鐵槍趕來喝阻哥子把王學芝鬆放轉
向撲毆王學蘭閃避哥子拔刀向砍王學蘭跑
走哥子追趕王學蘭轉身用槍戳傷哥子左腮
倒地小的當即跑回告知嫂子王王氏趕去查
看已經身死王學芝投保報驗小的也赴案具
報的並沒起釁別故也沒幫毆的人小的實止

同庄委沒幇同踐毀瓜果及幇毆的事哥子帶的斤刀已經丟棄是實據屍妻王王氏供王鳴是丈夫餘與王四供同據兇犯王學蘭供銅山縣人年叁拾陸歲父親已故母親張氏年陸拾歲哥子王學芝兄弟王學圃娶妻胡氏生子還幼與同姓不宗的王鳴鄰莊居住素識無嫌小的與哥子有地數段分種瓜果秫稼道光拾肆年柒月初伍日下午哥子在地工作王鳴走到地內摘食瓜果哥子向他索錢不給彼此口角走散那夜哥子在地看守瓜果小的也在毗連地內看守秫稼壹更多天王鳴同他兄弟王四到哥子地內王鳴把瓜果踐毀哥子喊嚷不依

王鳴把哥子揪按倒地用拳毆打哥子喊救小
的聽聞攜帶防夜鐵槍趕往喝阻王鳴把哥子
鬆放轉向小的撲毆小的閃避王鳴拔刀砍來
小的跑走王鳴持刀追趕小的情急轉身用槍
嚇戳適傷王鳴左腿倒地不料王鳴傷重過了
一會死了哥子投保報驗的委非有心致死也
沒起釁別故並在場幫毆的人鐵槍已經起案
是實各等供據此將犯收禁錄供通詳奉批飭
審拾月初五日據禁卒稟報王學蘭在監患病
醫治詳咨於拾壹月初陸日報痊前來隨提覆
訊各供均與前審無異不敘外該署銅山縣知
縣王文炳審看得縣民王學蘭戳傷王鳴身死

江蘇巡撫林則徐題本　驗明銅山縣民王學蘭戳斃王鳴案擬絞監候

道光十五年六月二十一日

壹案緣王學蘭籍隸銅山與王鳴同姓不宗鄰莊居住素識無嫌道光拾肆年柒月初伍日下午王學蘭之兄王學芝在地工作王鳴路經該處摘食地內瓜果王學芝向其索錢不給用言村斥致相口角而散是夜王學芝在地看守瓜果王學蘭亦在毗連地內看守秫稼王鳴因被王學芝村斥不甘圖毆洩忿更餘時分邀同其弟王四至王學芝地內王鳴先將瓜果作踐王學芝喊嚷不依被王鳴揪按倒地用拳毆打王學芝喊救王學蘭聽聞攜帶防夜鐵槍趕往喝阻王鳴將王學芝鬆放轉向撲毆王學蘭閃避王鳴拔身帶千刀向砍王學蘭跑走王鳴持刀

追趕王學蘭情急轉身用槍嚇戳適傷其左腿
倒地詎王鳴傷重移時殞命投保報縣驗訊通
詳奉批飭審遵虔提犯研鞫據供前情不諱詰
非有心致死亦無起釁別故及在場幫毆之人
案無遁飾查律載鬬毆殺人者不問手足他物
金刃並絞監候等語此案王學蘭用槍戳傷王
鳴身死應按律問擬王學蘭合依鬬毆殺人者
不問手足他物金刃並絞律擬絞監候秋後處
決王四聽從伊兄糾往並未幫毆且兄死非命
應請免議王學芝因王鳴摘食瓜果不給錢文
向其村斥並無不合應無庸議無干省釋屍棺
飭屬領埋千刀供案免追兇器鐵槍解驗等情

江蘇巡撫林則徐題本　驗明銅山縣民王學蘭戳斃王鳴案擬絞監候

道光十五年六月二十一日

由府審解到司該江蘇按察使裕謙提犯親審

核擬無異解候勘

題等情招解到臣提犯親審無異該臣看得銅山

縣民王學蘭戳傷王鳴身死壹案緣王學蘭籍

隸銅山與王鳴同姓不宗鄰莊居住素識無嫌

道光拾肆年柒月初伍日下午王學蘭之兄王

學芝在地工作王鳴路經該處摘食地內瓜果

王學芝向其索錢不給用言村斥致相口角而

散是夜王學芝在地看守瓜果王學蘭亦在毗

連地內看守秋稼王鳴因被王學芝村斥不甘

圖踐洩忿更餘時分邀同其弟王四至王學芝

地內王鳴將瓜果作踐王學芝喊嚷不依被王

鳴揪按倒地用拳毆打王學芝喊救王學蘭聽聞携帶防夜鐵槍趕往喝阻王鳴將王學芝鬆放轉向撲毆王學蘭閃避王鳴拔身帶小刀向砍王學蘭跑走王鳴持刀追趕王學蘭情急轉身用槍嚇戳適傷其左腿倒地詎王鳴傷重移時殞命報驗訊詳審供不諱詰非有心致死亦無起釁別故及在場幫毆之人案無遁飾查律載鬭毆殺人者不問手足他物金刃並絞監候等語此案王學蘭用槍戳傷王鳴身死應按律問擬王學蘭合依鬭毆殺人者不問手足他物金刃並絞律擬絞監候秋後處決王四聽從伊兄糾往並未幫毆且兄死非命從寬免議王學

江蘇巡撫林則徐題本 驗明銅山縣民王學蘭戳斃王鳴案擬絞監候 道光十五年六月二十一日

之因王鳴摘食瓜果不給錢文向其村斥並無
不合應無庸議無干省釋屍棺飭埋千刀供棄
免追兇器鐵槍發回貯庫臣謹具
題伏乞
皇上聖鑒勅下三法司核覆施行再此案縣審分限
叁箇月應以道光拾肆年柒月初捌報驗之日
起除犯病壹月扣至拾壹月初捌日滿據於拾
貳月初柒日審解計遲延貳拾玖日所有承審
遲延不及壹月職名係署銅山縣知縣王文炳
兩報附系王府司院分限各壹月應以拾貳月
初柒設縣審解之日起除封印壹月又自縣由
府解司程限貳拾柒日統應扣至拾伍年伍月

江蘇巡撫林則徐題本　驗明銅山縣民王學蘭戳斃王鳴案擬絞監候

道光十五年六月二十一日

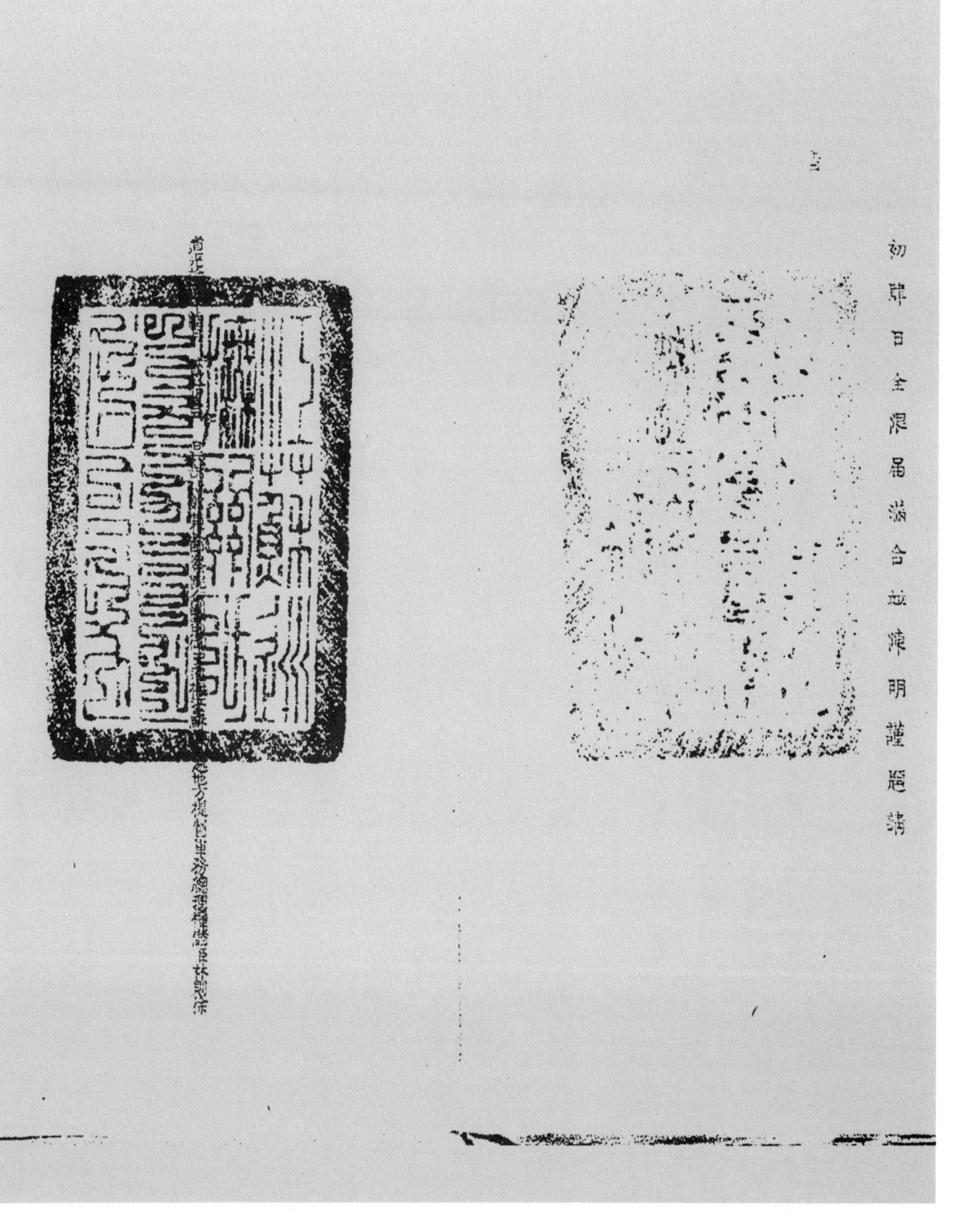
初肆日全浪呂滿合並陳明謹題請
旨

江蘇巡撫林則徐題本　驗明銅山縣民王學蘭戳斃王鳴案擬絞監候
道光十五年六月二十一日

兵部侍郎兼都察院右副都御史巡撫江蘇等處地方提督軍務總理糧儲臣林則徐謹
題爲報驗事。該臣看得銅山縣民王學蘭戳傷王
鳴身死壹案。緣王學蘭與王鳴同姓不宗，鄰莊
居住，素識無嫌。道光拾肆年柒月初伍日下午，
王學芝在地工作，王鳴路經該處，摘食地内瓜
果。王學芝向其索錢不給，用言村斥，致相口角
而散。是夜王學芝在地看守瓜果，王學蘭亦在
毗連地内看守秫稼。王鳴因被王學芝村斥不
甘，圖毆洩忿。更餘時分，邀同其弟王四至王學
芝地内，王鳴將瓜果作踐。王學芝喊嚷不依，被
王鳴揪按倒地，用拳毆打。王學芝喊救，王學蘭
聽聞，攜帶防夜鐵槍趕往喝阻。王鳴將王學芝
鬆放，轉向撲毆王學蘭。王學蘭閃避，王鳴拔刀向砍。王
學蘭跑走，王鳴持刀追趕。王學蘭情急轉身，用
槍嚇戳，適傷其左腿倒地。詎王鳴傷重，移時殞
命。報驗訊詳，審供不諱。王學蘭依鬬毆殺人律
擬絞監候，秋後處決。謹題請
旨。

江蘇巡撫林則徐奏摺

宿遷縣知縣張志遂疏防致人犯逃脫請旨革職協緝

林則徐

請將疏脫要犯之宿遷令張志遂

革職等由

奏

旨

隨交

六月十九日

江蘇巡撫林則徐奏摺　宿遷縣知縣張志遂疏防致人犯逃脫請旨革職協緝　道光十五年六月二十九日

一三　江蘇巡撫林則徐奏摺　宿遷縣知縣張志遂疏防致人犯逃脱請旨革職協緝

道光十五年六月二十九日

江蘇巡撫臣林則徐跪

奏，為特參疏脱逃解要犯限滿無獲之知縣，請

旨革職離任，留省協緝事。竊照浦州革監陸晃南於

赴該管嚴等勸捐唆擾等情一案，究出陸晃係聽從

捐貢周國瑞主唆，當於並訖在案之浙江人章芝

亭所索清指引，逃至謀法保出送信良兩等情

經臣　奏奉

諭旨，飭拏獲解交蘇歸案審辦。嗣據宿遷轉解在逃章

芝亭乘間脱逃，經臣附片奏奉

上諭：江蘇宿遷縣知縣張志遂于奉旨飭拏解蘇質審

之章芝亭一犯，並不慎派兵役小心押解，致令乘間

脱逃，若僅摘去頂帶，不足以示儆，著暫行革職留

江蘇巡撫林則徐奏摺 宿遷縣知縣張志遂疎防致人犯逃脫請旨革職協緝 道光十五年六月二十九日

由任勒限嚴緝如逾限無獲即據實嚴參等因欽
此當經奏錄轉行欽遵並即勒限嚴緝雖據該
縣多派丁役分投購線跴緝現在尚未拿獲又查辛
苎亭係在宿代陸長謄寫控詞指引呈遞叢控
陸長等控所告案若到案歸案定以照例罪止
擬軍惟係奉
旨飭解質之犯該知縣不知慎派妥役小心押解以致中途
乘間脫逃經臣
奏奉勒緝仍未獲案自應遵
旨嚴參未便僅照軍犯在途脫逃之例議處應據實
據兩司詳揭前來合應請
旨將宿遷縣知縣張志遂革職離任留省協緝俟獲

江蘇巡撫林則徐奏摺　宿遷縣知縣張志遂疎防致人犯逃脱請旨革職協緝

道光十五年六月二十九日

犯之後再行覈辦。除飭委員接署並查明經手倉庫錢糧有無虧缺分別辦理外，謹會同兩江總督臣陶澍合詞恭摺具

奏，伏乞

皇上聖鑒訓示。謹

奏。

道光十五年閏六月初九日奏

硃批

欽此

六月二十九日

江蘇巡撫林則徐奏片 飭屬不分畛域緝捕案犯情形

林則徐片

再，臣接准部咨，欽奉

上諭：前因安徽一省緝獲匪犯至一百數十名之多，各直省若皆

如臣認真辦理，不分畛域，何患匪徒不斂跡。特此通

諭各督撫，務須督飭所屬嚴密查拏，有犯必懲，不

得因匪犯稍知斂戢，轉為懈弛等因。欽此。仰見我

皇上安良除暴、力戒因循之至意。臣查江蘇為南北衝途，

水陸交歧，匪徒最易潛匿，且每歲空重糧船往來，必

從來漕幫舊為白糧水手人等群聚水次，情實叢遝，

強悍之屬無惡不作，而捷逃安徽豫省等省，此等被竄

易致逃颺，緝捕尤不敢稍懈。臣仰荷

委任，時切冰兢，惟有諄切究心，飭地方文武勤奮而懲怠玩計

尤屬拏獲命盜雜犯各案由以審明
奏題咨結者每年即不下萬數千起此外江洋及洪澤湖等
處島匪巨盜就近解歸特良一撫經者亦復不少皆有
部案可稽除犯事在本省地方該文武等自應嚴
成拏獲前往均不敢計較外其另有拏獲鄰省
盜犯解回各省審辦者如安徽霍邱縣郁大用被
劫燒斃八命案內經銅山縣拏獲李宗楷于明王宗
信等犯又霍邱縣吳洪化被劫案內經睢寧縣拏
獲劉二全葛七等犯又山東鄒城縣孟緒祉被劫案內
經海州拏獲趙四桂子趙安案孫章秦仁識等犯又郯
城縣魁姓被搶案內經海州拏獲趙章成趙幅淩
周伍盛賈開玉馬在年等犯又山東金鄉縣鄭文魁

江苏巡抚林则徐奏片 饬属不分畛域缉捕案犯情形

道光十五年六月二十九日

被劫拒伤事主案内经逸要犯，节获赵清云、王拢、韩二解同现犯郭犀、黄喜照、王风、杨九、赵履茂、葛二麻、王痛即王林时、王闲即王林兆等犯，又山东莒州抢夺案内经赣榆县节获马逢辰、房士开三、赵在苏振获，何存、孙逢等犯，又安徽宿迁县抢夺药图案内经清河县节获蒋来一犯，又宿迁县会禀名事主案内经句容县节获孙三子一犯，又直隶临城何内窃犯被劫案内经宿迁县节获赵二一犯，又山东金乡县郭云雪被劫拒捕案内经丰县节获孙亮、孙萃、田玉常、孙国长三名，则和县月即得获实杨汉、吕高等犯，又安徽凤阳宿州等处孙顺年等家被劫案内经金坛县节获

獲陳麻子李瑞遠胡一安曹大頭等犯俱經分別解
歸各原省審辦其起出贓物器械一併移解凡此皆
係積慣人犯該省緝拿甚急遂至四竄惟有竄必
獲不使漏網庶盜風可期漸戢又山東教匪案內
經飭屬拿獲為首之靳帝卜解東審明正法已
由東省奏
聞在案其習教之逆書與吳昌時親書真吳營等犯亦
一併拿獲解往東省審辦他如鄰省命案逃兇並
曾獲十一名內有謀殺本夫之高邱氏一案情節尤
重又近年拿獲外省逃遣逃軍逃流及脫逃太監
統共五十餘名亦皆
奏咨有案此外所獲鄰境積匪猾賊及各項脫逃人

犯案牘繁多難以悉計但江蘇地方遼闊介省逃
犯竄出入境隨時皆有以仰蒙迭頒不分畛域之
明諭嚴飭各屬實力偵緝不特本省犯事者務令速
獲懲以挪即案係隔省者亦宗許稍有膜視異如內
因逃犯稍知儆惕稽為懸勵視緝捕為具文總期
善良得行良民安堵以期仰副
訓諭提撕指示之一所有欽奉
諭旨飭屬遵以辦緣由謹彙案附片覆
奏伏乞
聖鑒謹
奏
道光十五年閏六月十九日奉

硃批一力振作不可稍涉因循

江蘇巡撫林則徐奏摺　揚關年收稅銀溢額照例盡數報解

道光十五年六月二十九日

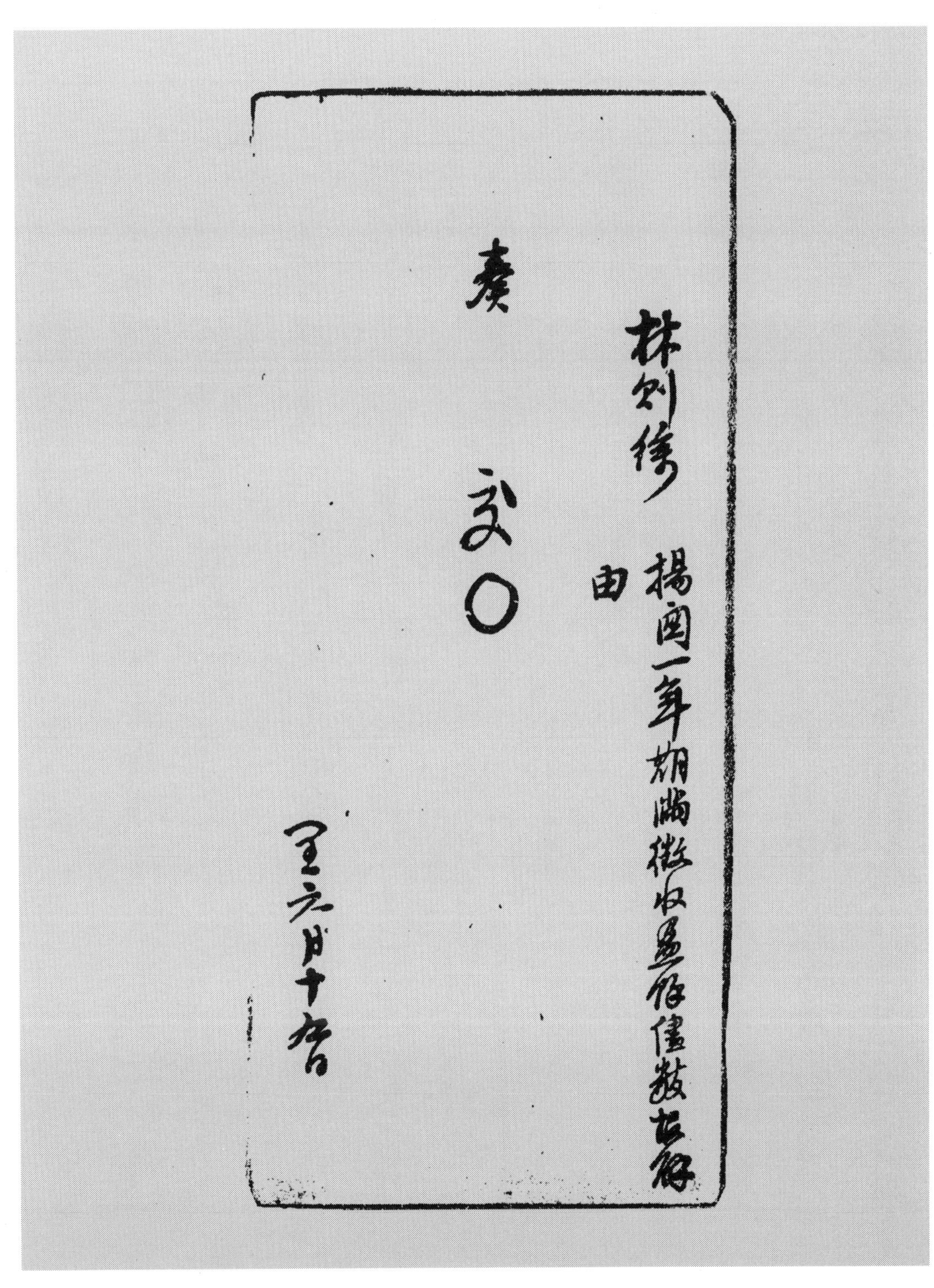

林則徐

揚關一年期滿徵收盈餘儘數報解

由

奏

○

江蘇巡撫林則徐奏摺

揚關年收稅銀溢額照例盡數報解

江蘇巡撫林則徐奏摺 揚關年收稅銀溢額照例盡數報解

道光十五年六月二十九日

江蘇巡撫臣林則徐跪

奏為揚關一年額徵稅銀盈餘銀兩現有溢額照例

儘收儘解恭摺奏祈

聖鑒事竊准 部咨奏准 嘉慶四年三月欽奉

上諭各關盈餘數目自此次定額之後倘于新定之數再有

短少即令其賠補或所多餘亦即儘收儘解其三

年比較之例永行停止等因欽此並奉

欽定揚關盈餘銀六萬八千兩嗣于嘉慶九年又准 部咨奉

旨揚關酌減盈餘銀數著定為七萬一千兩等因欽此欽

遵在案茲據管理揚關由關稅務常鎮通海

道李彥章詳報前屆關稅額滿之後自道光

十四年五月初十日起至十五年五月初九日止一年

徵滿共征銀一十六萬三千八百九十五兩零除正
額應征銀九萬二千七百九十一兩零又
欽定盈餘七萬一千兩均已征收足額外計有溢收盈餘
銀一萬四百兩零現已照例儘數批解另行詳請覈
奏前來查揚關由關自嘉慶二十年至今歷屆
征盈餘均屬短絀每年自一二萬兩至四五萬兩不等
總因額多處過偏以致商販稀少又兼舊黃壩不
常啟放貨船未能通行以致不敷課額該道李彥章
常駐關署逐細講求親自約束書差飭稽票據
隨時整頓加意招徠茲自上年於關起至本年五
月滿關止一年該關皆係李彥章一手經理該道又
兼管揚屬河防上年五壩俱未開放下河一帶頗

蘇寧收商販鹽斤為流通稅務稍見起色此次所徵稅
銀比較額定數目已有溢收為十餘年來所僅見除
批飭照例儘數核解並將解支各款另行詳
懇外合將飭令該道親駐關閘認真設法征收務使
課通商益臻成效如可連邀懋賞則年征年解
而期有溢無虧所有揚關一年期滿溢收盡解稅
銀仍征仍解緣由理合恭摺具
奏伏乞
皇上聖鑒謹
奏
道光十五年六月十九日奉
硃批戶部知道欽此
二十九日

江蘇巡撫林則徐奏片

蘇松等屬疊被風潮及辦理勸捐情形

林則徐片

再蘇松等屬自本年入夏以來雨少風多節經檄
飭沿海各州縣加培圩岸保護塘工以防風潮旋據護蘇
蘇松太道陽金城稟報六月十四日夜陡起東北大風
該道因籌查海防事宜正在吳淞海口突見潮勢乘
風騰起數丈該處海塘漫溢土石各工多被沖壞至明風
息查看附近民房及堤上草房坍塌甚多海口停泊船
隻大者擊損小者飄沒蘇松鎮兵 田松林在洋督巡坐
船亦被風打下二千餘里擱淺在岸等情當即批飭道
等將被潮沖損草房海塘分飭修築搶堵一面飭查沿
海各屬被潮有無成災據實稟報去後旋據寶山縣毛[illegible]
稟稱十四日正值大汛潮勢洶湧攻迎陰頂沖之胡巷口南岸

江蘇巡撫林則徐奏片　蘇松等屬叠被風潮及辦理勸捐情形
道光十五年六月二十九日

江蘇巡撫林則徐奏片 蘇松等屬疊被風潮及辦理勸捐情形
道光十五年六月二十九日

及北岸馬頭朱家橋等處土塘均被衝缺民房兵房多
已坍塌東北門外石塘亦患搏激殘缺江面石砲臺牆身
並江東砲臺圍護木樁均經坍壞土塘穿缺受損潮水
漫進田疇被淹幸天氣清和尚易消退又據太倉州李正
鼎鎮洋縣孔昭顯等報同日東風大作海潮徑奔北
漫入烟墩港內泛溢田陌橫衝石壩瀉入劉河致將石壩
內牆衝倒坍壞民房四千餘間淹斃男婦一口南岸海塘第二
三段亦被潮水刷倒現在搶修並民房無力修蓋者捐
給修費沖出棺柩飭屬認明埋葬幸劉河挑濬深通星
以風潮雖大均由高處瀉入河槽于農田不致大礙又據嘉
定縣時之杲稟報是夜雖遇狂風幸未夾雨且秧苗甫
插木棉尚未揚花均屬無礙又據崇明縣儲寧報是

勝同被風潮該縣四面環海潮水灌注民人廬舍不
無傷損現將沖破圩岸設法修補又據昭文縣時後
組寧報稱十四日子時風潮陡起平地漫溢禾棉被淹
幸自十卯以後六涇新挑潮河消落禾棉雜糧無緊
補種又據華亭縣時慶瑛稟報該處沿海外塘多
被沖損內塘烏字等號石塘塘腳覆土間被汕刷又據南
匯縣朱清耀稟稱十四五日東北大風潮水自西園直達
欽塘房屋間有沖塌禾棉淹浸高阜易退之處尚無
妨礙低區秋成恐有減色又據通州知州平翰稟報十三
風潮並大潮頭漫過圩圍當即趕修培築并疏消田
間積水各等情伏查此次風潮異常猛烈幸節令甫交
小暑禾棉尚未揚花而吳淞劉河白茆等各河道皆

已挑濬深通，潮水有以容納，不致泛溢。即一時被淹之處，已經亦即趕緊補種，尚不致于成災。其坍房修費等項，經地方官捐資辦理，毋須動款撫卹。惟各處砲台、戰船、軍械，亟須趕修堅固，俾資巡防戍守，以重海疆，已飭司分別確查覈明詳辦。其海塘土石各工多被沖損，而寶山縣之塘爲尤甚，除飭先行搶護外，查該處海塘前于嘉慶四年、十年兩遭風潮沖損，均經前

督撫以援案奏准動

帑興修。現據該縣援案稟請。臣思

國家經費有常，值此停辦工程之時，不敢遽請動項，而海塘

關係重大，又不可稍有因循。查寶山縣地方紳庶素尚好

義急公，上年賑案勸捐已多，勉力輸助。今海塘爲地方

保障尤期衆力共擎。現飭藩司陳鑾親赴寶山
會同州縣躰訪輿情，妥爲勸諭，並咨商紳士一體勸飭
如能捐有成數，即當隨時奏
聞。所列修辦，此外沿海之川沙、金山、海門等廳縣有無被
潮，已飭確查，俟覆到彙辦。至蘇州一帶自六月初十日
起連得雨澤一二寸至三四寸不等。低田秋禾已遍插，惟
高田暵乾已久，入土尚未深透，節候已晚，恐不免改種
雜糧。其餘各屬得雨情形互有多寡，大約高區業已受
旱，未能一律插蒔。臣仍率屬虔誠祈禱，以期甘霖溥
沛，高下均霑。理合附片具陳，伏乞
聖鑒。謹
奏。

道光十五年閏六月十九日奉

硃批該辦要之一得透雨即行奏報欽此

兩江總督陶澍江蘇巡撫林則徐奏摺

大挑試用知縣潘照麟陳請改教職循例請旨准改

陶澍等

請將大挑知縣潘照麟准其改

教由

奏

隨

旨交

○

呈六月十九日

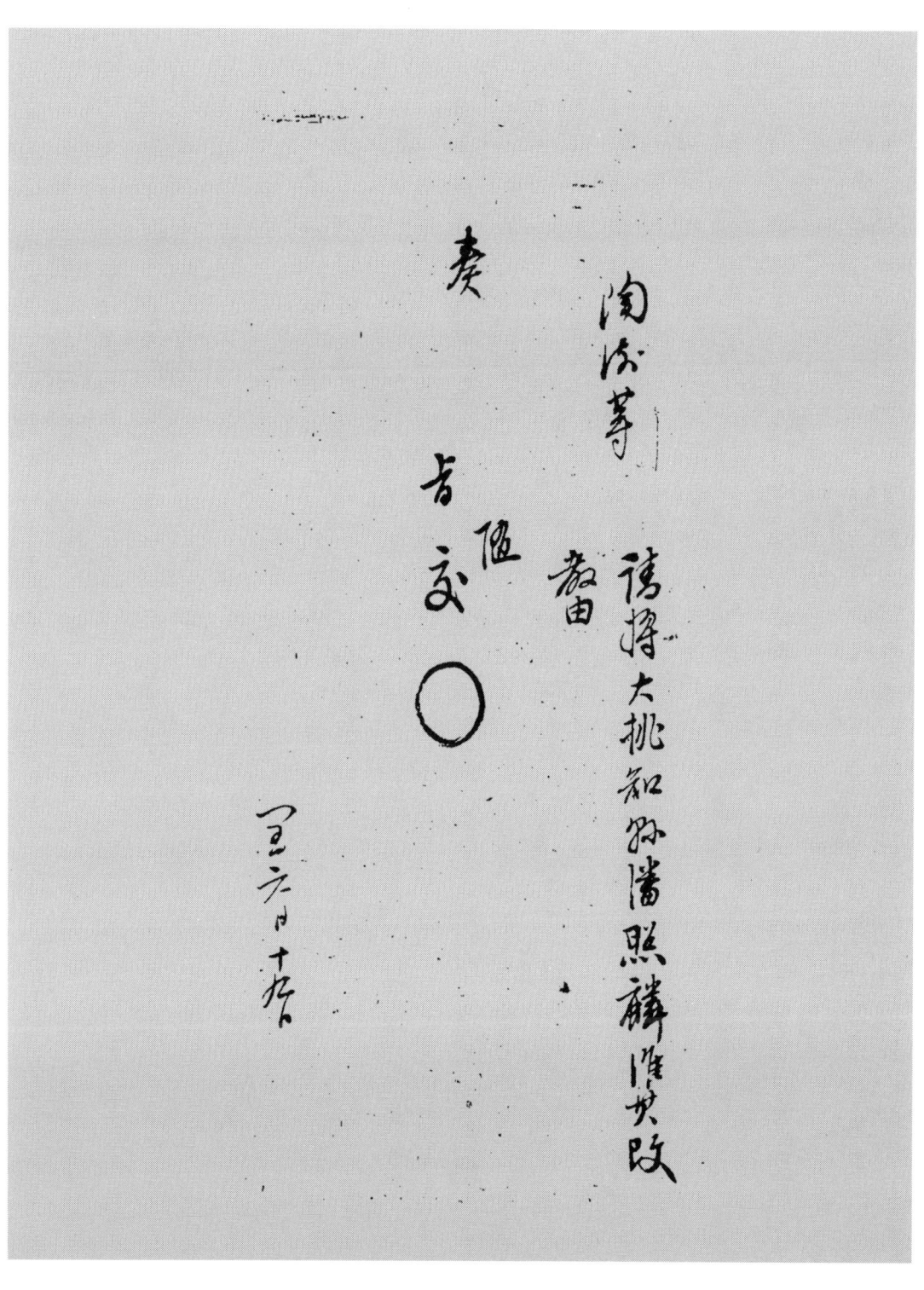

兩江總督陶澍江蘇巡撫林則徐奏摺 大挑試用知縣潘照麟陳請改教職循例請旨准改

道光十五年六月二十九日

兩江總督臣陶澍跪
江蘇巡撫臣林則徐

奏爲大挑試用知縣陳請改教，恭摺具
奏仰祈
聖鑒事。竊據蘇州藩司陳鑾詳據大挑試用知縣潘照麟稟稱，現年五十三歲，廣東河源縣人，由廩生中式道光二年壬午科舉人，本年乙未科會試，以大挑一等以知縣用，簽掣江蘇，六月二十一日到省。惟自揣才力不及，恐難勝任民社，情願改就教職等情。查定例大挑一等舉人分發各省試用人員未經得缺，如有願改教職者，歸于二等舉人內按科分名次先後選用等因。今大挑試用知縣潘照麟自揣才力不及，情願改就教職，由司具詳前來。臣等覈與定

兩江總督陶澍江蘇巡撫林則徐奏摺　大挑試用知縣潘照麟陳請改教職循例請旨准改
道光十五年六月二十九日

例於符理合恭摺具
奏請
旨將大挑試用知縣潘照麟准改教職由部照例選用
除咨部外謹合詞恭摺具
奏伏乞
皇上聖鑒謹
奏
道光十五年五月十九日奉
硃批
欽此
六月二十九日

兩江總督陶澍江蘇巡撫林則徐奏摺 **江蘇省並無洋銀出洋請毋庸禁止**

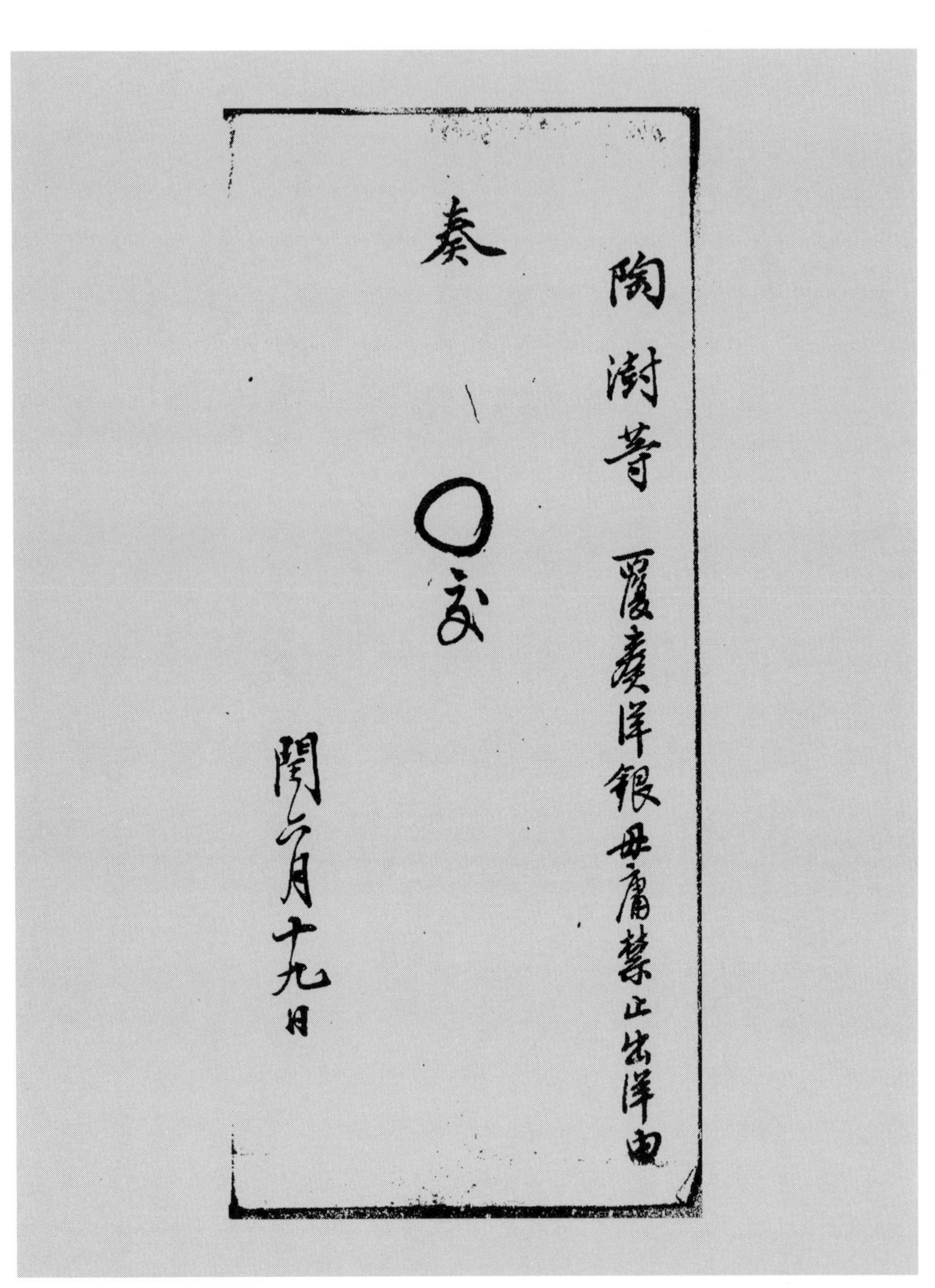
陶澍等 覆奏洋銀毋庸禁止出洋由

奏

○硃

閏六月十九日

兩江總督陶澍江蘇巡撫林則徐奏摺　江蘇省並無洋銀出洋請毋庸禁止

道光十五年六月二十九日

兩江總督臣陶澍
江蘇巡撫臣林則徐跪

奏爲江蘇省行用洋銀不至運往外洋遵
旨體察情形酌議覆
奏仰祈
聖鑒事竊臣等接准戶部咨欽奉
上諭前據御史黃爵滋奏紋銀洋銀應並禁出洋杜絕偽
鑄洋重科罪一摺著交刑部妥議具奏茲據刑部將
將仿鑄洋錢明定從重科條具奏著照所議辦理其禁
止洋銀出洋於沿洋交易事宜是否可行著該督撫
體察情形妥議章程酌量具奏欽此仰見我
皇上於防微杜漸之中寓因地制宜之至意當經恭錄欽遵
轉行司道確切查明沿海情形備細確察覆去後

兩江總督陶澍江蘇巡撫林則徐奏摺　江蘇省並無洋銀出洋請毋庸禁止

道光十五年六月二十九日

奏據蘇州布政使陳鑾江蘇按察使裕謙蘇松太道楊簽城會議詳覆前來臣等查原御史請禁洋銀出洋原奏內地向有仿鑄洋銀之弊並紋銀被禁而洋銀無禁奸民者以紋銀鑄為洋銀賣往外夷無窮之利其言原為杜弊起見惟洋銀行用情形各省本不相同其始祇用於粵閩漸次及於江浙江蘇本屬腹地市肆買賣行用較多其濱海之區雖通於江海一關僅有船隻通北至山東奉天南至浙江閩粵並無與外夷互市之事較之粵海關倒堆夷船貿易者情形迥不相同且奉天山東之商向不行用洋銀故上海出口沙船亦有帶貨北行並無帶洋銀前往者其南貨販北可以獲贏並帶洋銀

兩江總督陶澍江蘇巡撫林則徐奏摺 江蘇省並無洋銀出洋請毋庸禁止

道光十五年六月二十九日

全不適用是以無待禁止而人自不肯為此於閩粵海
船携帶洋銀來至上海置買蘇杭貨物者往往有之若
以蘇省洋銀載運往南則又百不得一其浙江洋銀
價值向比閩粵等省為昂緣其物產由南來輾轉
流行愈遠則價值愈貴浙江貴於閩粵江蘇又貴於
浙江商賈計及錙銖豈有貴買賤售甘心折耗且即
係有人帶往亦祗出浙江閩粵豈有偷漏通番外
夷之事以蘇省情形而論洋銀行用祇在內地不行外洋
今若創為例禁則閩粵洋船來至上海者均不得攜
帶洋銀是欲截其去路而並斷其來路於商民買賣
流通關稅未免皆有窒礙至現用內地鎔化紋銀仿鑄
洋銀如原奏所稱蘇杭吳莊錫板等府日內來臧

查此種作偽之弊，無非仿鑄原以牟利，自必攙雜銅鉛，
然後有利可圖。而近來民間兌驗洋銀極為精細，蘇
板等類稍攙洋板，顏色迥殊，以之兌錢，價值大減，是以蘇
皆剔出不用民業蓋於貨業行商
商民作偽毫不能隱瞞，是仿鑄之洋錢在本地已不能
通用，更何能行及外洋。況經刑部議定新例，奸民銷
化白銀仿鑄洋錢，即照白銀出洋之例分別治罪，自
足以杜其弊。至洋銀出洋之禁，專為閩粵等省
任所而設，江蘇言之，似可毋庸重立科條，致滋紛擾。
然不可不查各事務，要隨時認真查禁
通飭各屬嚴禁仿鑄，有犯必獲，以清弊源外，謹將
體察蘇省情形，毋庸禁止洋銀出洋緣由，合詞恭
摺具
奏。

硃

旨：著閩省督撫各屬詳加體察，並自行明查據諮。

反覆推求是以覆
奏稍稽合併聲明伏祈
皇上聖鑒謹
奏
道光十五年閏六月十九日奉
硃批知道了

江蘇巡撫林則徐題本　題銷江蘇省道光十四年份撫標各營支過朋馬錢糧數目

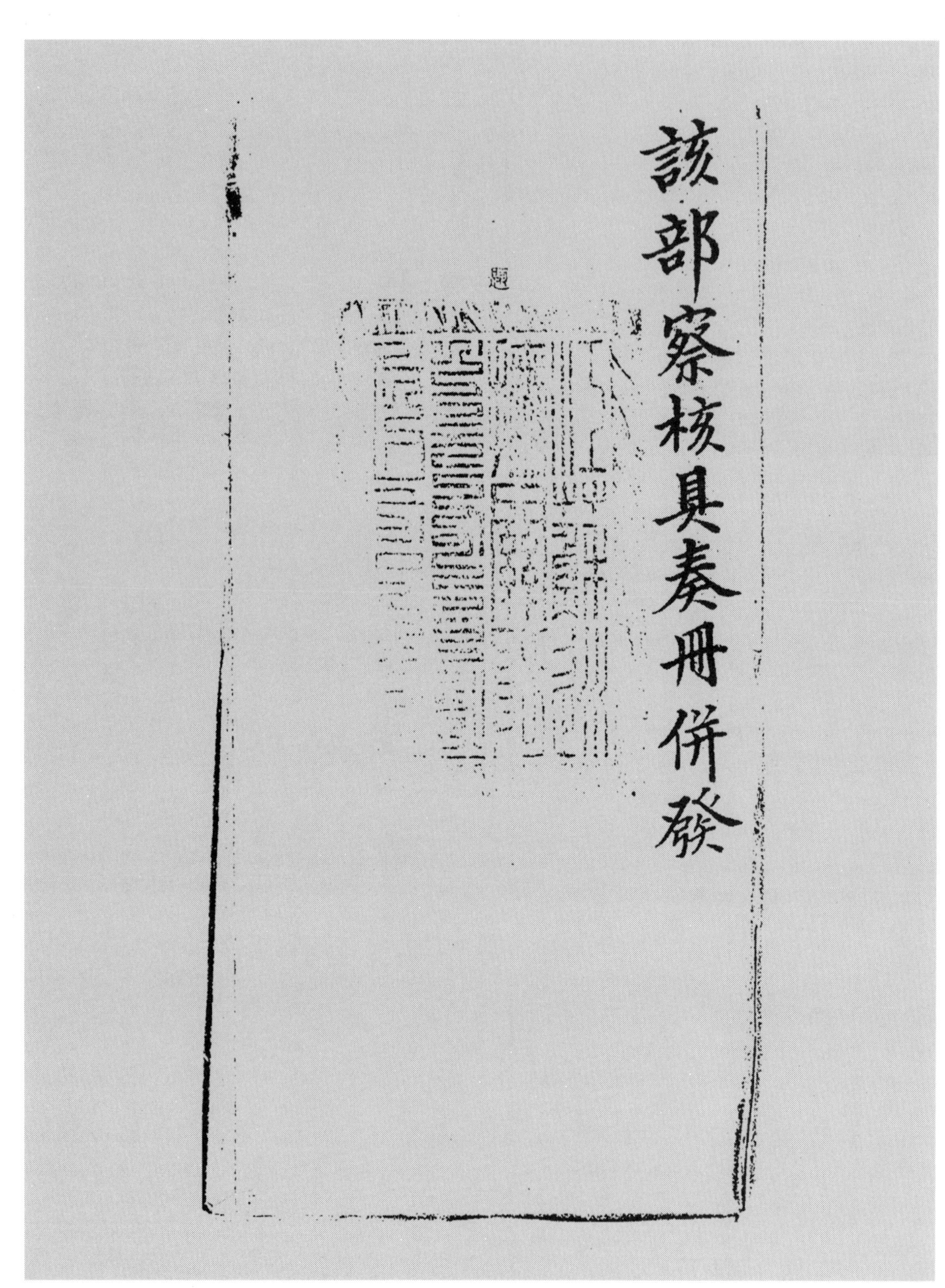
題

該部察核具奏冊併發

江蘇巡撫林則徐題本 題銷江蘇省道光十四年份撫標各營支過朋馬錢糧數目 道光十五年閏六月初一日

兵部侍郎兼都察院右副都御史巡撫江蘇等處地方提督軍務總理糧儲臣林則徐謹

題為奏銷道光拾肆年撫標各營朋馬錢糧事竊

照蘇州撫標左營右營蘇州城守營朋馬文冊

例歸臣衙門

奏報所有道光拾肆年分蘇州撫標左營右營並

蘇州城守營朋椿銀兩數目先經臣行令中軍

參將吉祥保蘇州營參將易騰霄照例分別查

造轉發蘇州布政司覆核去後茲據蘇州布政

使陳鑾校明造冊鈐印詳送前來臣查撫標左

營右營並蘇州營額設官兵除裁撥馬步戰守

兵外實存官兵壹千陸百陸拾員名又各官例

馬柒拾陸匹各兵騎操馬壹百柒拾匹共馬貳

百肆拾陸匹道光拾肆年分朋扣皮臟共銀玖
百貳拾兩陸錢貳分柒釐內除買補馬肆拾捌
匹動支馬價銀陸百柒拾兩伍錢陸分實存朋
扣銀貳百伍拾兩陸分柒釐現存司庫聽候撥
用臣逐加查核並無遺漏濫支理合敬繕黃冊
恭呈
御覽除將清冊分送部科道查核外臣謹會同兩江
總督臣陶澍合詞具
題伏乞
皇上聖鑒勅部核覆施行再此案例應於伍月內具
題據司聲明撫標左右貳營冊籍移催於陸月初
叁日移司核辦是以不克副限辦理合並陳明

江蘇巡撫林則徐題本　題銷江蘇省道光十四年份撫標各營支過朋馬錢糧數目

道光十五年閏六月初一日

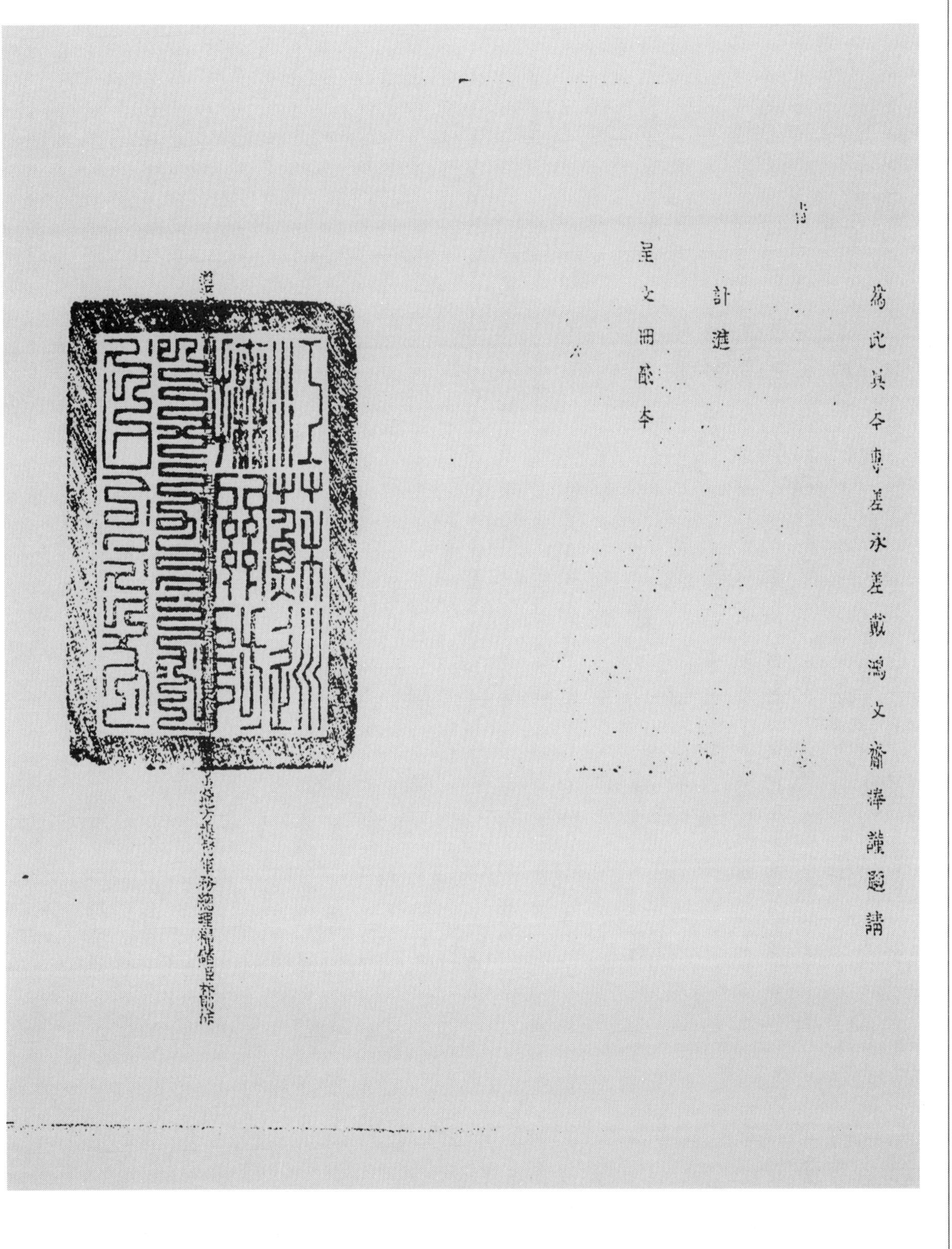

為此具本專差承差戴鴻文齎捧謹題請

旨

計進

呈文冊副本

道光[illegible]

[illegible]兼理糧餉臣林則徐

兵部侍郎兼都察院右副都御史巡撫江蘇等處地方提督軍務總理糧儲臣林則徐謹

題爲奏銷道光拾肆年撫標各營朋馬錢糧事該臣查得撫標左營右營並蘇州營額設官兵除裁撥馬步戰守外實存官兵壹千陸百陸拾員名又各官例馬柒拾陸匹各兵騎操馬壹百柒拾匹共馬貳百肆拾陸匹道光拾肆年分朋扣皮臟共銀玖百貳拾兩陸錢貳分柒釐內除買補馬肆拾捌匹動支馬價銀陸百柒拾兩伍錢陸分實存朋扣銀貳百伍拾兩陸分柒釐現存司庫聽候撥用臣逐加查核並無遺漏濫支理合敬繕黃冊恭呈

御覽除將清冊分送部科道查核外謹會題請

旨

江蘇巡撫林則徐題本

題報前署兩淮鹽運使王鳳生病故日期

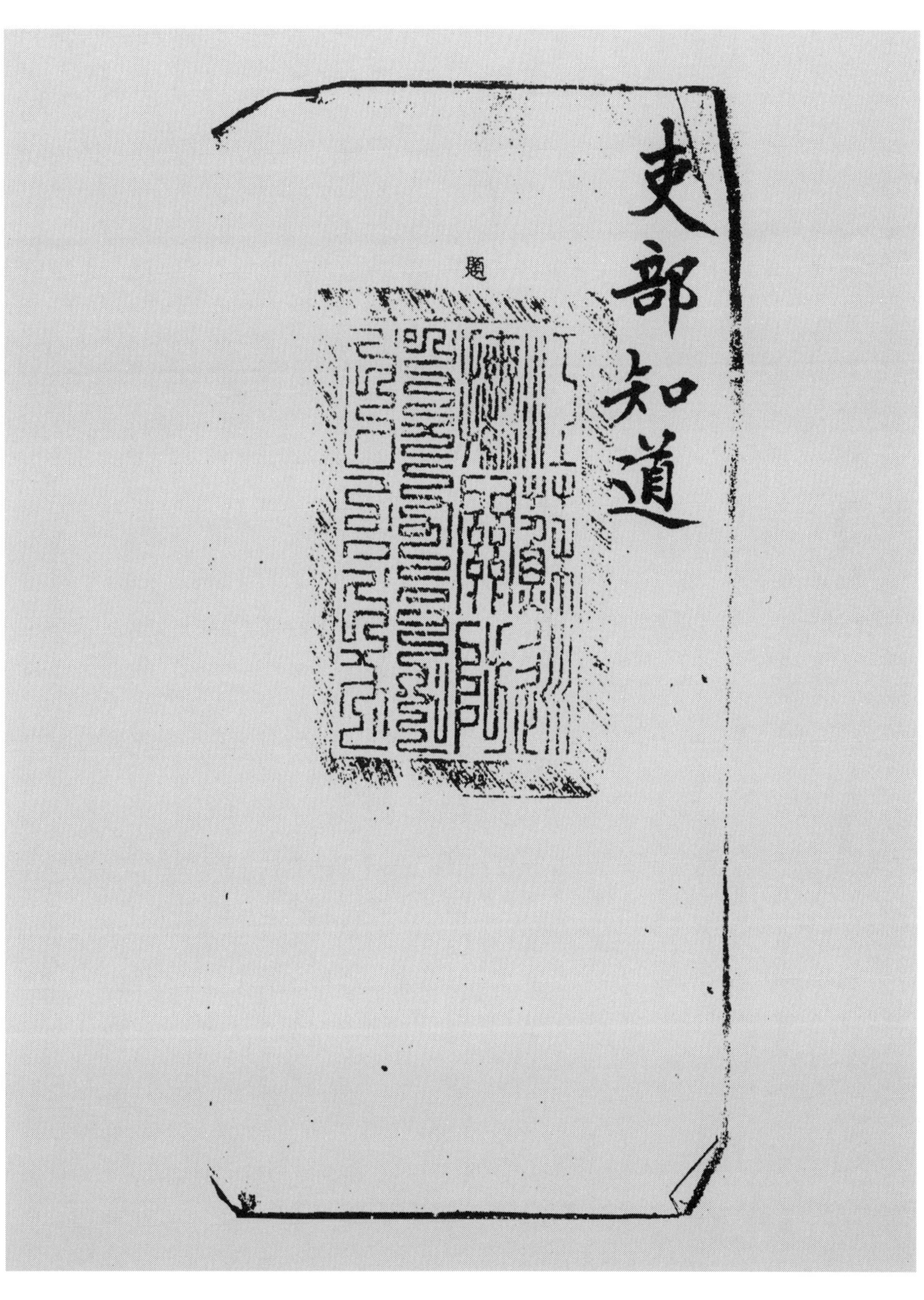

江蘇巡撫林則徐題本　題報前署兩淮鹽運使王鳳生病故日期

道光十五年閏六月初六日

兵部侍郎兼都察院右副都御史巡撫江蘇等處地方提督軍務總理糧儲臣林則徐謹

題爲報明病故事據江寧布政使楊簧詳稱據署

江寧縣知縣李金芝申據前署兩淮鹽運使王

鳳生家屬胡貴稟稱竊家長王鳳生安徽婺源

縣人寄居江蘇江寧縣由監生遵衡工例捐通

判分發浙江補授嘉興府通判陞署玉環同知

陞授河南歸德府知府補授河南河北道署理

河南布政使嗣因患病開缺回籍調理病痊起

復引

見奉

旨署理兩淮鹽運使緣案降調

奏留江蘇幫辦鹽務復委赴湖北查辦岸務嗣又

奏辦淮北票鹽調赴湖北綜理隄工水利事宜
工竣因病暫回寄籍江寧醫調嗣以創議淮北
票鹽試行兩年均能暢銷逾額
奏請開復原官頂戴奉
旨著俟病痊後送部引見再降諭旨等因欽此遵即
趕緊醫治痊愈於拾肆年拾月呈請給咨赴部
當蒙給發咨文旋又染患黃疸之證不克起程
業將咨文呈繳詎醫治無效延至本年肆月貳
拾肆日病故理合稟報等情由縣通報到司相
應詳候具
題等情到臣據此該臣查得前署兩淮鹽運使王
鳳生染患黃疸之證醫治無效於拾伍年肆月

江苏巡抚林则徐题本 题报前署两淮盐运使王凤生病故日期
道光十五年闰六月初六日

贰拾肆日病故据江宁布政使杨簧详报前来
臣谨具
题伏
乞
皇上圣鉴敕部查照施行谨题请
旨
道光十五年闰六月初六日兵部右侍郎兼都察院右副都御史江苏巡抚臣林则徐

兵部侍郎兼都察院右副都御史巡撫江蘇等處地方提督軍務總理糧儲臣林則徐謹

題爲報明病故事。該臣查得前署兩淮鹽運使王

鳳生染患黄疸之症，醫治無效，於拾伍年肆月

貳拾肆日病故。據江寧布政使楊簧詳報前來，

謹具題

聞。

江蘇巡撫林則徐題本　題報蘇松太道陽金城委管江海關税務日期

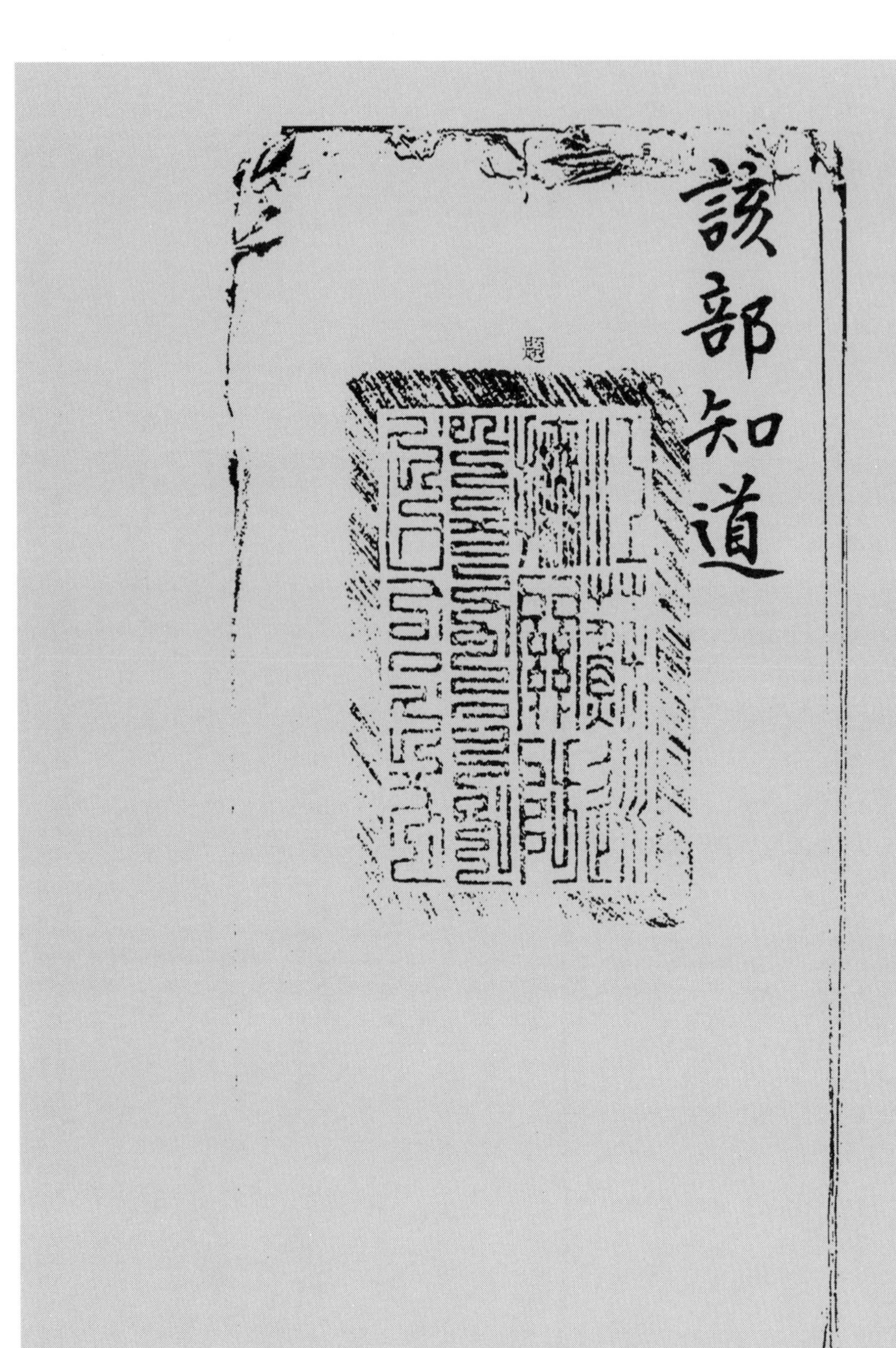

江蘇巡撫林則徐題本　題報蘇松太道陽金城委管江海關稅務日期
道光十五年閏六月初六日

兵部侍郎兼都察院右副都御史巡撫江蘇等處地方提督軍務總理糧儲臣林則徐謹

題爲恭報委管江海關稅務日期仰祈

聖鑒事竊照江海關稅務歷經飭委蘇松太道就近

兼管在案今查新任蘇松太道陽金城業已到

任所有江海關稅務應令該道就近管理即經

檄飭遵照去後茲據蘇松太道陽金城呈報遵

於道光拾伍年伍月貳拾伍日接管江海關稅

務循例呈請

題報前來臣仍督飭認眞經理實力稽徵並令將

前署關焉慶任内經手稅課錢糧趕緊接收清

楚外相應恭疏

題報伏乞

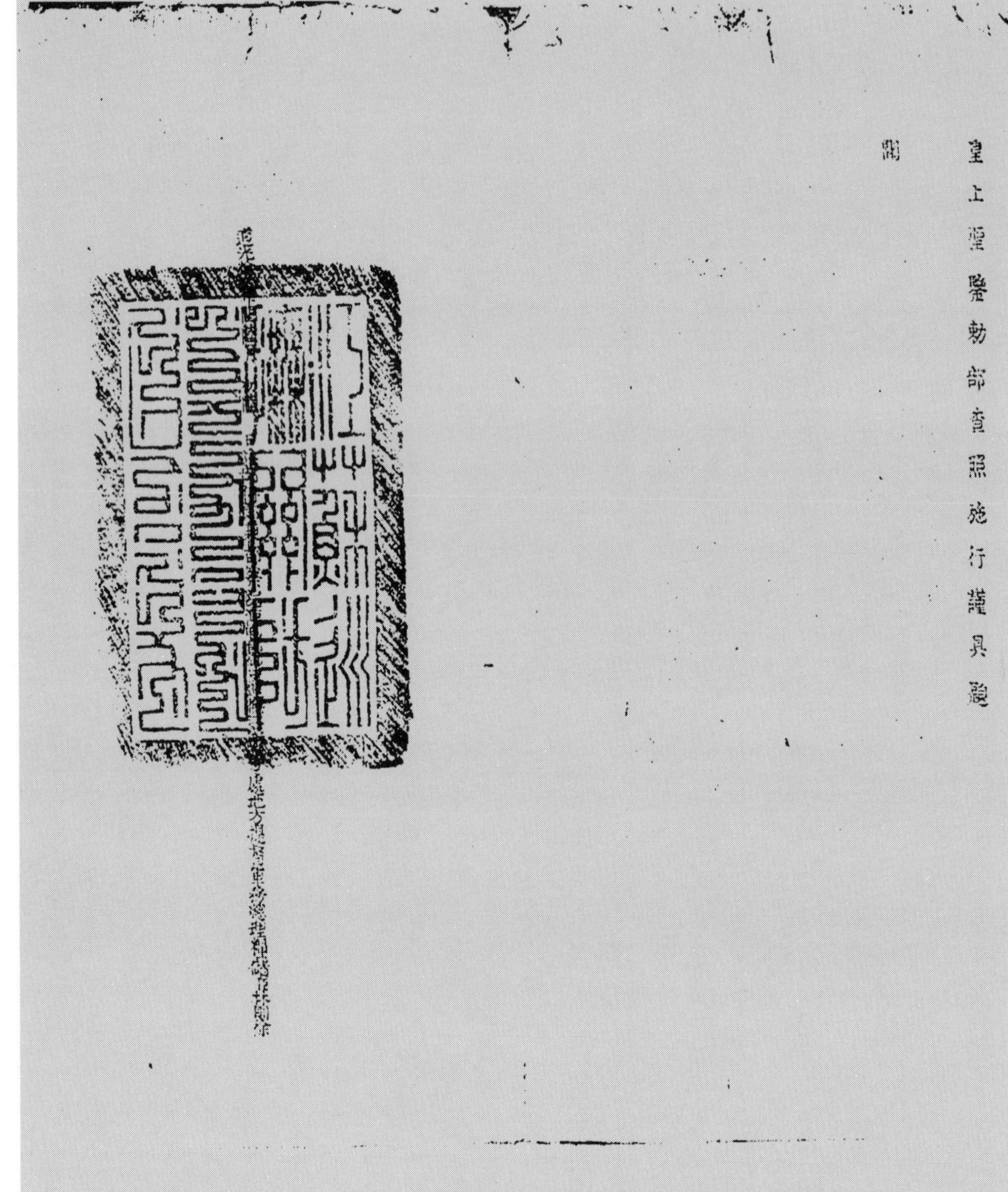
皇上聖鑒勅部查照施行謹具題

聞

江蘇巡撫林則徐題本　題報蘇松太道陽金城委管江海關稅務日期

道光十五年閏六月初六日

兵部侍郎兼都察院右副都御史巡撫江蘇等處地方提督軍務總理糧儲臣林則徐謹

題爲恭報委管江海關稅務日期仰祈

聖鑒事竊照江海關稅務歷經飭委蘇松太道就近

兼管在案今查新任蘇松太道陽金城業已到

任所有江海關稅務應令該道就近管理卽經

檄飭遵照去後茲據蘇松太道陽金城呈報遵

於道光拾伍年伍月貳拾伍日接管江海關稅

務循例呈請

題報前來臣仍督飭認眞經理實力稽徵並令將

前署關善慶任內經手稅課錢糧逐案接收清

楚外謹具題

聞

江蘇巡撫林則徐題本

題報江淮等屬道光十三年帶徵歷年地丁等項錢糧完欠數目

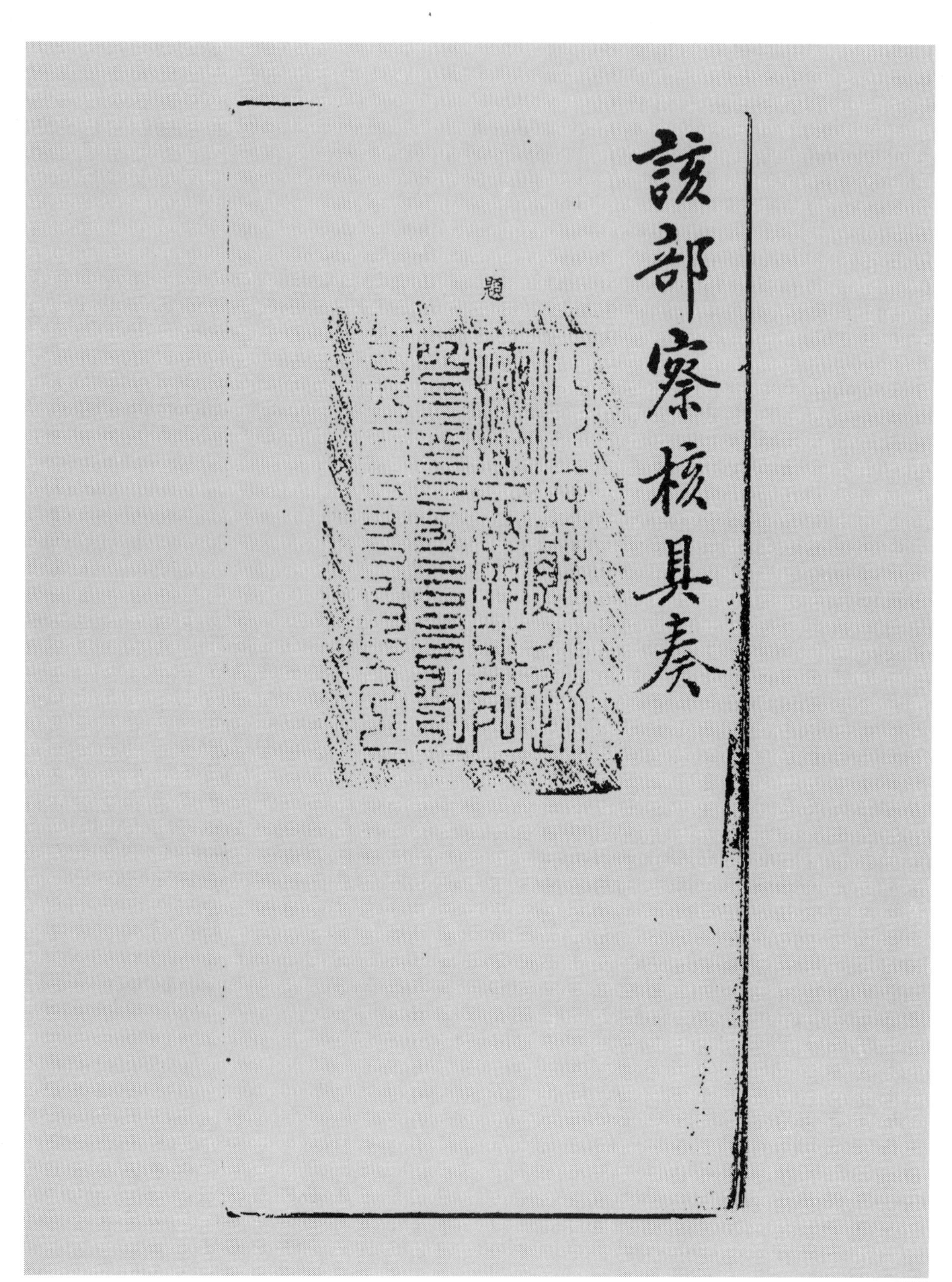

該部察核具奏

題

江蘇巡撫林則徐題本　題報江淮等屬道光十三年帶徵歷年地丁等項錢糧完欠數目

道光十五年閏六月初六日

兵部侍郎兼都察院右副都御史巡撫江蘇等處地方提督軍務總理糧餉臣林則徐謹
題為請定奏銷成例以昭畫一事據江寧布政使
楊簧詳稱案奉行准部咨嗣後奏銷現年錢糧
之時將歷年未完項下續完若干仍未完若干
并動用存貯各數目分別彙造清冊另繕
題本隨本年奏銷一并具
題等因今江淮等屬道光拾叁年地丁等項錢糧
奏銷業經造冊詳
題所有嘉慶貳拾叁肆伍並道光元貳叁肆伍陸
柒捌玖拾拾壹等年未完解司民屯地丁並徵
撥各款及社腳學租漕漕雜稅公費地畝空缺
節省等項正銀叁百叁拾貳萬陸千肆拾壹兩

貳錢叁分叁釐耗羨並徑支養廉銀叁拾萬叁
千貳百肆拾陸兩叁錢叁分壹釐又道光拾貳
年奏銷兩報未完各款正銀肆拾柒萬玖千柒
百貳拾叁兩捌錢貳分貳釐耗羨並徑支養廉
銀肆萬捌千玖百玖拾玖兩陸錢陸分捌釐共
該正銀叁百捌拾萬伍千柒百陸拾伍兩伍分
伍釐耗羨銀叁拾伍萬貳千貳百肆拾伍兩玖
錢玖分玖釐内除一件查明事案内於道光拾
叁年陸月内奉部准豁徐州府屬銅山邳州睢
寧叁州縣沙壓田地停緩拾貳年地丁屯折正
銀壹千玖拾捌兩陸分陸釐耗羨銀壹百壹拾
叁兩壹錢貳分貳釐實該正銀叁百捌拾萬肆

千陸百陸拾陸兩玖錢捌分玖釐耗羨銀叁拾
伍萬貳千壹百叁拾貳兩捌錢柒分柒釐內已
完解并徑支各款正銀柒萬叁千貳百肆拾捌
兩叁錢貳分貳釐耗羨并徑支養廉銀壹萬壹
百肆拾柒兩伍錢玖分壹釐仍該未完正銀叁
百柒拾叁萬壹千肆百拾捌兩陸錢陸分柒釐
耗羨銀叁拾肆萬壹千玖百捌拾伍兩貳錢捌
分陸釐又道光拾貳年隨奏冊報及奏銷案內
未完嘉慶貳拾叁貳拾伍並道光元貳叁肆伍
陸柒捌玖拾拾壹拾貳等年恤孤米貳千陸拾
叁石貳斗叁升伍合叁勺又道光拾貳年隨奏
冊報及奏銷案內未完道光元叁陸拾拾壹拾

貳等年公費易豆叁百貳拾玖石伍斗伍升貳
合捌勺均未完解，又道光拾貳年隨奏冊報及
奏銷案內未完嘉慶貳拾叁肆伍並道光元貳
叁肆伍陸柒捌玖拾拾壹拾貳等年南屯米豆
貳拾玖萬貳千肆百肆拾柒石壹升柒合陸勺
內已完米壹萬捌百柒拾玖石玖斗伍升肆勺
未完米豆貳拾捌萬壹千伍百陸拾柒石陸升
柒合貳勺，理合截至道光拾叁年並拾肆年伍
月底止，將已未完解數目循照向例分晰造冊
詳送具
題等情。據此，該臣查得奏銷現年錢糧之時，例應
將歷年未完項下續完仍欠動存各數分別造

冊另繕
題本隨本年奏銷一并具
題今據江寧布政使楊簧詳稱江淮等屬道光拾
叁年地丁等項錢糧奏銷業經造冊詳
題所有嘉慶貳拾叁肆伍陸道光元貳叁肆伍陸
柒捌玖拾拾壹等年未完解司民屯地丁並徑
徵各款及杠脚學租漕價雜稅公費地畝空缺
節省等項正銀叁百叁拾貳萬陸千肆拾壹兩
零耗羨並徑支養廉銀叁拾萬叁千貳百肆拾
陸兩零又道光拾貳年奏銷冊報未完各款正
銀肆拾柒萬玖千柒百貳拾叁兩零耗羨並徑
支養廉銀肆萬捌千玖百玖拾玖兩零共該正

銀叁百捌拾萬伍千柒百陸拾伍兩零耗羨銀叁拾伍萬貳千貳百肆拾伍兩零內除一件查明事案內於道光拾叁年陸月內奉部准豁徐州府屬銅山邳州睢寧叁州縣沙壓田地停緩拾貳年地丁屯折正銀壹千玖拾捌兩零耗羨銀壹百壹拾叁兩零實該正銀叁百捌拾萬肆千陸百陸拾陸兩零耗羨銀叁拾伍萬貳千壹百叁拾貳兩零內已完解并徑支各款正銀柒萬叁千貳百肆拾捌兩零耗羨并徑支養廉銀壹萬壹百肆拾柒兩零仍該未完正銀叁百柒拾叁萬壹千肆百拾捌兩零耗羨銀叁拾肆萬壹千玖百捌拾伍兩零又道光拾貳年隨奏冊

報及奏銷案內未完嘉慶貳拾叁貳拾伍並道
光元貳叁肆伍陸柒捌玖拾拾壹拾貳等年恤
孤米貳千陸拾叁石零又道光拾貳年隨奏冊
報及奏銷案內未完道光元叁陸拾拾壹拾貳
等年公費易豆叁百貳拾玖石零均未完解又
道光拾貳年隨奏冊報及奏銷案內未完嘉慶
貳拾叁肆伍並道光元貳叁肆伍陸柒捌玖拾
拾壹拾貳等年南屯米豆貳拾玖萬貳千肆百
肆拾柒石零內已完米壹萬捌百柒拾玖石零
未完米豆貳拾捌萬壹千伍百陸拾柒石零合
將已未完解數目照例分晰造冊詳送具
題
等情前來臣覆核無異除冊送部查核外相應

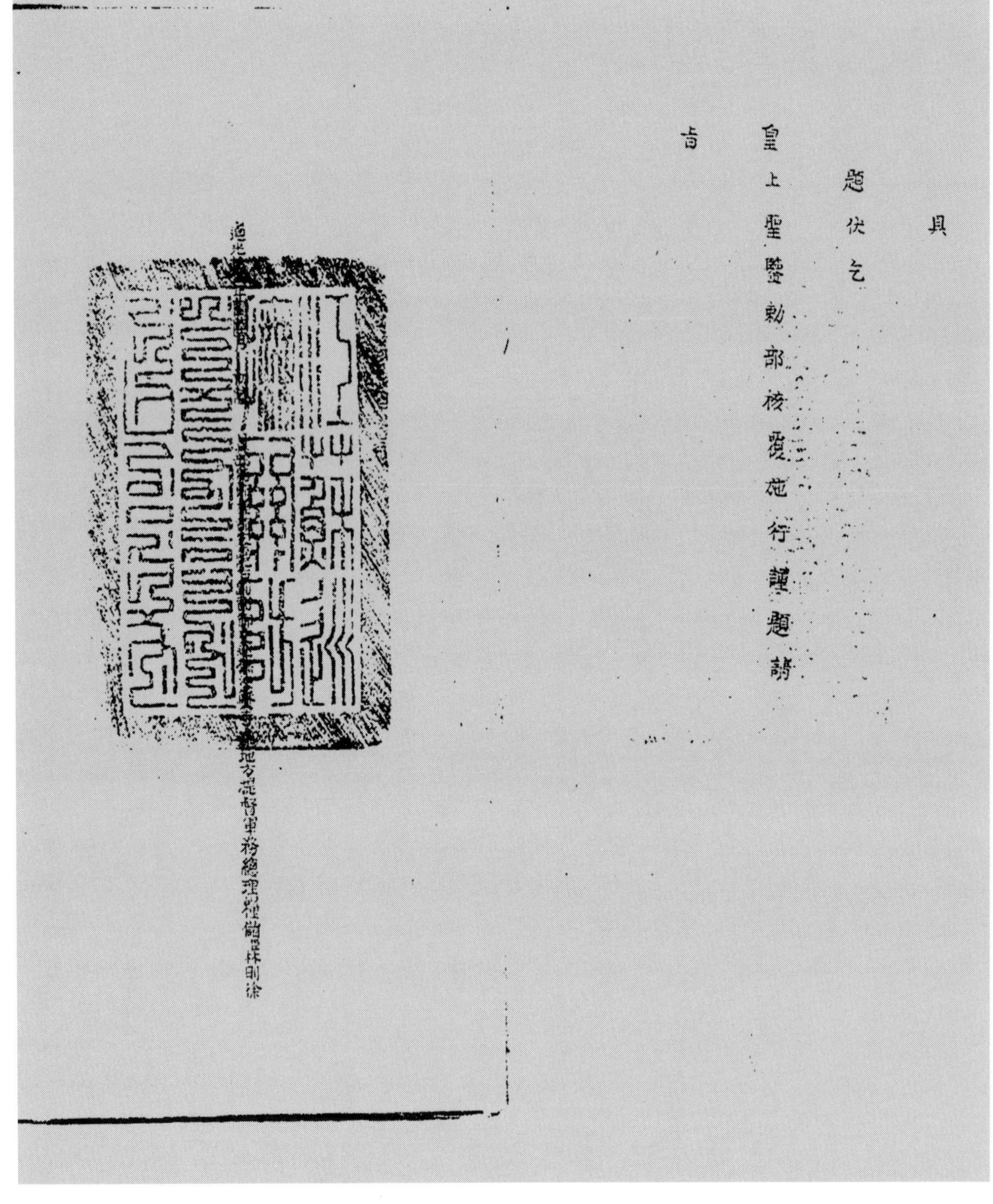

具

題伏乞

皇上聖鑒勅部核覆施行謹題請

旨

道光……地方提督軍務總理糧儲臣林則徐

江蘇巡撫林則徐題本　題報江淮等屬道光十三年帶徵歷年地丁等項錢糧完欠數目

道光十五年閏六月初六日

兵部侍郎兼都察院右副都御史巡撫江蘇等處地方提督軍務總理糧儲臣林則徐謹
題爲請定奏銷成例以昭畫一事該臣查得奏銷
現年錢糧之時例應將歷年未完項下帶完仍
欠動存各數分別造冊另繕
題本隨本年奏銷一并具
題今據江寧布政使楊簧詳稱江淮等屬道光拾
叁年地丁等項錢糧奏銷業經造冊詳
題所有嘉慶貳拾叁肆伍加道光元貳叁肆伍陸
柒捌玖拾拾壹等年未完民屯地丁加徵搭杠
御學租漕價雜稅公費地畝空缺節省等項又
道光拾貳年奏銷隨奏冊報未完各款銀米豆
石已未完解數目照例分晰造冊詳
題前來臣覆核無異除冊送部外謹題請
旨

江蘇巡撫林則徐題本　**驗明江寧縣回民馬長年毆斃周應順案擬絞監候**

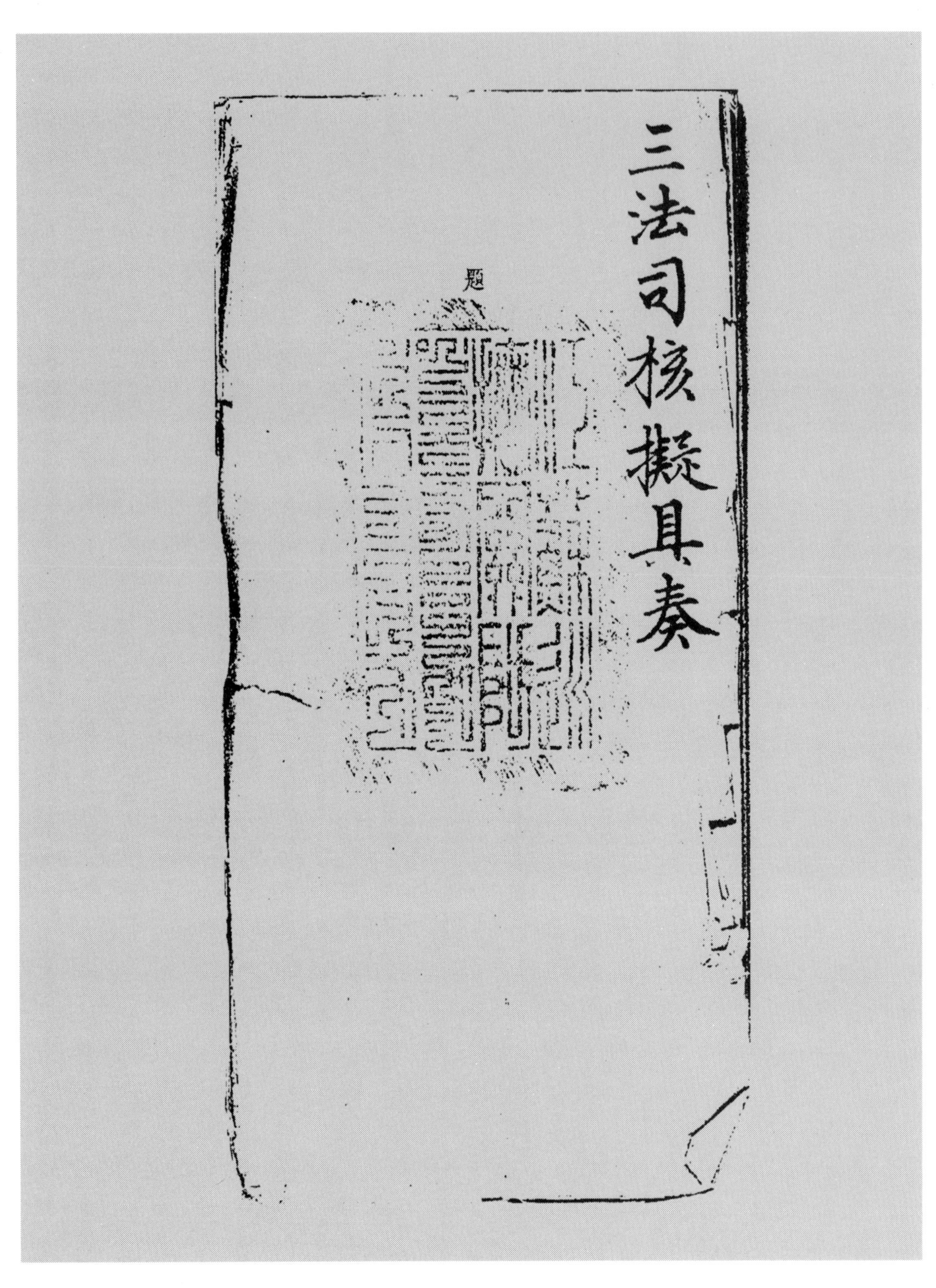

江蘇巡撫林則徐題本　驗明江寧縣回民馬長年毆斃周應順案擬絞監候

道光十五年閏六月初六日

兵部侍郎兼都察院右副都御史巡撫江蘇等處地方提督軍務總理糧儲臣林則徐謹

題爲報驗事據江蘇按察使裕謙詳據署江寧府知府王用賓詳據署江寧縣知縣李金芝詳稱查接管卷内道光拾肆年柒月初陸日據地保郭洪報據回民馬天興投稱今早伊姪馬長年趕驢回店行至南門城圈因驢隻驚撞周應順糞擔致相爭毆伊姪毆傷周應順胸膛等處倒地經金洪祥勸散詎周應順傷重延至午後身死伊姪亦被毆受傷現在逃避等語往查屬實報候驗究等情到縣經前署縣伍家裕帶領吏仵親詣屍所如法相驗據仵作笪順喝報已死周應順問年貳拾伍歲驗得仰面不致命左胎

膞木器傷兩處均長叁寸貳分寬貳分紅腫致
命胷膛拳傷壹處圓圍伍寸叁分青腫不致命
左膝擦傷壹處長陸分寬肆分皮微破合面致
命脊背墊傷壹處長叁寸陸分寬貳寸壹分紅
色餘無故委係受傷身死報畢親驗無異填格
取結屍飭棺殮提訊各供均與報詞無異飭差
於柒月初捌日緝獲兇犯馬長年稟解前來隨
傳集人證訊據地保郭洪供與報詞同據金洪
祥供道光拾肆年柒月初陸日早小的從南門
城圈路過見周應順被馬長年毆傷胷膛倒地
周應順轉身爬起擦傷左膝小的上前勸散問
據周應順說他挑糞擔出城被馬長年的驢受

揢翻起纍爭毆的話小的把他扶到馬天興店
内當就走回的不料周應順傷重到午後身死
小的勸阻不及是實據張金榮沈元茂同供小
的們是馬天興店夥道光拾肆年柒月初陸日
早見金洪祥把周應順扶到馬天興店内小的
們過去查問據周應順說是馬長年趕驢把他
糞擔揢翻爭毆被馬長年毆傷胸膛的話不料
周應順傷重到午後就身死了是實據周可旺
供溧水縣人已死周應順是胞姪他父母俱故
向在江寧挑糞度日與馬長年素不認識道光
拾肆年柒月初陸日姪子怎樣因被馬長年驢
隻揢翻糞擔致相爭毆被馬長年毆傷身死小

的先不曉得隨後聞知趕來便訊的小的查明拴子周應順委被馬長年毆傷身死並沒起釁別故求究抵據馬天與供開鴨店生理馬長年是姪子與周應順素不認識道光拾肆年柒月初陸日早姪子趕驢馱麥糟回店據說到南門城圈因驢受驚碰周應順糞擔兩相爭罵被周應順打傷脊背等處他用拳回毆致傷周應順胸膛倒地的話隨後有金洪祥把周應順扶到店內小的當向周應順問明情由替他醫治並通知他叔子周可田趕來不料周應順傷重到午後就身死了小的投保報驗的是實據兇犯馬長年供江寧縣回民年貳拾貳歲父親馬逢

旨於嘉慶拾捌年病故母親金氏年陸拾壹歲並沒弟兄娶妻宗氏沒生兒子向在胞叔馬天興鴨店內幫夥與周應順素不認識並沒嫌隙道光拾肆年柒月初陸日早小的赴鄉買得麥糟用驢馱回走到南門城圈適周應順挑著糞擔走來那時人多擁擠驢隻驚跑致把周應順糞擔撞翻周應順不依斥罵小的分辯周應順拳毆小的脊背小的轉身順用趕驢木棒打傷周應順左胳膊周應順又拳毆小的左眼胞並將木棒奪去小的舉拳回毆適傷周應順胷膛仰跌倒地墊傷脊背周應順翻身爬起又撩傷左膝是金洪祥路過勸散他把周應順扶到叔

子店内醫治不料周應順傷重到午後身死小
的畏罪逃避今掌獲訊委非有心欲殺也沒起
釁別故及在塲幫毆的人木棒已被周應順拵
棄是實各等供據此飭仵驗得馬長年左眼胞
脊背各有拳傷壹處均青腫填單附卷將犯收
禁錄供通詳奉批飭審前署縣伍家樒未及審
解於拾月初叁日卸事甲縣抵任拾月拾柒日
據禁卒稟報馬長年在監患病醫治詳咨於拾
壹月拾玖日報痊隨提覆訊各供均與前縣所
審無異不敘外該署江寧縣知縣李金芝審看
得回民馬長年毆傷周應順身死壹案緣馬長
年籍隸江寧係屬回民向在伊叔馬天興鴨店

帶影與周應順素不認識並無嫌隙道光拾肆
年柒月初陸日早馬長年赴鄉買得麥糟用驢
馱回行抵南門城圈適周應順肩挑糞擔走至
因人衆擁擠驢隻驚跑致將周應順糞擔擠翻
周應順不依斥罵馬長年分辯周應順拳毆其
脊背馬長年轉身順用趕驢木棒毆傷周應順
左胳膊周應順復用拳毆傷馬長年左眼胞並
將木棒奪去馬長年舉拳回毆適傷周應順胸
膛仰跌倒地墊傷脊背周應順翻身爬起又撲
傷左膝經金洪祥勸歇即將周應順扶至馬天
與店内醫治詎周應順傷重逾時殞命報經前
署縣伍家榕驗訊通詳奉批飭審伍家榕未及

審解卸事卑職到任遵復提犯研鞫據供前情
不諱詰非有心欲殺亦無起釁別故及在場幫
毆之人案無遁飾查律載鬬毆殺人者不問手
足他物金刃並絞監候等語此案馬長年毆傷
周應順身死應按律問擬馬長年合依鬬毆殺
人者不問手足他物金刃並絞監候律擬絞監
候秋後處決據供孀母獨子守節已逾貳拾年
是否屬實俟秋審時訊取供結核辦金洪祥勸
阻不及應無庸議兇器木棒供棄免追屍棺給
屬領埋無干省釋等情解經前府善慶提訊犯
供翻異駁回審係畏罪狡翻仍照原擬由府審
解到司該江蘇按察使裕謙提犯親審核擬無

具解候勘
題等情招解到臣提犯親審無異該臣看得江寧
縣回民馬長年毆傷周應順身死壹案緣馬長
年籍隸江寧係屬回民向在伊叔馬天興鴨店
幫夥與周應順素不認識並無嫌隙道光拾肆
年柒月初陸日早馬長年赴鄉買得麥稭用驢
馱回行抵南門城圈適周應順肩挑糞擔走至
因人衆擁擠驢隻驚跑致將周應順糞擔碰翻
周應順不依斥罵馬長年分辯周應順拳毆其
脊背馬長年轉身順用趕驢木棒毆傷周應順
左胎膊周應順復用拳毆傷馬長年左眼胞並
將木棒奪去馬長年舉拳回毆適傷周應順胷

膛仰跌倒地墊傷脊背周應順翻身爬起又撩
傷左膝經金洪祥勸歇即將周應順扶至馬天
與店內醫治詎周應順傷重逾時殞命報驗訊
詳審供不諱詰非有心欲殺亦無起釁別故及
在場幫毆之人案無遁飾查律載鬬毆殺人者
不問手足他物金刃並絞監候等語此案馬長
年毆傷周應順身死應按律問擬馬長年合依
鬬毆殺人者不問手足他物金刃並絞監候律
擬絞監候秋後處決據供嫡母獨子守節已逾
貳拾年是否屬實俟秋審時訊取供結核辦金
洪祥勸阻不及應無庸議兇器木棒供棄免追
屍棺飭埋無干省釋臣謹具

題伏乞
皇上聖鑒以下三法司核覆施行再此案審限應以
道光拾肆年柒月初捌獲犯之日起前署縣伍
家榕未及審解於拾月初叁日卸事該署縣李
金芝是日到任接審前官承審過半例得加展
壹箇半月連前官剩限伍日除犯病封印各壹
月解府程限壹日扣至拾伍年正月貳拾肆日
滿該縣依限解府該府提訊犯供翻異駁回覆
審應扣程限兩日據於正月貳拾陸日審解前
府善慶未及審轉於貳月貳拾肆日卸事該署
府是日到任接審前官歷審過半應加展拾伍
日前官剩限兩日又除解司程限玖日於叁月

江蘇巡撫林則徐題本　驗明江寧縣回民馬長年毆斃周應順案擬絞監候

道光十五年閏六月初六日

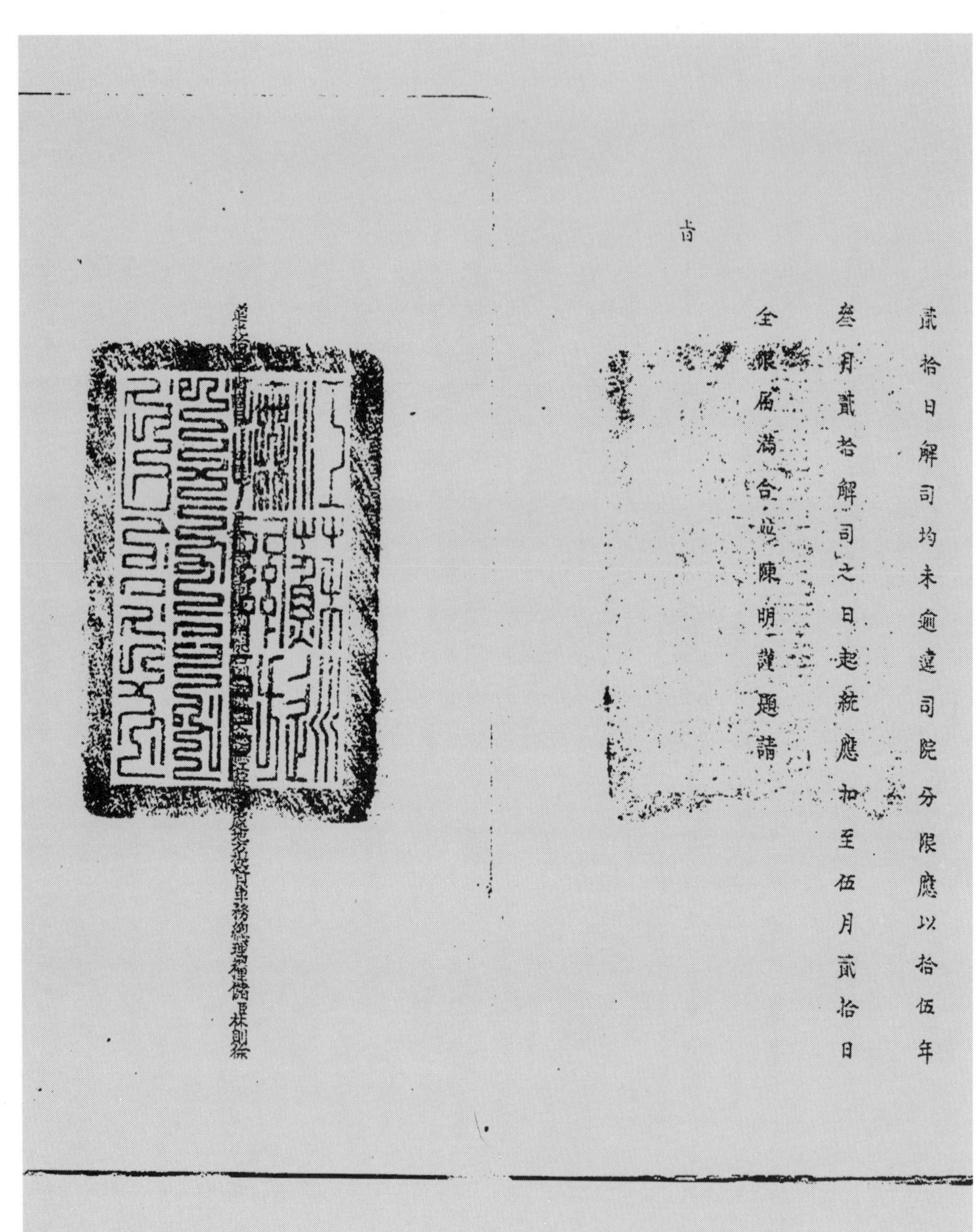

貳拾日解司均未逾違司院分限應以拾伍年
叁月貳拾解司之日起統應扣至伍月貳拾日
全限届滿合並陳明謹題請
旨

道光拾伍年[illegible]地方提督軍務總理糧儲臣林則徐

江蘇巡撫林則徐題本 驗明江寧縣回民馬長年毆斃周應順案擬絞監候

道光十五年閏六月初六日

兵部侍郎兼都察院右副都御史巡撫江蘇等處地方提督軍務總理糧餉臣林則徐謹

題爲報驗事。該臣看得江寧縣回民馬長年毆傷周應順身死一案。緣馬長年係屬回民，向在伊叔馬天興鴨店幫夥，與周應順素不認識。道光拾肆年柒月初陸日早，馬長年赴鄉買得麥稭，用驢馱回，行抵南門城圈，適周應順肩挑糞擔走至。因人衆擁擠，驢受驚跑，致將周應順糞擔碰翻。周應順不依斥罵，馬長年分辯，周應順拳毆其脊背。馬長年轉身順用趕驢木棒毆傷周應順左胳膊。周應順復用拳毆傷馬長年左眼胞，並將木棒奪去。馬長年舉拳回毆，適傷周應順胸膛，仰跌倒地，墊傷脊背。周應順翻身爬起，又擦傷左膝。經金洪祥勸歇，即將周應順扶至馬天興店内醫治。詎周應順傷重，逾時殞命。報驗訊詳審供不諱。馬長年依鬬毆殺人者不問手足他物金刃並絞監候律，擬絞監候，秋後處決。據供稱母孀子守節已逾貳拾年，是否屬實，俟秋審時訊取供結核辦。謹題請

旨

江蘇巡撫林則徐題本　驗明清河縣客民李廣德毆斃李長春案擬杖流
道光十五年閏六月初六日

江蘇巡撫林則徐題本　**驗明清河縣客民李廣德毆斃李長春案擬杖流**

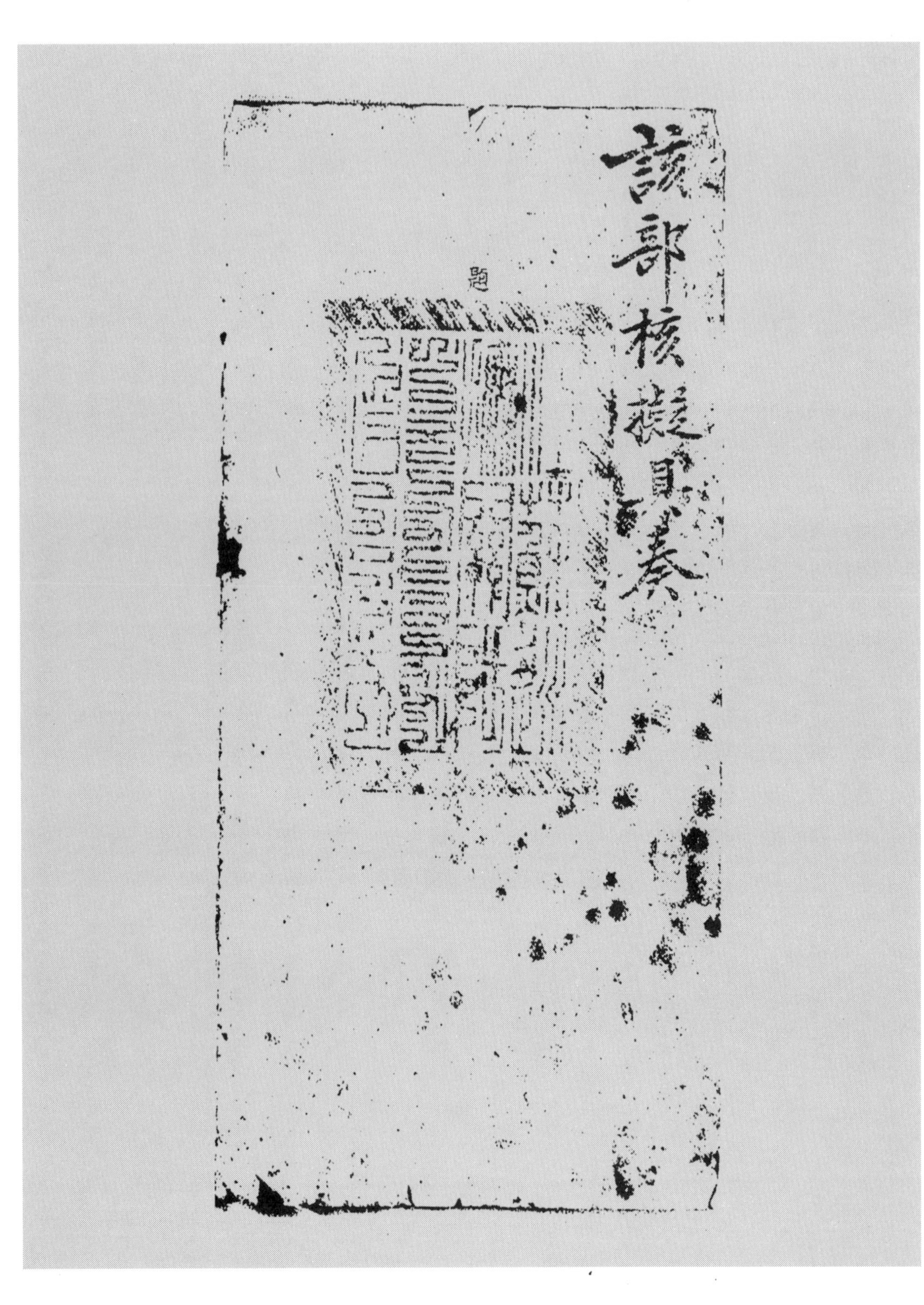
該部核擬具奏

題

江蘇巡撫林則徐題本 驗明清河縣客民李廣德毆斃李長春案擬杖流

道光十五年閏六月初六日

兵部侍郎兼都察院右副都御史巡撫江蘇等處地方提督軍務總理糧儲臣林則徐謹

題爲報驗事據江蘇按察使裕謙詳據淮安府知

府周燾詳據清河縣知縣王國祐詳稱道光拾

肆年捌月貳拾柒日據地保史丈稟據民人王

有成投稱捌月拾叁日伊妻弟李長春因向同

姓不宗之李廣德索欠爭鬧被李廣德用糞杓

柄毆傷額右經伊勸回因傷止輕未經控驗

貳拾壹日李長春因洗臉擦破傷處浮皮流血

進風至貳拾肆日午後抽風身死等語往查屬

實報候驗光等情到縣隨帶吏仵前詣屍所如

法相驗據仵作曹珠喝報已死李長春問年貳

拾柒歲驗得仰面致命偏左木器傷壹處斜長

壹寸壹分寬陸分皮深破骨不損兩眼胞鼻準
口俱歪斜兩手腳俱拘攣餘無故委係受傷後
抽風身死報畢親驗無異飭弔黃杓木柄比對
屍傷相符填格取結屍飭棺殮訊據地保史文
供與報詞同據鄰證薛琢王鐸同供小的們與
李長春李廣德鄰居道光拾肆年[illegible]月拾叁日
早小的們聽聞李廣德家吵鬧走去看見李
長春拏木棍向李廣德毆打李廣德順用黃杓
木柄抵格適傷李長春偏右小的們同王有成
勸散問因李長春向李廣德索欠起釁的後來
李長春工作如常貳拾壹日李長春因洗臉自
把傷處浮皮擦破流血進風到貳拾肆日午後

抽風身死的是實據屍戚王有成供李長春是
妻弟向在小的家幫工與鄰居李廣德同姓不
宗道光拾肆年捌月拾叁日早小的聽聞李廣
德家吵鬧走去查看見李長春拏木棍向李廣
德毆打李廣德順用糞杓木柄抵格致傷李長
春偏右小的同蔣琢們上前勸散問因李長春
向李廣德索欠起釁的李長春因傷輕沒有控
驗後來走作如常貳拾壹日李長春因洗臉自
把傷處浮皮擦破流血小的看見替他包裹醫
治不料傷處進風口眼歪斜到貳拾肆日午後
抽風身死小的就通知他胞叔李鵲榮看明投
保報驗的是實據屍叔李鵲榮供李長春是胞

往向在他姊夫王有成家幫工餘供與王有成
供同據正犯李廣德供桃源縣人年叁拾叁歲
父母俱故妻子包氏生有壹子向在清河種地
度日與李長春同莊不宗素識無嫌道光拾肆
年捌月初閒小的借欠李長春錢貳百拾玖文
拾叁日早李長春來向小的索討小的無錢央
緩李長春不依斥罵圖賴就拏柴棍趕毆小的
順取篾箍木柄抵格適傷他偏右經王有成們
勸散那知貳拾壹日李長春因洗臉擦破瘡處
浮皮流血進風到貳拾肆日午後抽風身死並
沒起釁別故及在場幫毆的人是實各等供據
此將犯收禁錄供通詳奉批飭審道光拾肆年

江蘇巡撫林則徐題本　驗明清河縣客民李廣德毆斃李長春案擬杖流　道光十五年閏六月初六日

玖月貳拾壹日據禁卒稟報李廣德在監患病
醫治通報於拾月貳拾壹日報痊遵提覆訊除
各供均與前審無異不叙外該清河縣知縣王
國佐審看得客民李廣德毆傷李長春因風身
死壹案緣李廣德籍隸桃源向在清河種地度
日與李長春同姓不宗素識無嫌道光拾肆年
捌月初間李廣德借欠李長春錢貳百拾玖文
未還是月拾叁日李長春往向李廣德索討李
廣德央緩李長春斥其圖賴撈取木棍向毆李
廣德順取糞杓木柄抵格適傷李長春偏右經
王有成等勸散李長春因傷輕未經控驗工作
如常貳拾壹日李長春因洗臉自將傷處浮皮

擦破進風調治無效延至貳拾肆日午後因風
身死報縣驗訊通詳奉批飭審遵復提犯研鞫
據供前情不諱詰無起釁別故及在場幫毆之
人案無遁飾查例載鬬毆之案當致命之處而
傷輕因風身死在拾日以外方准聲請改流等
語此案李廣德用杓柄毆傷李長春偏右越拾
貳日因風身死查偏右雖係致命而毆傷輕本
可不致戕生迨因自行擦破浮皮以致傷口進
風原驗口眼歪斜確有抽風形狀其爲因風致
死無疑應按例詞擬李廣德合依鬬毆之案當
致命之處而傷輕因風身死在拾日以外聲請
改流例杖壹百流叁千里到配折責安置仍追

埋葬銀兩給屍親收領以資營葬該犯所欠錢
文照數追給王有成等勸阻不及應無庸議屍
棺飭屬領埋杓柄解驗等情由府審解到司該
江蘇按察使裕謙提犯親審核擬無異詳候核
題等情具詳到臣覆核無異該臣看得清河縣客
民李廣德毆傷李長春身死一案緣李廣
德籍隸桃源向在清河種地度活與李長春同
姓不宗素識無嫌道光拾肆年捌月初間李廣
德借欠李長春錢貳百拾玖文未還是月拾叁
日李長春向李廣德索討李廣德央緩李長春
斥其圖賴爭鬧李長春隨取木棍向毆李廣德順取菜杓木
柄抵格適傷李長春偏右經王有成等勸散李

長春因傷輕未經痊癒工作如常詎拾壹日李
長春因洗臉自將傷處浮皮撕破進風醫治無
效延至拾肆日午後因風身死報驗訊詳審
供不諱詰無起釁別故及在場幫毆之人案無
遁飾查例載鬬毆之案當致命之處而傷輕因
風身死在拾日以外方准聲請改流等語此案
李廣德用杓柄毆傷李長春偏[illegible]越拾貳日因
風身死查偏右雖係致命原毆傷痕本可不致
戕生迨因自行撕破浮皮以致傷口進風原驗
口眼歪斜唯有抽風形狀其爲因風致死無疑
應按例問擬李廣德合依鬬毆之案當致命之
處而傷輕因風身死在拾日以外聲請改流例

杖壹百流叁千里到配折責安置仍追埋葬銀
兩給屍親收領以資營葬該犯所欠錢文照數
追給王有成等勸阻不及應無庸議屍棺飭埋
物柄發回案結銷毀臣謹具
題伏乞
皇上聖鑒勅部核覆施行再此案審限應以道光拾
肆年捌月貳拾柒報驗之日起除犯病封印各
壹月又該縣王國佐於拾壹月貳拾貳日委赴
海州會同唐思九命案公出至拾貳月初伍日
公回計公出拾叁日又自縣由府解司程限拾
陸日統扣至拾伍年伍月貳拾陸日全限屆
滿合並陳明謹題請

江蘇巡撫林則徐題本　驗明清河縣客民李廣德毆斃李長春案擬杖流

道光十五年閏六月初六日

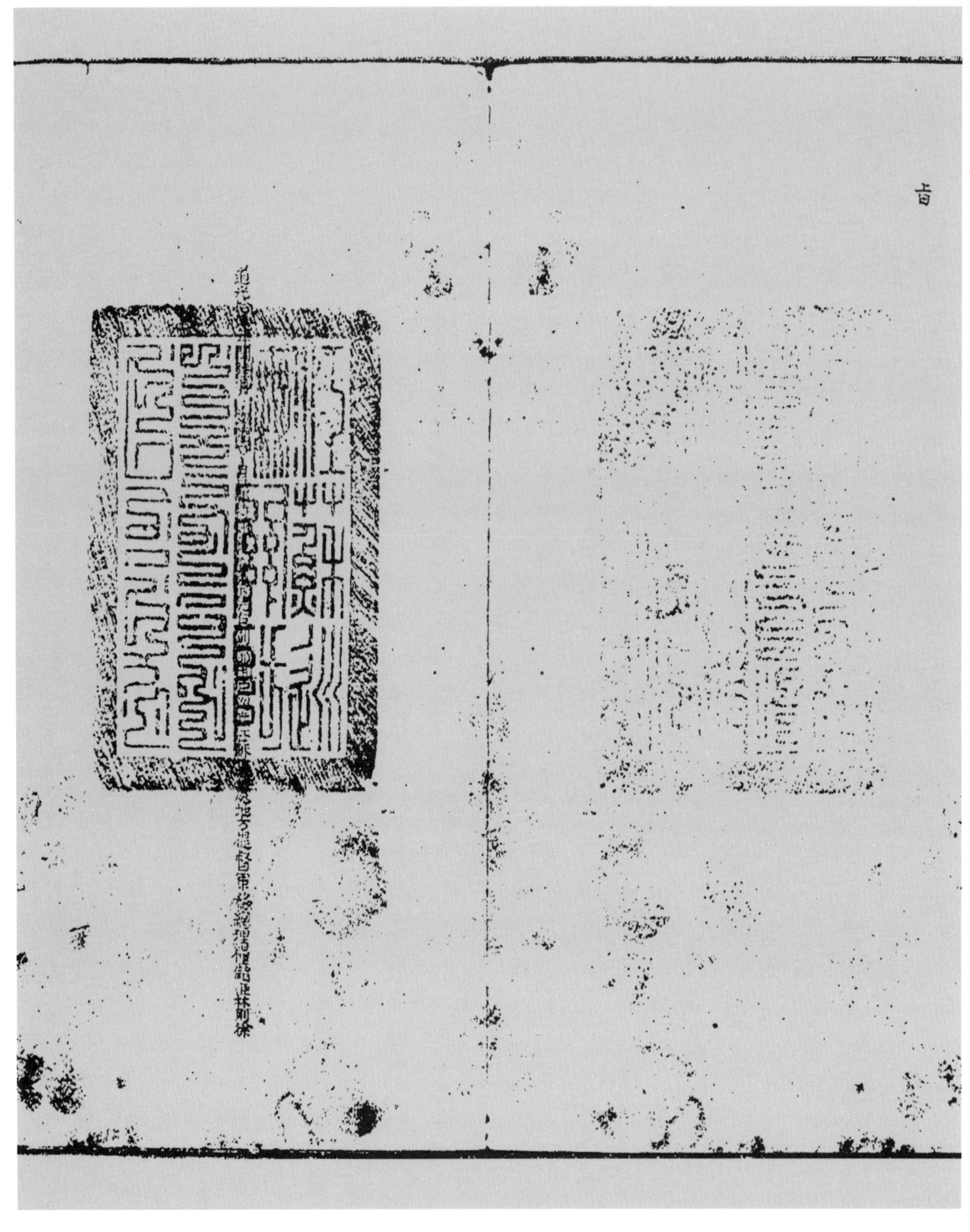

江蘇巡撫林則徐題本　驗明清河縣客民李廣德毆斃李長春案擬杖流

道光十五年閏六月初六日

兵部侍郎兼都察院右副都御史巡撫江蘇等處地方提督軍務總理糧儲臣林則徐謹

題爲報驗事該臣看得清河縣客民李廣德毆傷李長春因風身死壹案緣李廣德與李長春同姓不宗素識無嫌道光拾肆年捌月初間李廣德借欠李長春錢文未還拾叁日李長春往向索討李廣德央緩李長春斥其圖賴攜取木棍向毆李廣德順取糞杓木柄抵格適傷李長春偏右經王有成等勸散李長春因傷輕未經控驗工作如常詎拾壹日李長春因洗被自將傷處浮皮擦破進風調治無效延至貳拾肆日午後因風身死報驗訊詳審供不諱李廣德依鬬毆之案當致命之處而傷輕因風身死在拾日以外聲請改流例杖壹百流叁千里謹題請

旨

上諭　著准林則徐所奏將宿遷縣知縣張志遂革職離任並協緝

道光十五年閏六月十九日内閣奉

上諭林則徐奏請將限緝要犯無獲之知縣革職離任協緝一摺江蘇宿遷縣知縣張志遂前因疎脱逃解要犯章芝亭暫行革職留任勒限嚴緝現在仍未獲案張志遂著即革職離任仍留該省協緝俟獲犯後再行覈辦該部知道欽此

江蘇巡撫林則徐奏摺

奏報江蘇省道光十五年六月份雨水糧價情形

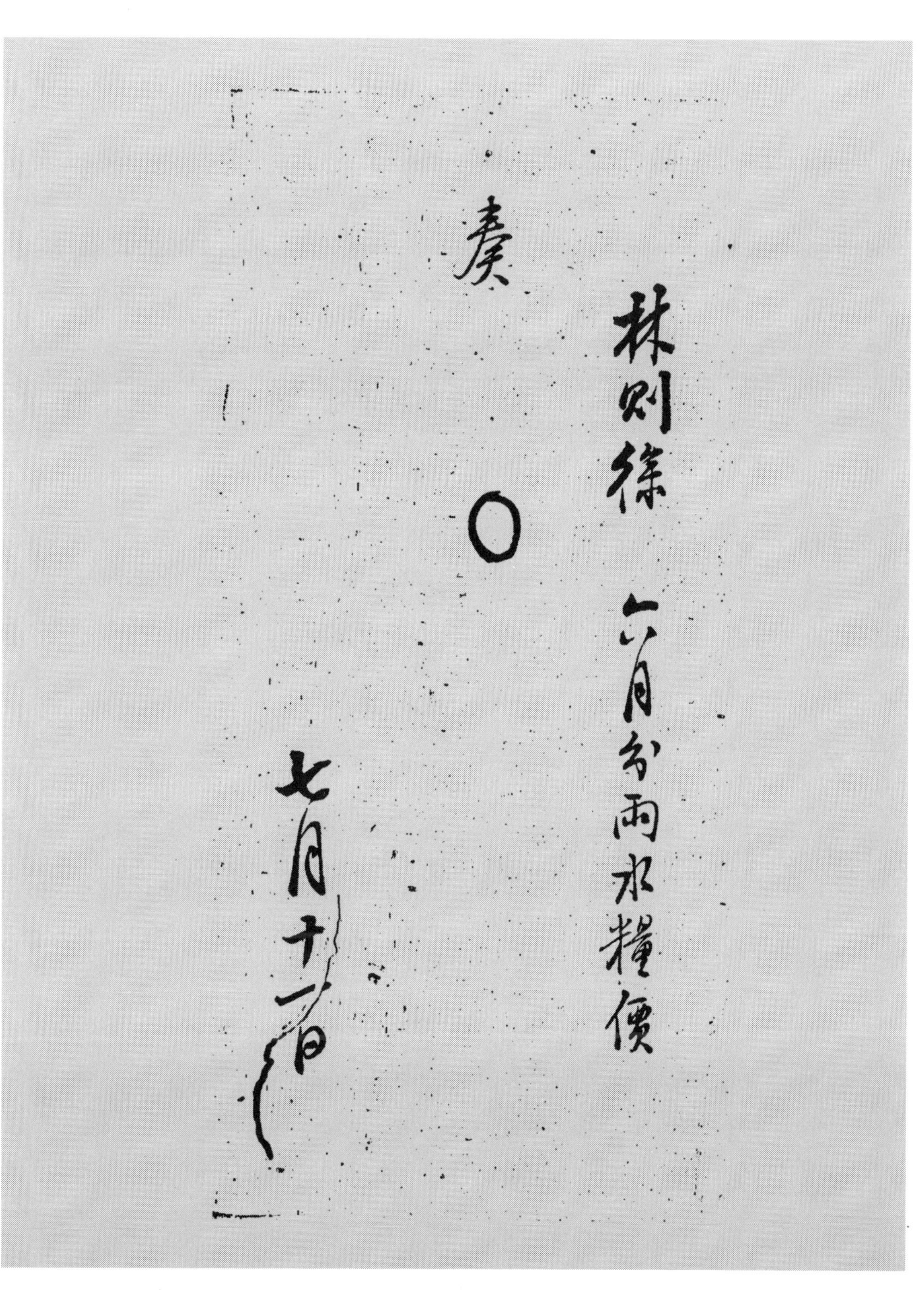
奏
林則徐　六月分雨水糧價
〇
七月十一日

江蘇巡撫林則徐奏摺 奏報江蘇省道光十五年六月份雨水糧價情形

道光十五年閏六月二十四日

江蘇巡撫臣林則徐跪

奏為恭報六月分雨水糧價情形仰祈

聖鑒事竊照江蘇省本年五月分雨水糧價情形

經臣恭摺

奏報在案茲據接各屬具報六月上旬初一二三四

五六七九十中旬十一二三四五六七九二十

下旬二十一二三四六七八九等日江南各州縣

雖得陣雨然未深透而江北之銅沛邳宿

一帶雨勢連綿動即數寸窪下之區間有

具報積水業經臣飭令設法疏消以期消洩

涸復其江寧蘇松常鎮太倉等屬隨處設

壇祈雨臣在蘇州省城率屬連日步禱計

六月內得雨五次閏月以來亦得兩次然雨勢
總不甚大即有大雨為時亦復不久其最多
者至四寸為止蓋在常年底水充足因此數
番陣雨自可一律滋培本年自春歷夏雨少
晴多田土久已暵乾河流又形淺涸即間得數
寸之雨澤不足敵風日之炎熬加以兩岸水
車排列如鱗各皆汲清水數寸常時一帶
河道即已淺滯異常其汊港多被車乾
仍復設法抽溝導水至低田尚易為力若
腹裏田地即須層遞盤送始能有水插秧
者無因引灌無從漸形黄萎其未插之處
現在立秋節已補種亦難臣仍率屬設法

虔誠步禱以冀日內甘霖大沛各屬普沾渥
即各屬收成至江寧淮揚徐海各屬前據
報有蝻孽萌生節經臣嚴飭印委
委員多方設法撲滅現據陸續具稟大概
已經撲淨無礙田禾臣仍嚴飭該管府州
再行親歷逐細搜查總期盡絕根株不留
餘孽惟鎮江府屬丹徒等縣及與宜興接壤
瀕臨湖蕩之處亦因雨澤未足間有蝻孽
萌生經臣嚴飭委員該府縣親赴鄉間趕緊
收捕務即撲滅淨盡不得稍任蔓延所有
通省糧價江寧蘇州揚州徐州海州五府
州屬尚俱平減松江常州鎮江三府屬

稍有加增淮安太倉通州三府州屬互
有貴賤海門廳與上月相同理合恭摺具
奏并繕六月分糧價清單敬呈
御覽伏乞
皇上聖鑒謹
奏
道光十五年七月十一日奉
硃批知道了一得透雨即行具奏欽此
閏六月二十四日

江蘇巡撫林則徐清單

江蘇省道光十五年六月份糧價清單

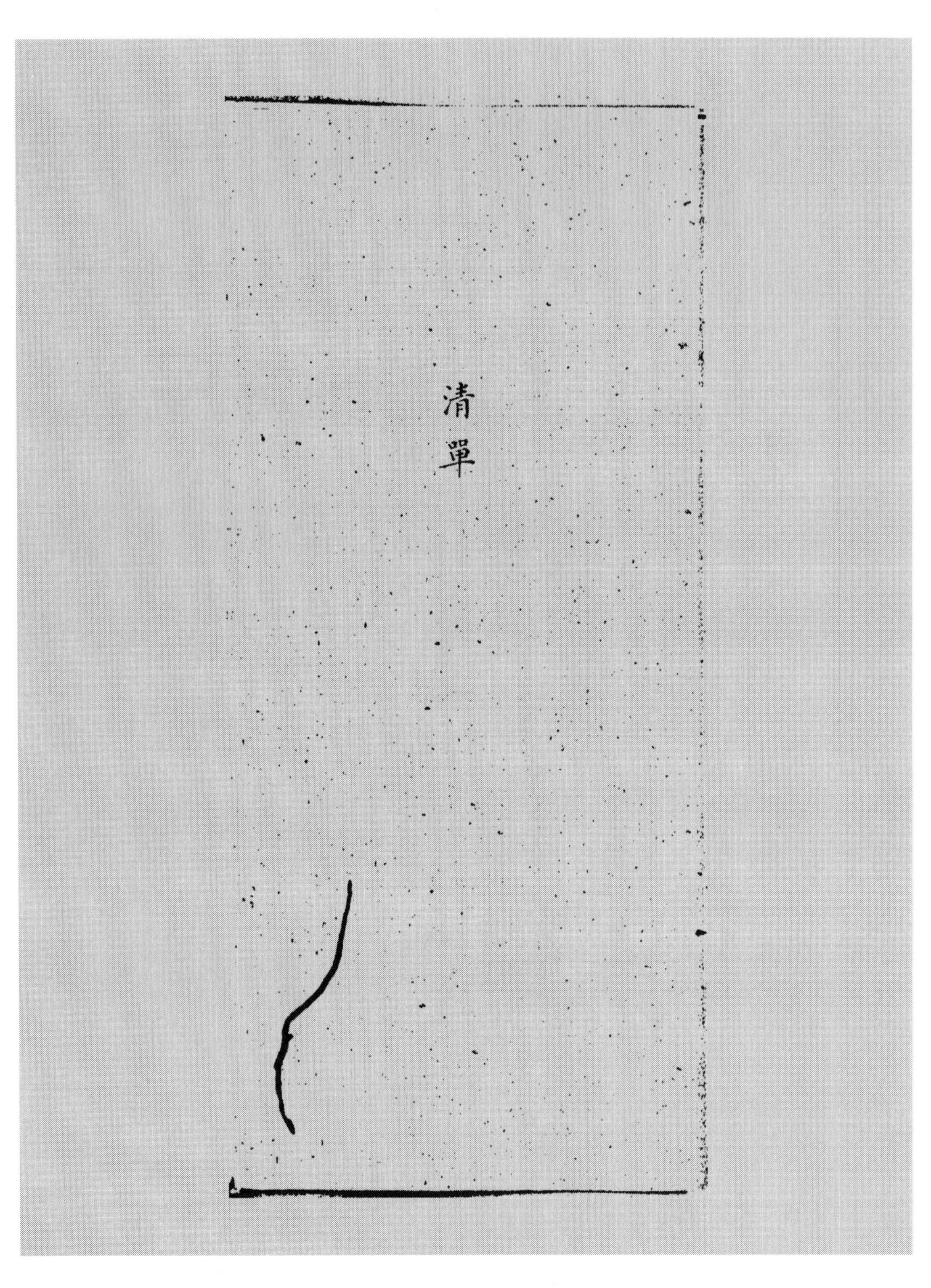

清單

謹將江蘇省道光十五年六月分米糧時價開
繕清單恭呈
御覽

計開

江寧府屬　價貴中

上米每倉石價銀二兩二錢至三兩　與上
月同

中米每倉石價銀二兩一錢至二兩九錢
與上月同

糙米每倉石價銀二兩至二兩七錢　與上
月同

小麥每倉石價銀一兩四錢九分至二兩

較上月賤三錢
大麥每倉石價銀八錢至一兩一錢二分
較上月賤四錢八分
黄豆每倉石價銀一兩九錢九分至二兩四
錢　與上月同
蘇州府屬　價貴中
上米每倉石價銀二兩五錢至二兩九錢
較上月賤一錢
中米每倉石價銀二兩二錢至二兩四錢
較上月賤三錢
糙米每倉石價銀二兩七分至二兩三錢
較上月賤二錢

小麥每倉石價銀一兩七錢至二兩 較上
月賤二錢
大麥每倉石價銀八錢五分至一兩 較上
月賤二錢
黄豆每倉石價銀一兩七錢八分至二兩四
錢五分 與上月同

松江府屬 價貴中

上米每倉石價銀二兩四錢四分至三兩三
錢 較上月貴一錢
中米每倉石價銀二兩三錢四分至三兩一
錢 與上月同
糙米每倉石價銀二兩至二兩八錢 與上

月同
小麥每倉石價銀一兩二錢至一兩七錢七
分 與上月同
大麥每倉石價銀七錢至一兩 與上月同
黄豆每倉石價銀一兩五錢至二兩 與上
月同
常州府屬 價貴中
上米每倉石價銀二兩四錢至二兩七錢
較上月貴一錢
中米每倉石價銀二兩二錢五分至二兩四
錢 與上月同
糙米每倉石價銀二兩五分至二兩三錢

較上月貴一錢
小麥每倉石價銀一兩六錢至二兩一錢
與上月同
大麥每倉石價銀八錢至一兩二錢　與上
月同
黄豆每倉石價銀一兩七錢至二兩一錢
較上月貴一錢
鎮江府屬　價貴中
上米每倉石價銀二兩五錢至二兩八錢
較上月貴三錢
中米每倉石價銀二兩四錢至二兩六錢
較上月貴二錢

糙米每倉石價銀二兩二錢五分至二兩四錢　較上月貴二錢
小麥每倉石價銀一兩三錢至二兩　較上月賤三錢
大麥每倉石價銀九錢至一兩一錢　與上月同
黄豆每倉石價銀一兩八錢至二兩四錢　較上月貴一錢
淮安府屬　價貴中
上米每倉石價銀三兩至四兩五分　與上月同
中米每倉石價銀二兩九錢至四兩　與上

月同
糙米每倉石價銀二兩八錢至三兩五錢
與上月同
小米每倉石價銀一兩五錢至二兩二錢
較上月貴一錢
小麥每倉石價銀一兩九錢至二兩三錢五
分 較上月賤三錢五分
大麥每倉石價銀一兩至一兩六錢 較上
月賤四錢
黄豆每倉石價銀二兩至二兩五錢 較上
月貴一錢
秫秫每倉石價銀一兩二錢至一兩八錢

與上月同

揚州府屬 價貴中

上米每倉石價銀二兩三錢至三兩五分
與上月同

中米每倉石價銀二兩一錢至二兩九錢五
分 與上月同

糙米每倉石價銀一兩九錢至二兩八錢五
分 與上月同

小麥每倉石價銀一兩六錢五分至二兩五
錢 較上月賤三錢

大麥每倉石價銀七錢至一兩三錢 較上
月賤三錢

黄豆每倉石價銀一兩八錢四分至二兩八錢五分　與上月同

秫秫每倉石價銀一兩一錢　與上月同

徐州府屬　價貴中

大米每倉石價銀三兩五錢五分至四兩五錢二分　與上月同

小米每倉石價銀二兩五錢五分至三兩八錢三分　較上月賤二分

小麥每倉石價銀一兩九錢至三兩二錢六分　較上月賤五分

大麥每倉石價銀一兩四分至一兩九錢　與上月同

黄豆每倉石價銀一兩八錢至二兩五錢九
分　較上月賤一分
秫秫每倉石價銀一兩三錢至二兩三錢三
分　較上月賤二分
太倉州併屬　價貴中
上米每倉石價銀二兩九錢至三兩三錢
較上月貴三錢
中米每倉石價銀二兩八錢至三兩四錢
與上月同
糙米每倉石價銀二兩七錢至三兩　較上
月貴一錢五分
小麥每倉石價銀一兩一錢至一兩八錢八

分 较上月贱二钱七分
大麦每仓石价银八钱至一两三钱五分
与上月同
黄豆每仓石价银一两七钱至二两一钱
与上月同
海州併属 价贵中
上米每仓石价银三两七钱三分至四两一
钱 与上月同
中米每仓石价银三两一钱三分至三两八
钱 与上月同
糙米每仓石价银三两六分至三两六钱
与上月同

小米每倉石價銀二兩五錢至三兩九分
與上月同
小麥每倉石價銀二兩二錢五分至二兩五
錢 較上月賤二錢
大麥每倉石價銀一兩一分至一兩五錢
較上月賤一錢
黃豆每倉石價銀二兩五分至二兩八錢
與上月同
秫秫每倉石價銀一兩三分至一兩三錢
與上月同
通州併屬 價貴中
上米每倉石價銀二兩五錢至三兩 較上

月貴一錢
中米每倉石價銀二兩三錢至二兩八錢
較上月貴五分
糙米每倉石價銀二兩一錢五分至二兩六
錢五分　與上月同
小麥每倉石價銀一兩八錢至一兩九錢
較上月賤二錢
大麥每倉石價銀九錢五分至一兩　較上
月賤一錢五分
黄豆每倉石價銀一兩九錢至二兩　與上
月同
海門廳　價貴中

上米每倉石價銀三兩六錢　與上月同
中米每倉石價銀三兩四錢　與上月同
糙米每倉石價銀三兩　與上月同
小麥每倉石價銀一兩九錢　與上月同
大麥每倉石價銀一兩二錢　與上月同
黄豆每倉石價銀二兩二分　與上月同

覽

江蘇巡撫林則徐奏片

奏報江蘇省道光十五年六月份收捐監生銀數

林則徐片　奏報

江蘇巡撫林則徐奏片　奏報江蘇省道光十五年六月份收捐監生銀數

道光十五年閏六月二十四日

再，江寧、蘇州兩藩庫收捐監生銀數，截至道光十五年五月底，業經奏明附片具

奏在案。查江寧藩庫自設局起至道光十五年五月底，共收捐監銀三百三十萬五千九百三十八兩，除節次撥解及提歸封貯外，存銀一萬九千四百七十八兩。茲道光十五年六月分又收捐監生十四名，計銀二千四百九十四兩，共存銀二萬一千九百七十二兩。又蘇州藩庫自設局起至道光十五年五月底，共收捐監銀四百四十三萬二千六百五十八兩，除節次撥解及提歸封貯並請留備用外，存銀四千一百一十八兩。茲道光十五年六月分又收捐監生二十四名，計銀二千五百九十二兩，共存銀六千七百一十兩。前准部咨，江蘇兩藩庫捐監銀兩，收足十萬兩解部，續收五萬兩歸補封貯等因。此次江寧藩庫摘存解部，蘇州藩庫摘存歸補封貯，除俟

江蘇巡撫林則徐奏片　奏報江蘇省道光十五年六月份收捐監生銀數　道光十五年閏六月二十四日

收支數目再行分別提歸撥解另理合附片陳明謹
奏
道光十五年七月十四日奉
硃批户部知道欽此

江蘇巡撫林則徐奏摺　**審明呂鵬京控案擬將案犯許渭充軍**

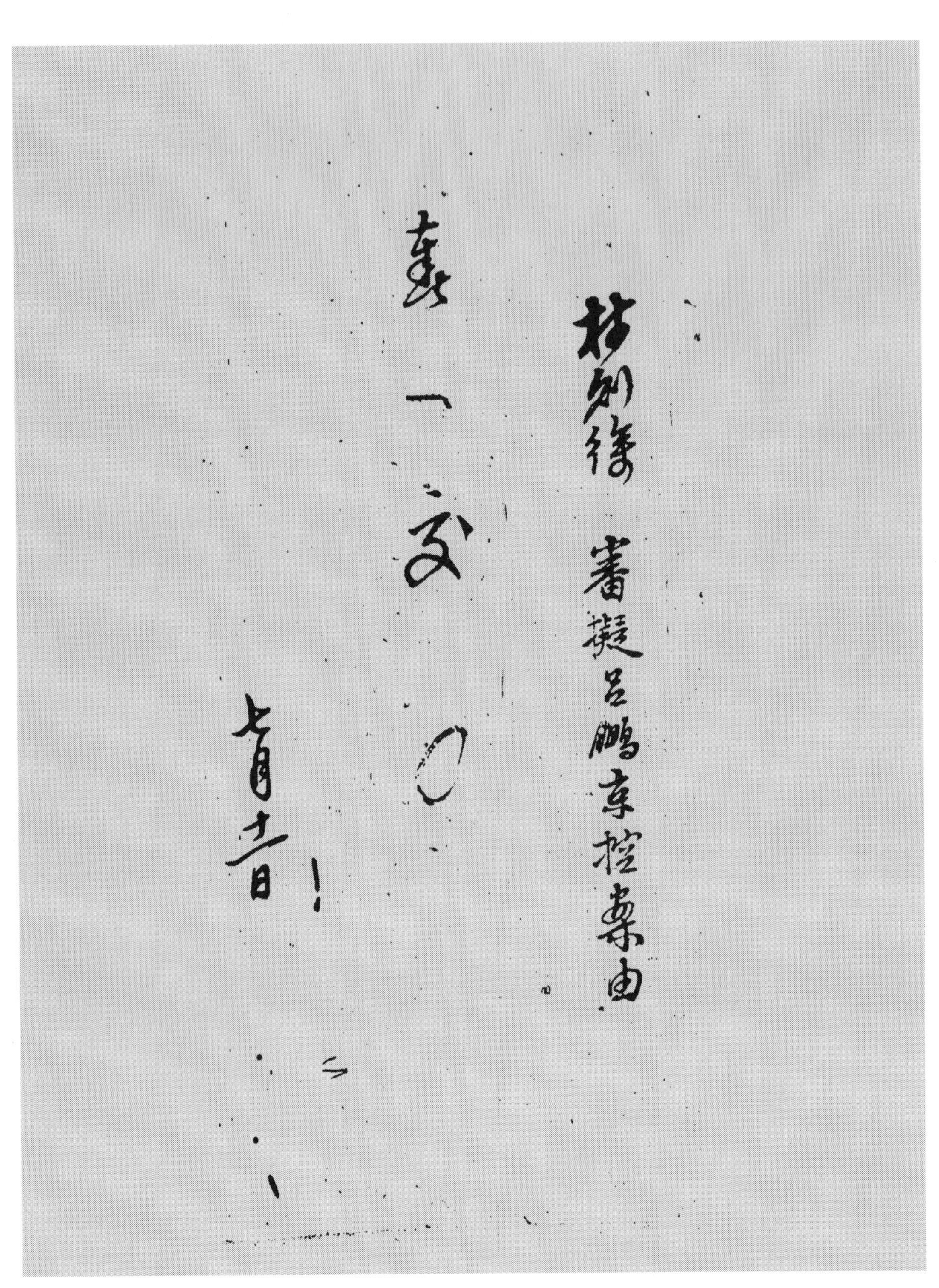

林則徐　審擬呂鵬京控案由

奏一

七月十二日

江蘇巡撫林則徐奏摺　審明呂鵬京控案擬將案犯許渭充軍
道光十五年閏六月二十四日

江蘇巡撫臣林則徐跪
奏為遵
旨審明定擬仰祈
聖鑒事竊照贛榆縣監生呂鵬赴步軍統領衙
門呈控許渭糾眾持械搶劫將伊弟呂彤
等扎傷並將學魁因傷斃命等情一案奉
諭旨著交林則徐親提人證卷宗秉公審
訊定擬具奏原告呂鵬該部照例解往備質
欽此臣查此案呂鵬之弟呂同即呂彤前於道光
十二年十月被張宗升等搶奪扎傷報經該
縣將搶犯許鵬張宗升等十六名緝獲到案審
因年歲荒歉饑餓難度張宗升仲周商約許渭等

十九人會吕同借錢不允擄奪衣服錢文並各持
械將吕同及妻楊氏徐宗魁那徐宗奎拒傷手皮
另犯張素升在監病故當將妻同拒捕之方利玲
李套柱等九犯均從重照兇惡棍徒擬軍聽從擄
奪之許渭等六犯均擬滿流詳准部覆在案
又查徐宗魁病故一案前據該縣詳報徐宗魁
先於道光十一年十月十九日因吕同被擄喊同追
捕獲方利玲等拒傷偏右左腿並手足逃至是
年十二月初二日因病身死報經該縣驗明委係
病故並無別情訊之屍妻徐陳氏屍弟徐宗右
及保鄰人等供無異詞據將錄供通詳在案茲
據淮郡將原告吕鵬遞解至蘇其隨行控人叠

着錫金兩縣蘇州府李照吳訊供由臬司覆審
審辦據藩臬子泰臣親提研鞫錄供詳覆審辦稽核具
呂鵬莊濤原住道光十二年有同呂鵬素識饑民
與許渭莊素相認識許渭因貧難度起意領同饑
民赴各村斂錢作為使用隨假稱代為領賑討乞
請領饑民至呂鵬家內索錢索討錢千文呂鵬斥其
同不允許渭聲言如不給錢即便強擄並要將呂鵬之弟
架回閉鎖適有監生吳濤程兆緯丁懷芳經過瞥
見俱因許渭素無恐致醜名聲令呂鵬如數給錢而
散許渭復領饑民至董曾朋家以閒談剎為詞向索錢
罪千文又往村向各家以嘴作為家給錢二三千文不
等並無確數不記姓名所得錢文除家

江蘇巡撫林則徐奏摺　審明呂鵬京控案擬將案犯許渭充軍

道光十五年閏六月二十四日

民孫錦倡許渭自行在甫是月十九日呂同由集子雞床猪
四川王勝頭打地方有匠羅照犯之張宗外即張差者
許同京郭瑤即京郭林平添隆等十九人家呂同
錫不允搶去店錢錫文呂同喊捕有魏廣遠儀宗
魁等趕至東郊婦子張宗外等各持器械將呂同等推傷
拒捕勘驗獲犯張宗外等訊因年荒饑餓搶奪錢經過
詳呂鵬因許渭前領饑民詐作並有搶奪控人之語
心將伊弟移搶店係許渭主使即以許渭作黨毆搶
伊弟與呂同勤續等情赴該縣呈控批飭差提
許渭到案質訊各犯僉供許渭並不認識實無同夥
因各犯張宗外等定擬犯于添隆等分别擬以軍流解
即詳後奉准部覆後呂鵬因許渭未經詳辦一併將係

刑書楊匡林自封於張並因書吏伊升捕賊周被拒
傷之徐宗魁患病身死[illegible]然係因傷所致復以孫書吳
賄撥詳徐宗魁冤係傷斃等情詞赴淮海道併督臣衙
門呈控批飭該州提人卷研鞫兩造各執一詞因書
證漢文等未到將許渭羈押催傳嗣許渭在押
患病業經取保調治許渭挾呂鵬控告之嫌捏稱楊匡欲
殺夫懷冤呂鵬聞知慮及後累且不知許渭因病取保
誤為差役賣放又因該州審訊時將案內人證一併
看守候訊亦將為差役圈作即照一歷捏情節添
砌羈押詐贓謀賣放各情詞赴京控告等
旨交審臣以許渭既敢希圖領餉民挾制訛詐接司後被
輒以捐貢恐嚇種種可惡即隨案外等擬從江蘇

訛詐，犯王度並無當日搶劫不法別案，尚於挾嫌誣陷

加以刑嚇，該犯俱供與陳東升等素不相識，並非因

窮無業主使伊搶，陳東升等無犯供證，獲案因犯

豈肯不將伊供出，是其搶劫訛詐之案，實已不

確。伺各追作王彭宗魁先被害劉珍等指為搶劫不

深重，據已于後和同罪伴日病故，業據驗訊明

確，屍屬人等亦無異詞，是其死由於病，並非因傷自盡

憐義憤之原告呂鵬京自認情虛具結無異詞，應

即議結。查例載：蠹役無根據，遽次告事行究者搖

實良民，又確有實據者，發極邊足四千里安置等語

此案許渭乘伊民王花求乞報，縱韓周李詐誘往

各村向呂鵬等嚇詐錢，得贓累累，迨被控後敢

江蘇巡撫林則徐奏摺　審明呂鵬京控案擬將案犯許渭充軍
道光十五年閏六月二十四日

揚言撓害案內屢次出名揚言自應按例問擬
許渭名經究無根後屢次出名按擬實充
業經呂鵬京呈子至糾葉經呂鵬京呈子至充軍起杖
一百責杖安置哨例刺字呂鵬控詞失實尚有因出
應免置議盧士秀濤貴程兆偉均令呂鵬結錄係因畏
罪起見尚無不合亦請免議刑書楊廷樵訊無受賄
朦詳情事應與業經隨同訊據之許廷銀均無庸議
呂鵬被控案內逸犯蔣厚之等仍飭緝獲另結未
到人證程兆偉不識姓名人作證無庸查提俾省拖累
有利頭等拒捕手傷移因病身死現據驗
判叙亦無庸議許渭所得飭令照追給領除將錄供
招送部查覈外謹繕摺具

奏伏乞

皇上聖鑒敕部議覆施行再該原告呂鵬係屬捏

詞遞控衙門查無發落合併陳明謹

奏

道光十五年七月十六日奉

硃批刑部議奏欽此

閏六月二十四日

兩江總督陶澍江蘇巡撫林則徐奏摺

審明前任安東縣知縣馮立嶸虧缺庫項案分別定擬

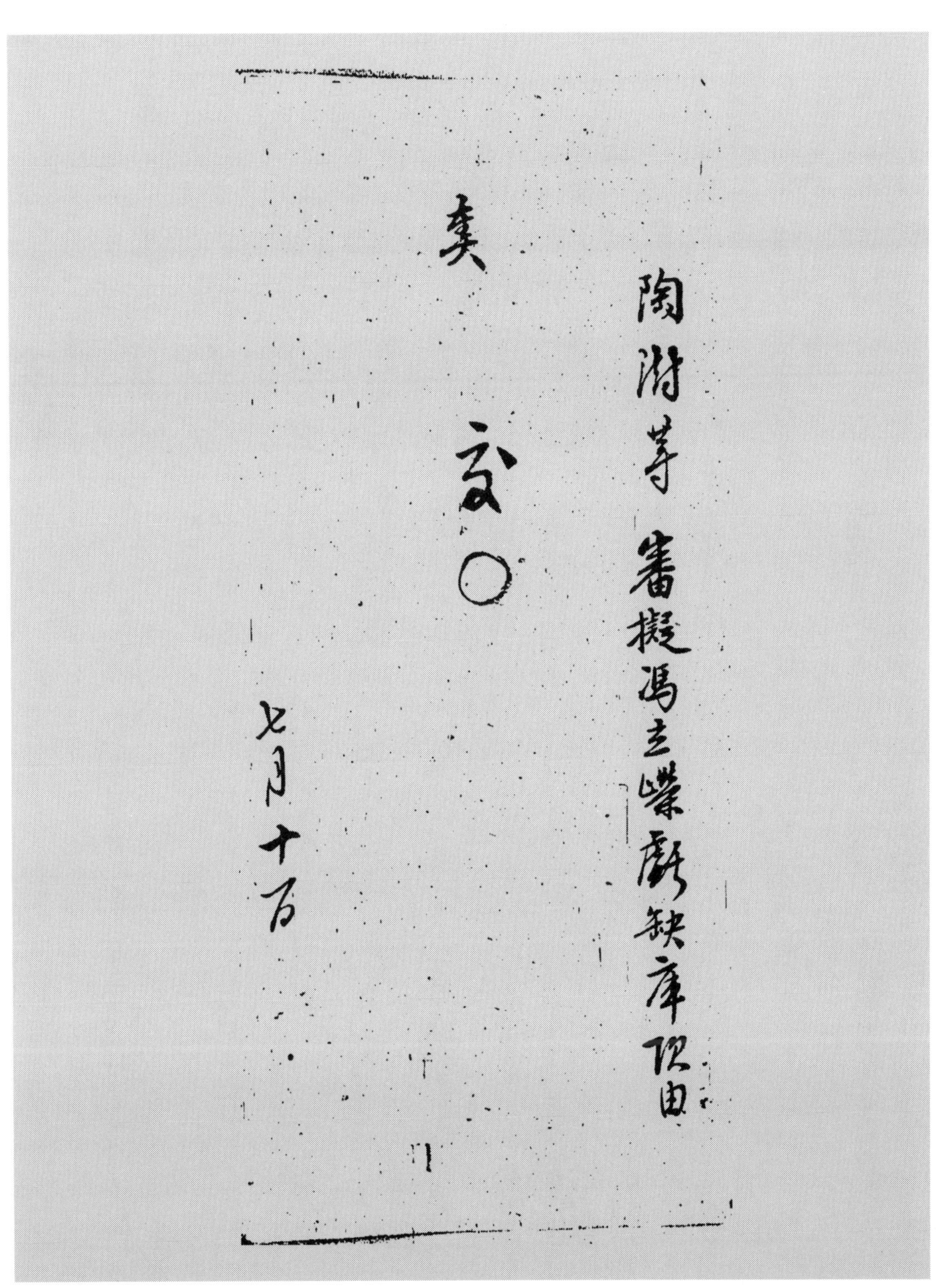

陶澍等 審擬馮立嶸虧缺庫項由

奏 交○

七月十日

兩江總督陶澍江蘇巡撫林則徐奏摺　審明前任安東縣知縣馮立嶸虧缺庫項案分別定擬

道光十五年閏六月二十四日

兩江總督臣陶澍
江蘇巡撫臣林則徐跪
奏為審明恭革病故知縣虧缺庫項銀兩照例議
擬著追仰祈
聖鑒事竊照前任安東縣知縣馮立嶸先因地方盜
刦重案未能緝獲懲辦奏參奉旨革職其任內經手
倉庫錢糧飭據接任知縣張實培查出短交
銀一萬七千四十餘兩由府具詳司轉據該管
道府揭報復經臣等恭摺奏參奉
旨據所參缺交庫項之江蘇革安東縣知縣馮
立嶸前在該縣任內虧交正雜各款至一萬七
七千四十餘兩之多著即行革職交該督等提同
經手丁胥人等嚴行審訊據得實情具奏餘有諭

該革員寓所資財並原籍家產一併查封備抵欽此當即恭錄咨行欽遵辦理並飭將寓所資財什物查封確估造册備抵一面飭提經手丁書嚴訊致虧實情究明是侵是挪及此外有無不實不盡錄供詳辦嗣准順天府尹咨據該革員原籍[illegible]明查無財產無從查封旋據淮安府具報馮立嶸在山陽縣寓所病故並據上元縣查據該革員舊用門丁黃升不知下落無從提解復飭查提該故員之子候選按察使經歷馮清彥及庫書人等訊究去後茲據署江寧府知府王用賓審明定擬由江寧布政使楊簧江蘇按察使裕謙察訊議擬詳解前來臣林則徐親提研鞫緣

已故安東縣緣事革知縣馮立嶸籍隸湖南由河工縣丞海陞銅山縣知縣嗣因辦理未能稱職撤任改簡奏署安東縣知縣于道光十一年二月到任適值該縣地方連年被水成災民情困苦除例給賑濟之外尚有極貧災黎及外來饑民必須分別收養資送自十一年八月起至十二年二月止時逾半年始將饑民遣散因籌墊無款陸續挪用撤存地漕水利等銀五千九百兩又該縣被水之後城內積窪淹浸縣署監獄牆垣間多倒卸急需修葺更屬並以災年盜賊潛發應行設法巡緝于城鄉市鎮設卡九座派役防範每

項經費請款不敷捐以補常有未還復即同徵存地漕等銀三千三百兩又該縣十二年秋汛黃河水勢盛漲隄工緊要購料搶護墊動地漕項下銀三千零六十兩又是年秋災較重未請免查口糧本城及鎮窮民均係設廠賑粥即用小利雜價二項銀四千七百八十餘兩以致虧缺庫項積至一萬七千四百十六兩零實係因公挪移嗣時經前庫官曾經稟催該員因辦公緊要不得不暫行動用原款趕緊設措完補旋即參革離任以致未能歸款據接任知縣張寬詳稟前由司道府揭報經臣等

奏參提問該參員在家因病身故亦提訊其子馮

據本犯供伊父在任時伊屢年遊幕於省間或
回署省視並不經手公事不知虧那情由嗣奉
提審始向庫書查知因公那用各情並伊所指之
戥係較公幫貼平餘之文逐年而增常例係指為
挪出年月可憑係在伊父未到安東任所以前
前安東與本案額項無涉今父死產絕已奉
處行查實無隱匿寄頓實伊隨處告貸賠償
代父措繳以冀虧項得清償了庫帑相沿毋從
曾經分限再三研鞫堅稱是那非侵並無經蕩果
兩司暨飭江寧淮安兩府反覆細查實係因公
那移實無疑義查例載挪移庫銀一萬兩
以上者發近邊充軍等語此案縣馮立嶸故知

兩江總督陶澍江蘇巡撫林則徐奏摺　審明前任安東縣知縣馮立嶸虧缺庫項案分別定擬　道光十五年閏六月二十四日

縣馮立嶸于安東縣任內因公那移庫銀一萬
七千四百餘兩訊無侵虧入己自應照例問擬馮立
嶸應依那移庫銀一萬兩以上者發近邊充軍
例發近邊充軍業已病故應毋庸議伊子馮清杰
未經隨任不知虧那情事應免置議所虧銀
兩即在馮清杰名下著追庫書相如升于本案那
用庫項勸阻不力應照不應重律杖八十折責革
役該故員寓所抄出衣物及未滿期當票飭
令山陽縣確估變價抵繳于虧數內覆繳抵除咨
明戶刑吏三部外所有審擬緣由謹合詞
恭摺具
奏伏乞

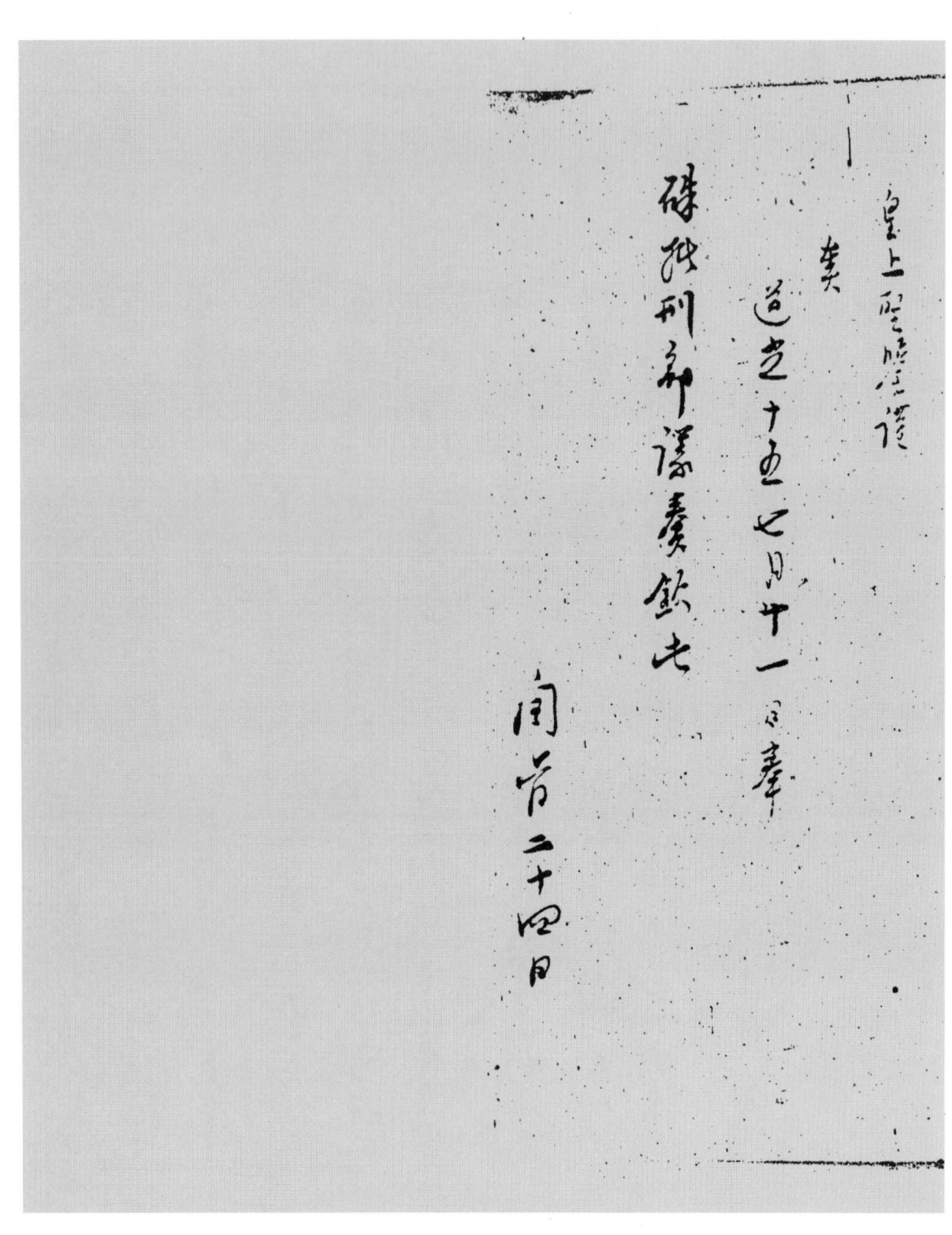

皇上聖鑒謹

奏

道光十五年七月十一日奉

硃批刑部議奏欽此

閏六月二十四日

江蘇巡撫林則徐題本

題報海門同知照磨胡澤光俸滿循例保薦

兵部侍郎兼都察院右副都御史巡撫江蘇等處地方提督軍務總理糧儲臣林則徐謹
題爲俸滿人員循例保
題事據江寧布政使楊簧會同江蘇按察使裕謙
詳稱准分巡常鎮通海道李彥章移據海門直
隸同知清平詳據照磨胡澤光申稱竊澤光現
年叁拾玖歲江西樂平縣人由監生遵續增武
陟例捐未入流分發江蘇咨署揚州府檢校調
赴吳淞江催挑河工出力保
奏奉
旨著以應陞之缺陞用陞補今職道光玖年肆月貳
拾陸日到任今自到任之日起連閏扣至拾伍
年貳月貳拾陸日初次陞年俸滿合具親供申

請驗看等情到廳該海門直隸同知清平查得
胡澤光自到任以來每逢朔望隨同宣講
聖諭化導鄉民咸知禮義約束禁卒不許虐囚遇有盜
賊晝夜緝拏督率佃農修築圩岸編查保甲實
力奉行恪遵
功令不敢擅受民詞覆查該員年壯才明辦事幹
練堪膺保薦相應出考造冊轉詳等情到道該
分巡常鎮通海道李彥章驗得胡澤光年力強
富辦事勤能堪以保薦加考轉移到司該江寧
布政使楊簧會同江蘇按察使裕謙查得海門
同知照磨胡澤光自道光玖年肆月貳拾陸日
到任之日起連閏扣至拾伍年貳月貳拾陸日

初次陸年俸滿茲准據該管道廳取造冊結遞
行出考保薦前來覆查該員年壯力強職勤才
敏堪以保薦相應詳候驗看會
題等情到臣據此該臣查得海門同知照磨胡澤
光自道光玖年肆月貳拾陸日到任之日起連
閏扣至拾伍年貳月貳拾陸日初次陸年俸滿
例應驗看甄別茲據江寧布政使楊簧等會詳
該員自到任以來每逢朔望隨同宣講
聖諭化導鄉民咸知禮義約束禁卒不許虐囚遇有盜
賊晝夜緝拏督率佃農修築圩岸編查保甲實
力奉行恪遵
功令不敢擅受民詞覆查該員年壯力強職勤才

敏堪以保薦詳請會

題前來臣查驗得胡澤光年壯才明克勤職守堪

以保薦除將事實供冊送部查核外謹會同兩

江總督臣陶澍合詞具

題伏乞

皇上聖鑒勅部議覆施行謹題請

旨

道光

……理提督軍務總理糧儲臣林則徐

兵部侍郎兼都察院右副都御史巡撫江蘇等處地方提督軍務總理糧儲臣林則徐謹

題爲俸滿人員循例保

題事。該臣查得海門同知照磨胡澤光自道光玖年肆月貳拾陸日到任之日起連閏扣至拾伍年貳月貳拾陸日初次陸年俸滿例應驗看甄別。該署江寧布政使楊簧等會詳該員年壯力強，職勤才敏，堪以保薦，詳請會

題前來。臣查驗得胡澤光年壯才明，克勤職守，堪以保薦。除將事實供冊送部外，謹會題請

旨。

江蘇巡撫林則徐題本　題報上海縣典史李約俸滿循例保薦

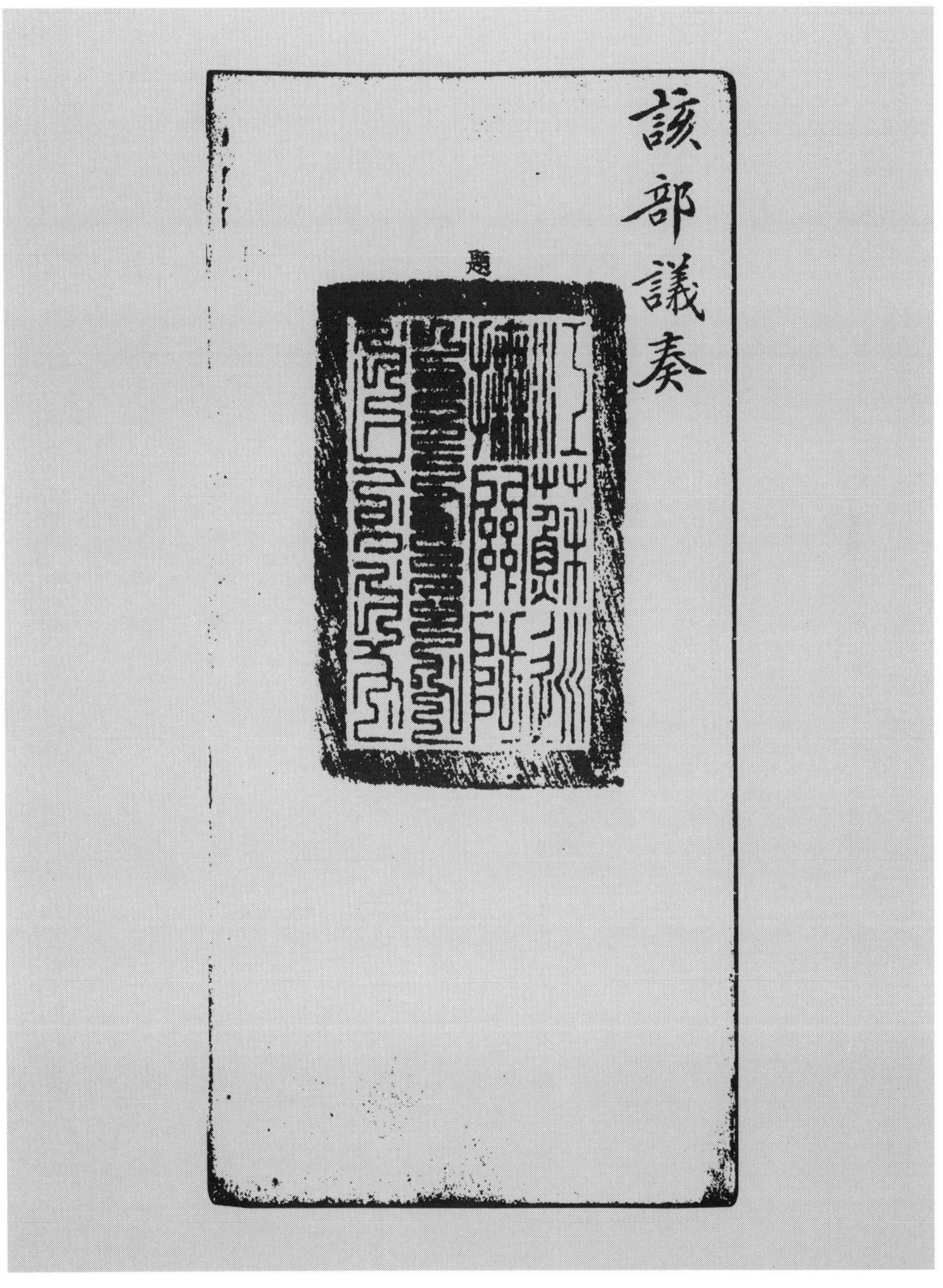
該部議奏
題
江蘇巡撫關防

江蘇巡撫林則徐題本　題報上海縣典史李約俸滿循例保薦
道光十五年七月初一日

江蘇巡撫林則徐題本　題報上海縣典史李約俸滿循例保薦
道光十五年七月初一日

兵部侍郎兼都察院右副都御史巡撫江蘇等處地方提督軍務總理糧餉臣林則徐謹
題爲俸滿人員循例保
題事據蘇州布政使陳鑾會同江蘇按察使裕謙
詳稱准分巡蘇松太道陽金城移據松江府知
府李昭美詳據上海縣知縣溫裕湛申據典史
李約申稱竊約現年叁拾玖歲山東歷城縣人
由監生遵武陟捐劾例捐未入流分發江蘇試
用咨署南匯縣典史道光叁年柒月初陸日先
行任事拾月拾伍日奉文准署委解餉銀進京
柒年玖月拾叁日卸事差竣回省捌年貳月拾
叁日在途聞訃丁母憂回籍守制服滿仍赴江
蘇委用咨署今職拾貳年肆月貳拾肆日到任

試署期滿詳請實授在案今自前任南匯縣典
史道光叁年拾月拾伍日奉文准署之日起前
後兩任接筭連閏扣至拾叁年玖月貳拾陸日
初次陸年俸滿出具親供到縣該上海縣知縣
溫綸湛查得李約自到任以來每逢朔望隨同
宣講
聖諭勸導士庶觀感興起克盡孝悌共敦睦族督率捕
保嚴緝積匪巨竊專司獄囚晝夜稽察禁卒不
許凌虐防範無虞恪遵
功令不敢擅受民詞覆查該員才識明幹緝捕勤
能辦事不辭勞瘁堪膺保薦理合加考造冊送
驗等情到府該松江府知府李昭美核驗得李

約才情練達緝捕認真堪膺保薦相應加考同
供冊詳送核驗等情到道該分巡蘇松太道陽
金城甫經到任例不出考合將供冊移送驗轉
等因到司該蘇州布政使陳鑾會同江蘇按察
使裕謙查得上海縣典史李約自前任南匯縣
典史道光叁年拾月拾伍日奉文准署委解餉
銀進京捌年貳月拾叁日差次聞訃丁憂服滿
來省咨署今職拾貳年肆月貳拾肆日到任前
後兩任接算連閏扣至拾叁年玖月貳拾陸日
初次陸年俸滿茲據該府縣取具供冊出考保
薦由道移送驗轉前來覆查該員年壯才優勤
於緝捕堪以保薦相應詳候驗看會

題等情到臣據此該臣查得上海縣典史李約自
前任南匯縣典史道光叁年拾月拾伍日奉文
准署委解餉銀進京捌年貳月拾叁日差次聞
訃丁憂服滿來省咨署令職拾貳年肆月貳拾
肆日到任前後兩任接算連閏扣至拾叁年玖
月貳拾陸日初次陸年俸滿例應驗看甄別茲
據蘇州布政使陳鑾等會詳該員自到任以來
每逢朔望隨同宣講
聖諭勸導士庶觀感興起克盡孝悌共敦睦族督率捕
保嚴緝稽匪巨窩專司獄囚晝夜稽察禁卒不
許凌虐防範無虞恪遵
功令不敢擅受民詞覆查該員年壯才優勤於緝

捕堪以保薦詳請會

題前來臣查驗得李約年力富強緝捕勤幹堪以

保薦除將事實供冊送部查核外謹會同兩江

總督臣陶澍合詞具

題伏乞

皇上聖鑒敕部議覆施行謹題請

旨

江蘇巡撫林則徐題本 題報上海縣典史李約倖滿循例保薦

道光十五年七月初一日

道光[illegible]

[illegible]地方提督軍務總理糧儲臣林則徐

兵部侍郎兼都察院右副都御史巡撫江蘇等處地方提督軍務總理糧儲臣林則徐謹

題爲俸滿人員循例保

題事據臣查得上海縣典史李約自前任南匯縣

典史道光叁年拾月拾伍日奉文准署委解餉

銀本年拾貳月拾叁日在途聞訃丁憂服滿

來[illegible]年肆月貳拾肆日到任前

後[illegible]任核算連閏扣至拾叁年玖月貳拾陸日

初[illegible]年俸滿例應驗看甄別並據蘇州布政

使[illegible]等會詳該員年壯[illegible]勤於緝捕堪以

保[illegible]詳請會

題前來臣[illegible]驗得李約年力[illegible]緝捕勤幹堪以

保薦除將事實供冊送部外謹會題請

旨

江蘇巡撫林則徐題本　題參署銅山縣知縣王文炳等疎防劫案限滿贓犯無獲

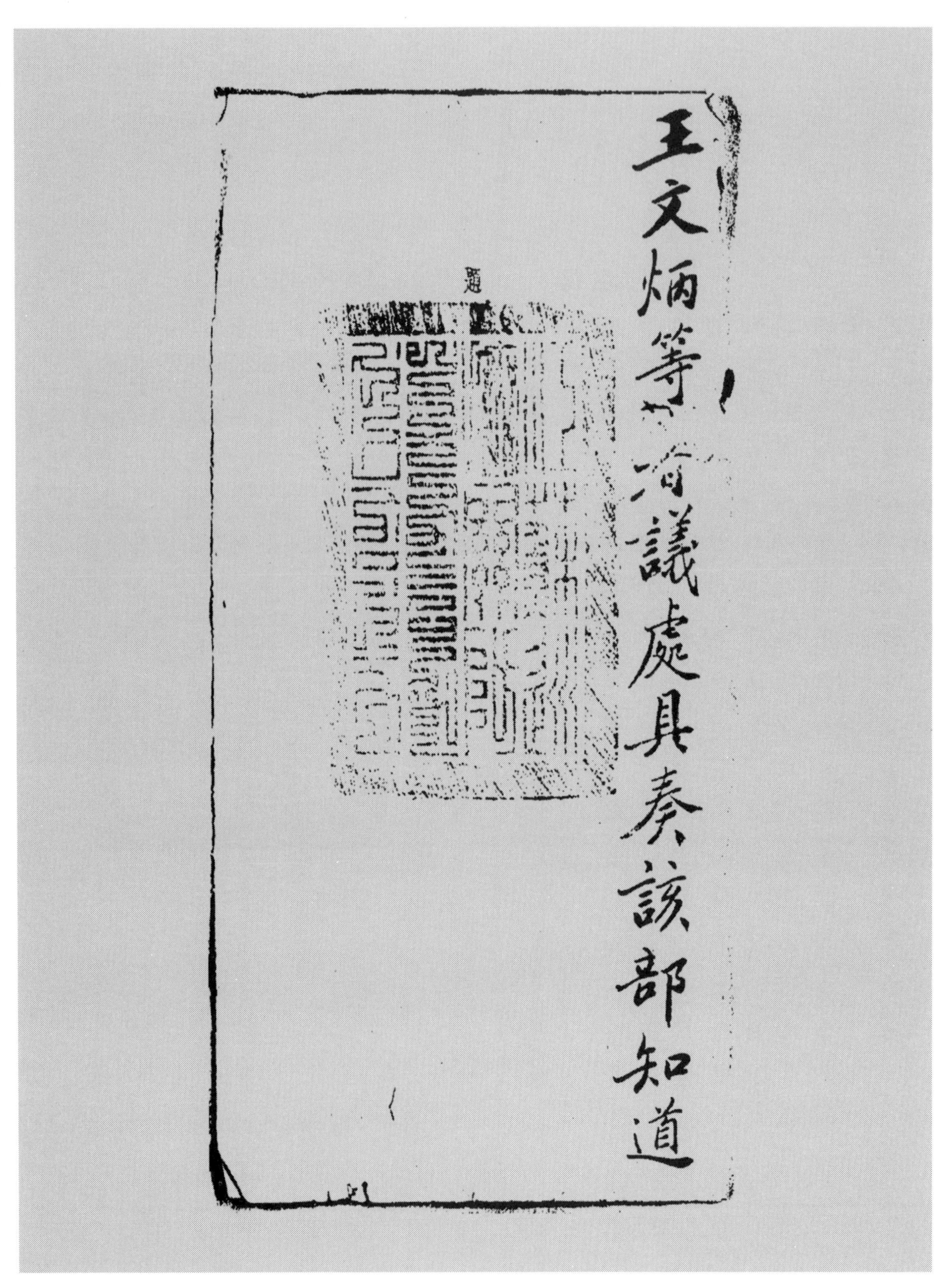

王文炳等、俱着議處具奏。該部知道。

江蘇巡撫林則徐題本 題參署銅山縣知縣王文炳等疏防劫案限滿贓犯無獲

道光十五年七月初一日

兵部侍郎兼都察院右副都御史巡撫江蘇等處地方提督軍務總理糧儲臣林則徐謹

題爲詳參疏防文職事據江蘇按察使裕謙詳稱

據徐州府知府武陵漢詳據署銅山縣知縣王

文炳詳稱道光拾肆年拾壹月貳拾伍日據民

人趙希倫稟稱本月貳拾貳日夜伊父趙文煥

自袁家莊回家行至豐家樓地方被匪兩人上

前搶去衣服錢文並被拒傷稟候驗緝等情到

縣據即會營前詣該處勘明被搶情形屬實飭

仵驗得趙文煥偏右額門右額角左太陽穴右

肯脛後各有刃傷壹處皮破血出填單附卷提

訊事主人等供與報詞無異飭牙估計失贓值

銀壹兩陸錢陸分造冊錄供通詳奉批緝拏盜

查疏防限屆犯仍無獲合將印捕職名開報由
府詳列督補督緝職名前來除飭勒緝贓匪務
獲究報並移取兼轄職名另詳請參外該江蘇
按察使裕謙查得銅山縣事主趙文煥被搶衣
服錢文非傷壹案疏防例限肆箇月應以道光
拾肆年拾壹月貳拾貳日被搶之日起扣至拾伍
年叁月貳拾貳日滿所有文職疏防職名印官
係署銅山縣知縣王文炳捕官係銅山縣閻虎
店巡檢馮人鳳督捕係不同城銅沛同知崔志
元督緝係徐州府知府武凌漢理合開報詳候
核參再失事處所離城捌拾里離汛貳拾里並
無墩堡防兵至事主傷痕曾否平復現飭查明

經詳核辦合并聲明等情到臣據此該臣查得
銅山縣事主趙文煥被搶衣物錢文非傷壹案
疎防例限肆個月應以道光拾肆年拾壹月貳
拾貳被搶之日起扣至拾伍年叁月貳拾貳日
滿贓匪無獲開列疎防職名請參前來除飭勒
緝贓匪務獲究報並取兼轄職名另參外所有
文職疎防職名印官係署銅山縣知縣王文炳
捕官係銅山縣爾虎店巡檢馮人鳳督捕係不
同城銅沛同知崔志元督緝係徐州府知府武
凌漢相應列參再失事處所離城捌拾里離汛
貳拾里並無墩堡防兵至事主傷痕曾否平復
飭查另咨臣謹具

江蘇巡撫林則徐題本　題參署銅山縣知縣王文炳等疎防劫案限滿贓犯無獲
道光十五年七月初一日

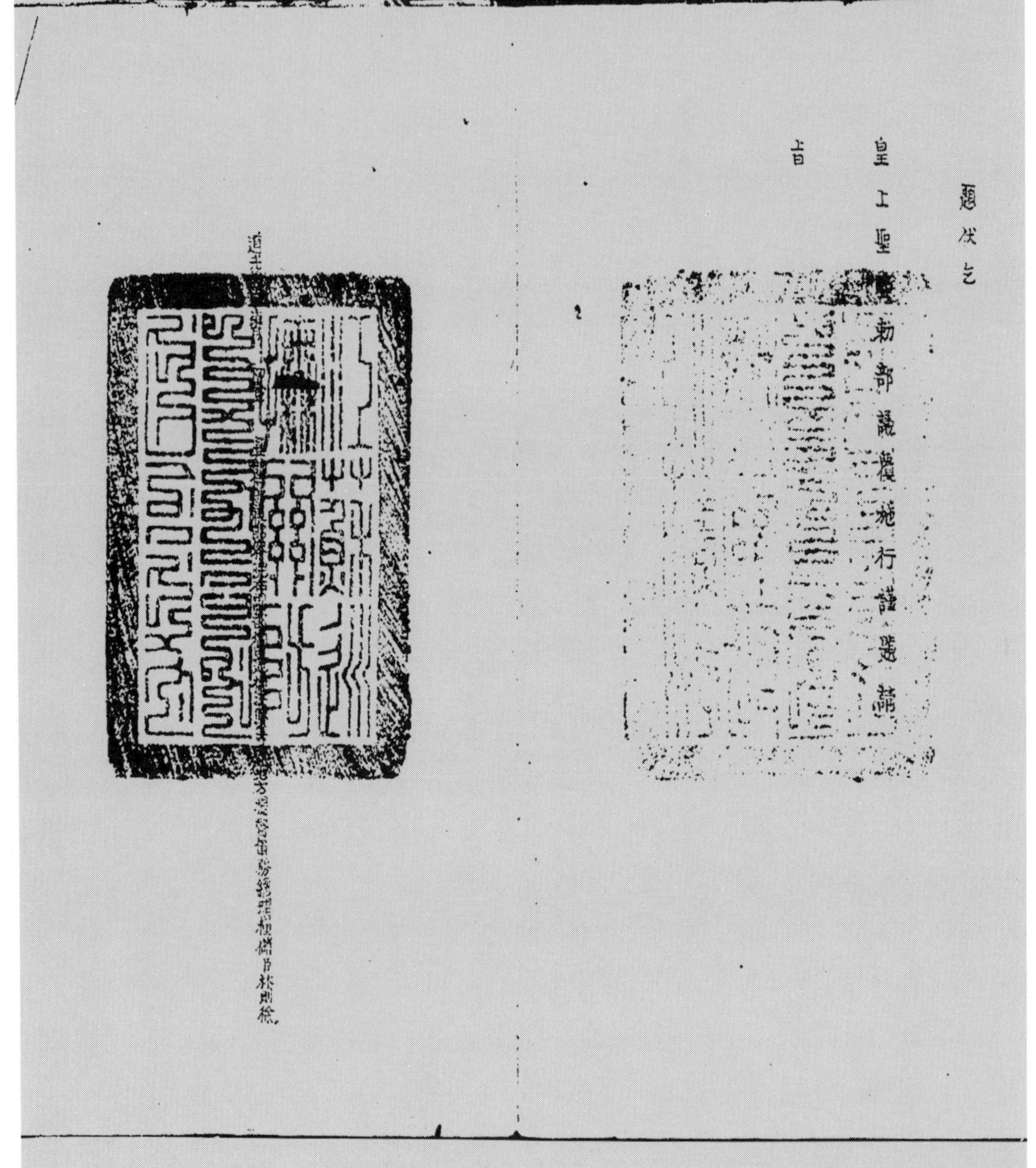
題伏乞
皇上聖鑒勅部議覆施行謹題請
旨

江蘇巡撫林則徐題本　題參署銅山縣知縣王文炳等疏防劫案限滿贓犯無獲

道光十五年七月初一日

兵部侍郎兼都察院右副都御史巡撫江蘇等處地方提督軍務總理糧儲臣林則徐謹
題爲詳參疏防文武事該臣查得銅山縣事主趙
文煥被搶衣物錢文拒傷壹案疏防例限肆個
月應以道光拾肆年拾壹月貳拾貳被搶之日
起扣至拾伍年叁月貳拾貳日滿贓匪無獲開
列疏防職名請參前來除飭勒緝贓匪務獲究
報並取兼轄職名另參外所有文職疏防職名
印官係署銅山縣知縣王文炳捕官係銅山縣
藺虎店巡檢馮人鳳督捕係不同城銅沛同知
崔志元督緝係徐州府知府武忠漢相應列參
謹題請
旨

江蘇巡撫林則徐題本

題參昭文縣知縣張綬組等疏防行舟被搶屆滿贓犯無獲

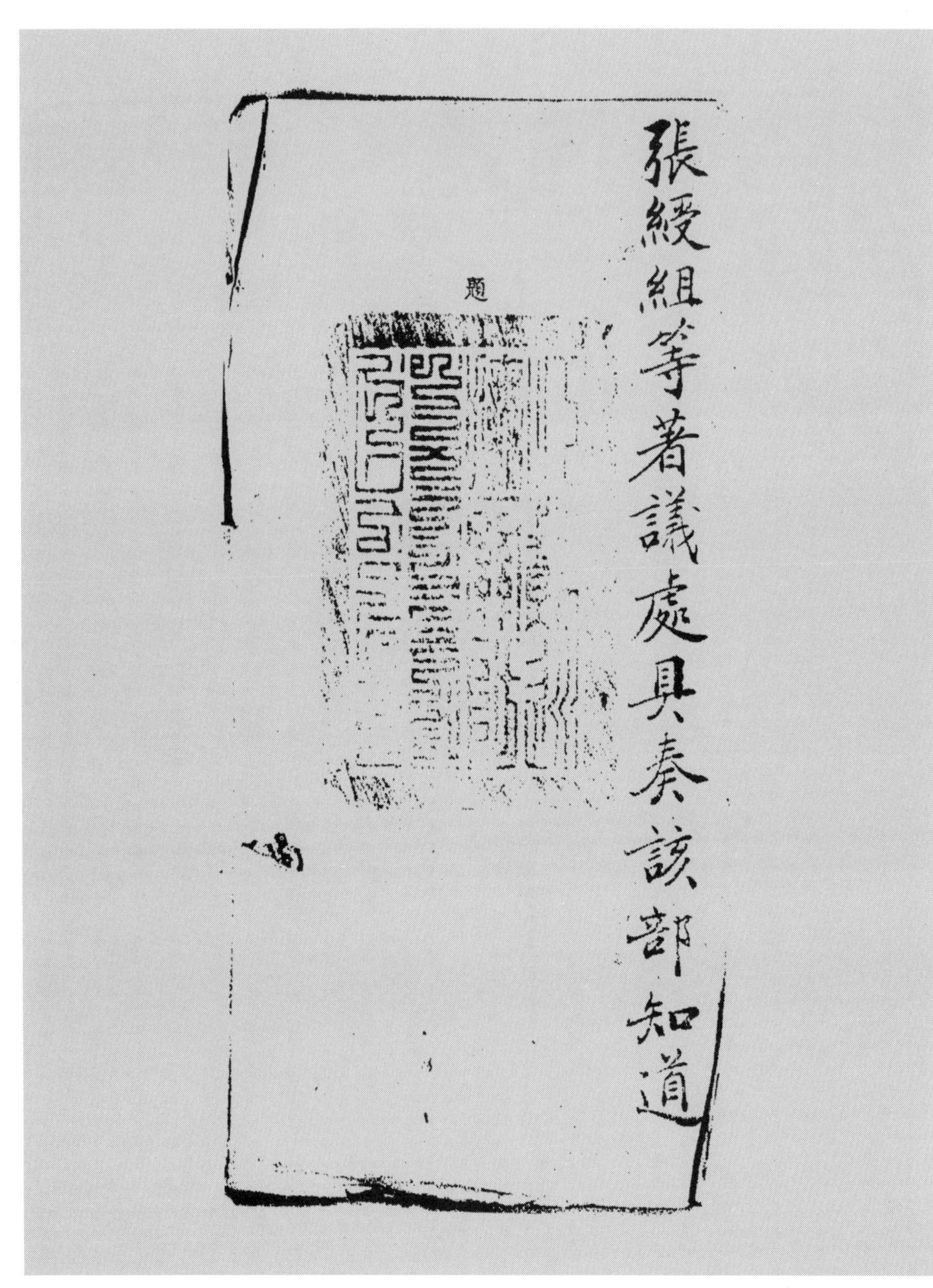

張綬組等著議處具奏該部知道

題

江蘇巡撫林則徐題本 題參昭文縣知縣張綬組等疏防行舟被搶屆滿贓犯無獲 道光十五年七月初一日

兵部侍郎兼都察院右副都御史巡撫江蘇等處地方提督軍務總理糧儲臣林則徐謹

題為詳參疏防文職事。據江蘇按察使裕謙詳稱：據代理蘇州府知府周岱齡詳，據昭文縣知縣張綬組詳稱：道光拾肆年拾月貳拾肆日准常熟縣移，據崇明縣職員張接三稟報：伊在海字陸長興商船裝柴到福山銷賣，拾月拾伍日行至海洋塘，被匪上船搶去衣物洋錢，水手陸金和被推落水，匪即逃逸。陸金和鳧水逃歸信知，理合開單稟報等情，移會詰勘等因。當經會營勘明，被搶處所係昭文縣管轄，該處係在海中，離海洋塘港口營汛拾餘里，繪圖附卷。提訊事主水手人等，供與報詞無異，飭牙估計失贓值

銀壹百拾伍兩伍錢造冊通詳奉批飭叅在案
茲查此案疎防限屆贓匪無獲合將印捕職名
開報等情由府開列督捕督緝職名詳叅到司
據此除飭勒緝贓匪務獲究報並移取兼轄職
名另詳外該江蘇按察使裕謙查得昭文縣事
主張接三行舟被搶壹案疎防例限肆箇月應
以道光拾肆年拾月拾伍失事之日起扣至拾
伍年貳月拾伍日屆滿贓匪無獲所有文職疎
防職名印官係昭文縣知縣張綬組捕官係昭
文縣白茆司巡檢林懷光督捕係不同城蘇州
府總捕同知榮匯督緝係不同城前任蘇州府
知府汪忠增查汪忠增已於道光拾伍年正月

初伍日未經限滿之先護理蘇松道卸事應俟
回任接扣限滿再行詳參前署府豫益暨代理
府周岱齡均係接督辦之員例無處分相應聲
明伏候核參再查此案離城汛里數未據聲明
現飭查明另詳合并聲明等情到臣據此該臣
查得昭文縣事主張掖三行舟被搶壹案疏防
例限肆箇月應以道光拾肆年拾月拾伍失事
之日起扣至拾伍年貳月拾伍日屆滿贓匪無
獲開列疏防職名請參前來除飭勒緝贓匪務
獲究報並飭取兼轄職名另咨外所有文職疏
防職名印官係昭文縣知縣張綬組捕官係昭
文縣白茆司巡檢林觀光督捕係不同城蘇州

府總捕同知榮堃督緝係不同城前任蘇州府
知府汪忠增查汪忠增已於道光拾伍年正月
初伍日未經限滿之先護理蘇松道卸事應俟
回任接扣限滿另行咨參前署府孫益暨代理
府周岱齡均係接督緝之員例無處分相應聲
明列參再查此案離城汛里數未據聲明現飭
查明另咨合并陳明臣謹具
題伏乞
皇上聖鑒敕部議覆施行謹題請
旨

道光……
……地方提督軍務總理糧儲臣林則徐

兵部侍郎兼都察院右副都御史巡撫江蘇等處地方提督軍務總理糧儲臣林則徐謹
題為詳參疎防文職事該臣查得昭文縣事主張
接三行舟被搶壹案疎防例限肆箇月應以道
光拾肆年拾月拾伍失事之日起扣至拾伍年
貳月拾伍日屆滿贓匪無獲開列疎防職名請
參前來除飭勒緝贓匪務獲究報並飭取革職
職名另咨外所有文職疎防職名印官係昭文
縣知縣張綬組捕官係昭文縣白茆司巡檢林
觀光督捕係不同城蘇州府總捕同知榮匯督
緝係不同城前任蘇州府知府汪忠增相應列
參謹題請
旨

江蘇巡撫林則徐題本　**題參前任宜興縣知縣錢燕桂等疎防停船被竊限滿贓犯無獲**

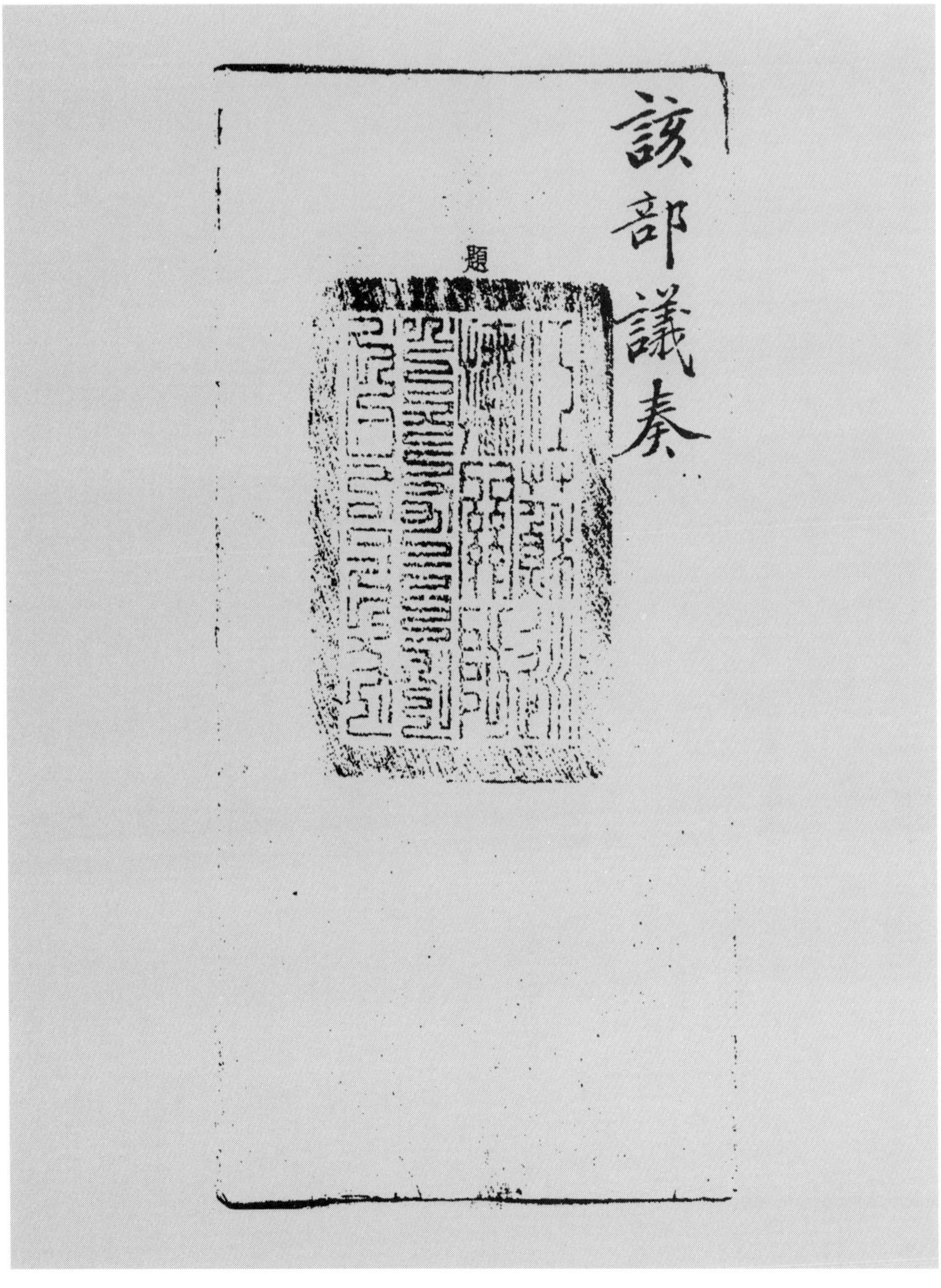
該部議奏
題

江蘇巡撫林則徐題本　題參前任宜興縣知縣錢燕桂等疎防停船被竊限滿贓犯無獲
道光十五年七月初一日

兵部侍郎兼都察院右副都御史巡撫江蘇等處地方提督軍務總理糧儲臣林則徐謹
題爲詳參疎防文職事。據江蘇按察使裕謙詳稱
據常州府知府汪河詳據署宜興縣知縣何森
林詳稱查核管卷内道光拾肆年拾貳月初捌
日據客民徐大坤呈稱船載黄豆至宜興交卸
拾貳月初陸日船泊黄木橋地方叁更時分被
賊上船穵進後艙竊去銀洋衣物身父徐永泰
船夥張三覷驚覺喊捕均被毆傷賊遺棉襖氈
帽而逸等情到縣當經前縣錢燕桂會營前詣
勘得該處離城貳拾柒里離汛柒里並無墩鋪
防兵該河南通運河北通溧邑查驗事主箱隻
有撬損形跡勘畢飭仵驗得徐永泰右臂有木

器傷壹處張三觀左眉有刀傷壹處塡單附卷
飭醫調治提訊事主地保人等供與報詞無異
傳牙估計失贓値銀壹百玖拾壹兩陸錢零造
册通詳奉批緝參茲查疎防限屆贓匪無獲合
將印捕各職名開報等情由府道遞開督捕督
緝兼轄各職名前來除批飭勒緝贓賊務獲究
報外該江蘇按察使裕謙查得此案疎防例限
肆箇月應以道光拾肆年拾貳月初陸失事之
日起扣至拾伍年肆月初陸日滿所有文職疎
防職名印官係前任宜興縣知縣錢燕桂捕官
係宜興縣鍾溪司巡檢孫逢瑞督捕係不同城
常州府總捕通判崔[illegible]督緝係不同城常州府

知府汪河兼轄係不同城分巡常鎮通海道李
彥章理合開報查印官錢燕桂已於拾伍年正
月拾柒日未經限滿之先丁憂卸事於正月貳
拾貳日奉委荊溪縣知縣洪玉珩兼理至正月
貳拾陸日卸事計接緝不及壹月例得免議甲
職何森林是日到任係再接緝之員例無處分
合并聲明伏候核示再事主傷痕曾否平復未
據聲叙現飭查明申覆核辦合并聲明等情到
臣據此該臣查得宜興縣客民徐大坤停船被
竊拒捕致傷壹案疏防例限肆個月應以道光
拾肆年拾貳月初陸失事之日起扣至拾伍年
肆月初陸日滿迄今限屆贓賊無獲開列疏防

職名請參前來除飭勒緝贓賊務獲究報外所
有文職疎防職名印官係前任宜興縣知縣錢
燕桂捕官係宜興縣鍾溪司巡檢孫逢瑞督捕
係不同城常州府總捕通判崔萼督緝係不同
城常州府知府汪河兼轄係不同城分巡常鎮
通海道李彥章相應列參聽候部議查印官錢
燕桂已於拾伍年正月拾柒日未經限滿之先
丁憂卸事於正月貳拾貳日飭委荆溪縣知縣
洪玉珩兼理至正月貳拾陸日卸事計接緝不
及壹月例得免議該縣何森林是日到任係再
接緝之員例無處分至事主得贓曾否平復飭
查另咨合併陳明臣謹具

江蘇巡撫林則徐題本 題參前任宜興縣知縣錢燕桂等疎防停船被竊限滿贓犯無獲

道光十五年七月初一日

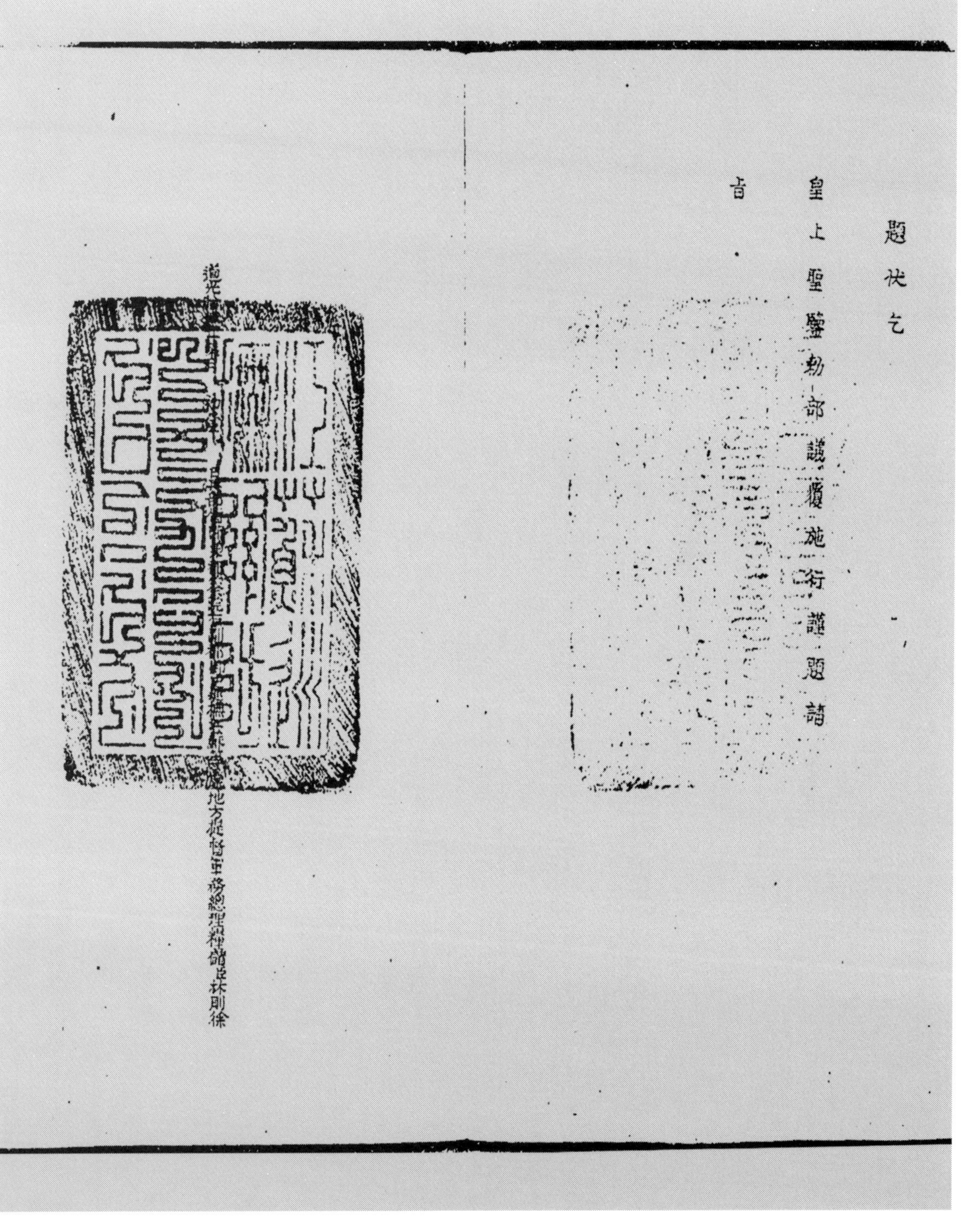

題伏乞

皇上聖鑒勅部議覆施行謹題請

旨

道光……地方提督軍務總理糧儲臣林則徐

兵部侍郎兼都察院右副都御史巡撫江蘇等處地方提督軍務總理糧儲臣林則徐謹

題爲詳叅疏防文職事該臣查得宜興縣客民徐大坤停船被竊但捕致獲壹案疏防例限肆箇月應以道光拾肆年拾貳月初陸失事之日起扣至拾伍年肆月初陸日滿迄今限屆贓賊無獲開列疏防職名請叅前來除飭勒緝贓賊務獲究報外所有文職疏防職名印官係前任宜興縣知縣錢燕桂捕官係宜興縣鍾溪司巡檢孫逢瑞督捕係不同城常州府總捕通判崔萼督緝係不同城常州府知府汪河兼轄係不同城分巡常鎮通海道李彥章相應列叅謹題請

旨

江蘇巡撫林則徐題本

題報江蘇省道光十五年份夏麥收成分數

兵部侍郎兼都察院右副都御史巡撫江蘇等處地方提督軍務總理糧儲臣林則徐謹
題為恭報江蘇省道光拾伍年夏麥實收、分數仰
祈
聖鑒事據江寧布政使楊簧蘇州布政使陳鑾會詳
稱案奉行准廣西巡撫明山
奏准嗣後各省
題報收成分數總以幾分為率如有收成在幾分
幾釐者則將幾分有餘等因遵照在案所有道
光拾伍年夏收分數奉飭查報當即轉行各屬
確查去後今據江寧蘇州松江常州鎮江淮安
揚州徐州太倉海州通州拾壹府州屬并海門
廳先後詳報按照高低豐嗇將實在收成分數

江蘇巡撫林則徐題本 題報江蘇省道光十五年份夏麥收成分數
道光十五年七月初一日

造冊呈送到司查核道光拾伍年夏收分數上元縣柒分有餘江寧縣柒分有餘句容縣陸分有餘溧水縣捌分有餘高淳縣柒分有餘江浦縣柒分六合縣柒分有餘合計江寧府總柒分有餘山陽縣陸分有餘阜寧縣伍分有餘清河縣陸分有餘桃源縣伍分安東縣陸分有餘鹽城縣陸分有餘合計淮安府總伍分有餘高郵州柒分泰州捌分有餘東臺縣柒分有餘江都縣柒分有餘甘泉縣柒分有餘儀徵縣柒分有餘興化縣陸分有餘寶應縣柒分有餘合計揚州府總柒分有餘銅山縣陸分有餘豐縣伍分有餘沛縣伍分有餘蕭縣伍分碭山縣陸分有

餘邳州陸分有餘宿遷縣陸分有餘睢寧縣陸
分有餘合計徐州府總陸分有餘海州陸分有
餘沭陽縣柒分有餘贛榆縣陸分有餘合計海
州州總陸分有餘通州捌分有餘如皋縣玖分
泰興縣柒分有餘合計通州州總捌分有餘海
門廳捌分以上江寧淮安揚州徐州肆府海州
通州貳州屬幷海門廳道光拾伍年夏收分數
合計司總收成陸分有餘長洲縣捌分有餘元
和縣捌分有餘吳縣捌分有餘吳江縣柒分有
餘震澤縣柒分有餘常熟縣柒分有餘昭文縣
柒分有餘崑山縣捌分有餘新陽縣陸分有餘
太湖廳捌分合計蘇州府總柒分有餘華亭縣

柒分有餘奉賢縣捌分有餘婁縣柒分有餘金
山縣捌分有餘上海縣柒分有餘南匯縣陸分
有餘青浦縣柒分有餘川沙廳捌分合計松江
府總柒分有餘武進縣捌分陽湖縣捌分無錫
縣玖分金匱縣玖分江陰縣捌分宜興縣捌分
荆溪縣捌分靖江縣捌分合計常州府總捌分
有餘丹徒縣柒分有餘丹陽縣捌分金壇縣捌
分有餘溧陽縣柒分有餘合計鎮江府總柒分
有餘太倉州柒分鎮洋縣柒分嘉定縣柒分有
餘寶山縣捌分有餘崇明縣捌分有餘合計太
倉州州總柒分有餘以上蘇州松江常州鎮江
太倉伍府州屬并太湖川沙貳廳道光拾伍年

夏收分數合計司總收成柒分有餘通共合計
江蘇省總收成柒分有餘相應會詳伏候具
題再海州沭陽兩州縣減則田地計海州收成叁
分沭陽縣收成肆分有餘大糧田地高低牽算
海州收成陸分有餘沭陽縣收成柒分有餘現
在彙總開報合并聲請附
題并請將省總收成分數咨明浙江安徽河南山
東江西鄰省查照至蘇州等捌衛及歸并衛所
田地本年夏收分數業已照例附入坐落州縣
額田數內彙報再浙省鹽場坐落江省松江府
屬之横浦等柒場與縣田犬牙相錯兩淮鹽場
竈地亦係州縣竝轄收成分數即在坐落各州

縣之內合並聲明等情據此該臣查得道光拾
伍年夏麥實收分數案經檄飭查報去後茲據
江寧布政使楊簧蘇州布政使陳鑾會詳稱行
據江寧蘇州松江常州鎮江淮安揚州徐州太
倉海州通州拾壹府州屬并海門廳先後詳報
到司查核道光拾伍年麥收分數溧水縣捌分
有餘上元江寧高淳六合肆縣各柒分有餘江
浦縣柒分句容縣陸分有餘合計江寧府總柒
分有餘山陽清河安東鹽城肆縣各陸分有餘
阜寧縣伍分有餘桃源縣伍分合計淮安府總
伍分有餘泰州捌分有餘東臺江都甘泉儀徵
寶應伍縣各柒分有餘高郵州柒分興化縣陸

分有餘合計揚州府總柒分有餘銅山邳
州宿遷睢寧伍州縣各陸分有餘豐縣沛縣各
伍分有餘蕭縣伍分合計徐州府總陸分有餘
沭陽縣柒分有餘海州贛榆貳州縣各陸分有
餘合計海州州總陸分有餘如臯縣玖分通州
捌分有餘泰興縣柒分有餘合計通州州總捌
分有餘海門廳捌分以上江寧淮安揚州徐州
海州通州陸府州屬并海門廳合計司總陸分
有餘長洲元和吳縣崑山肆縣各捌分有餘太
湖廳捌分吳江震澤常熟昭文肆縣各柒分有
餘新陽縣陸分有餘合計蘇州府總柒分有餘
奉賢金山婁縣各捌分有餘川沙廳捌分華亭

安縣上海青浦華縣各柒分有餘南匯縣陸分
有餘合計松江府總柒分有餘無錫金匱貳縣
各玖分武進陽湖江陰宜興荆溪靖江陸縣各
捌分合計常州府總捌分有餘金壇縣捌分有
餘丹陽縣捌分丹徒溧陽貳縣各柒分有餘合
計鎮江府總柒分有餘寶山崇明貳縣各捌分
有餘嘉定縣柒分有餘太倉鎮洋貳州縣各柒
分合計太倉州州總柒分有餘以上蘇州松江
常州鎮江太倉伍府州屬合計司總柒分有餘
通共合計江蘇省總收成柒分有餘相應會詳
具
題
再海州沭陽貳州縣減則及大糧田地現在彙

總開報應請附
題并請將省總收成分數咨明鄰省查照至蘇州
等捌衛及歸并衛所田地本年夏收分數業已
照例附入各州縣額田數內彙報又鹽場竈地
收成分數即在坐落各州縣之內等情前來臣
覆核無異謹會同兩江總督臣陶澍合詞具
題伏乞
皇上聖鑒勅部查照施行謹具題
請

江蘇巡撫林則徐題本　題報江蘇省道光十五年份夏麥收成分數
道光十五年七月初一日

兵部侍郎兼都察院右副都御史巡撫江蘇等處地方提督軍務總理糧儲臣林則徐謹
題爲恭報江蘇省道光拾伍年夏麥實收分數仰祈
聖鑒事該臣查得道光拾伍年夏麥實收分數案經
設飭查報茲據江寧布政使楊簧蘇州布政使
陳鑾會詳稱行據江寧蘇州松江常州鎮江淮
安揚州徐州太倉海州通州拾壹府州屬并海
門廳先後詳報到司查核道光拾伍年麥收分
數江寧淮安揚州徐州海州通州陸府州屬并
海門廳合計司總陸分有餘蘇州松江常州鎮
江太倉伍府州屬合計司總柒分有餘通共合
計江蘇省總收成柒分有餘會詳具
題前來臣覆核無異謹會具題
聞

江蘇巡撫林則徐奏摺

江蘇省道光十四年份徵收新舊地丁錢糧比較完欠分數

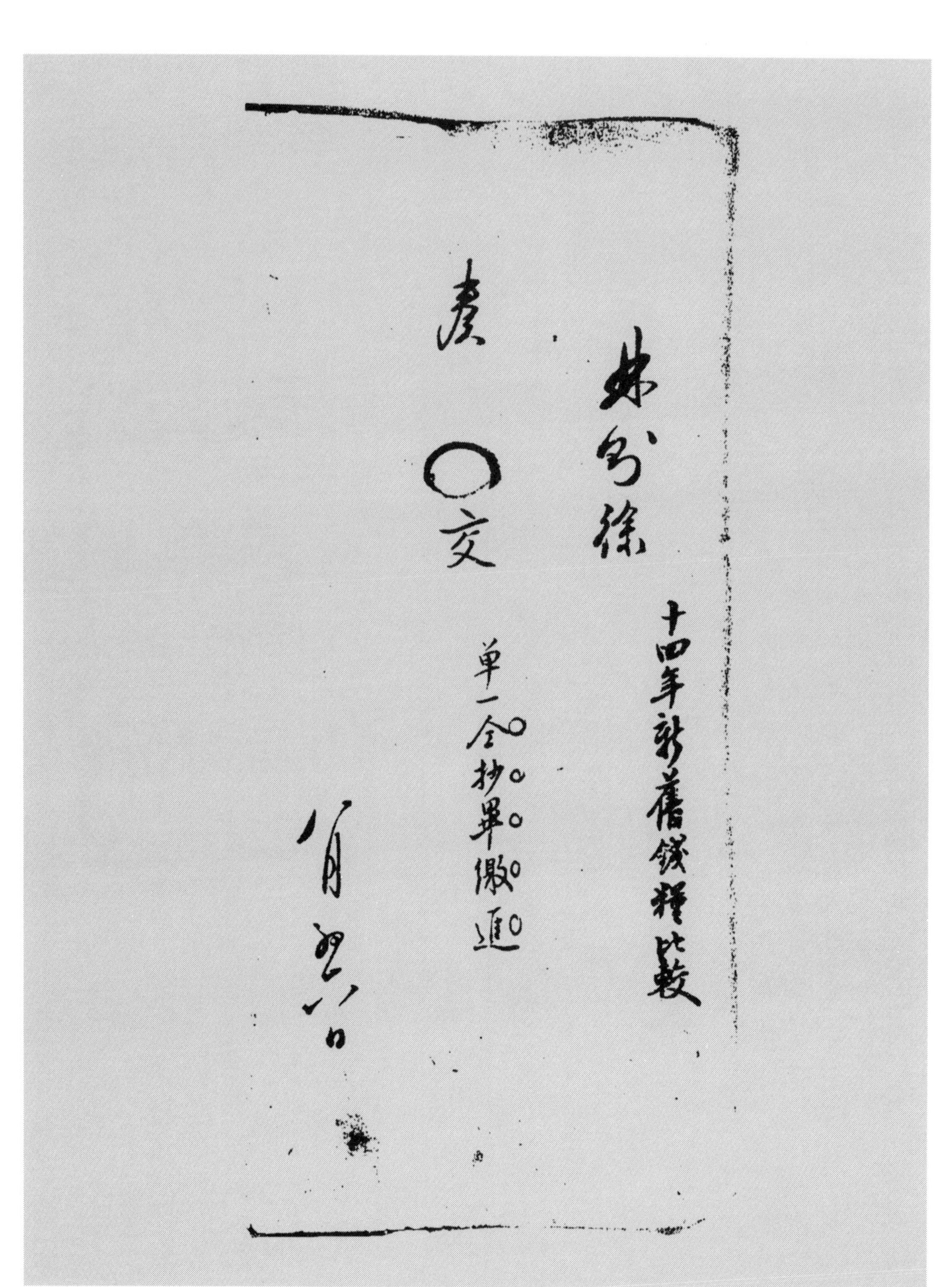

林則徐

十四年新舊錢糧比較

單一全抄畢徼進

奏 ○交

江蘇巡撫臣林則徐跪

奏爲查明江蘇省道光十四年地丁奏銷蘇屬

司屬新賦全完無庸比較其江寧司屬新舊漕

糧併蘇屬舊賦比較上三年完欠分數循例奏祈

聖鑒事竊照道光六年准戶部咨各直省徵收新舊正

雜比較分數自道光五年爲始均于奏銷截數後

開單奏報並須請旨議敘等因歷經飭令江蘇兩

藩司遵照辦理在案茲屆道光十四年奏銷之期據

江寧布政使楊簧詳稱江淮等屬道光十四年奏

銷冊報額徵地丁銀兩除因災緩徵及各屬經支

給各工存等款外應徵銀五十九萬四千八百七兩

零截至道光十五年六月底止已完解司銀五十四

萬五百六兩零未完銀五萬四千三百一兩零比較道光
十一年計已屆多完一厘比較道光十二年計已屆多
完三厘比較道光十三年計今屆多完三厘　又舊賦項
下奉徵本年舊欠銀一十四萬三千八百九兩零內已完
銀六萬三千七百三十六兩零未完銀八萬七十三兩零
計今屆共完六釐比較道光十三年
比較道光十一年計已屆多完一分比較道光十三年
計已屆多完一分四厘　又據蘇州布政使陳鑾詳稱
蘇松等屬道光十四年應徵地丁銀兩除各
屬攤補經支及勘不成災緩徵捐墊蠲緩經緩
備荒草豆銀支解部撥給存動款外實應徵銀一
百一十一萬八千六百零七兩零截至道光十五年五月
底止業已十分全完毋庸比較分數　又舊賦項下

江蘇巡撫林則徐奏摺 江蘇省道光十四年份徵收新舊地丁錢糧比較完欠分數 道光十五年七月十八日

道光十四年分應徵各年積欠正雜內除應住丹徒
縣王葉氏款又金山縣參案全廢封岐銅款應追並
丹陽縣匠潘惠全侵虧應歸原卸人員追賠及撥
入三次清查待補借用款後徵者未屆限啟徵等款
外實應徵銀七十九萬三千六百七兩零截至本年
五月底止已完解司銀三十三萬九千五百二十四兩
零未完銀四十五萬四千八十二兩零比較道光十一年
計今屆多完一分比較道光十二年計今屆少完一
分五厘比較道光十三年計今屆少完七厘均照題
參式樣將新舊丁糧按年覈明已未完數開列
比較分數清單詳請具
奏前來臣查江蘇丁糧繁重民力本疲自頻年

荒歉以來催征尤為匪易臣督同兩藩司嚴飭各
屬設法催出並隨時按限查提總期新賦先輸
起色年勝一年即舊欠漸可減少本屆江寧
司屬完解新賦比較前三屆均屬有盈無絀該司
糧道督飭催提亦已不遺餘力而蘇藩司陳鑾在
任三年之內兩年新賦皆收全完尤為前此所無
是其督辦認真已臻成效此後年成屢稔
民力漸舒應可年清年款除再分飭兩藩
司將未完之兩屆督各屬實力征解不任延欠並
今年查款落岸根逐加確核如有短數參差
即行從嚴參辦仍將本屆完欠各數造冊咨
部查核外相應恭摺具

奏併另繕清單恭呈
御覽伏乞
皇上聖鑒謹
奏
道光十五年八月初六日奉
硃批戶部知道單併發欽此
七月十八日

江蘇巡撫林則徐清單　**江蘇省道光十四年份徵收新舊地丁錢糧比較上三年完解分數清單**

清單

謹將江蘇省道光十四年分徵收新舊錢糧比較上三年完解分數繕具清單恭呈

御覽

計開

江寧藩司屬

新賦項下道光十四年奏銷冊報

道光十四年額徵地丁銀七十二萬一千六十七兩零內除江寧府屬江浦縣道光十三年災户溢完災蠲流抵道光十四年新賦銀九兩零實徵銀七十二萬一千五十八兩零內除各屬徑支祭品工食等銀五千一百八十四兩零江寧淮安揚州徐州

海州五府州屬並海門廳勘不成災緩徵
減則緩徵及徐州府屬奏明熟田緩徵通
州屬坍江停緩共銀一十二萬一千六十
六兩零實應徵完解訖地丁銀五十九萬
四千八百七兩零

截至道光十五年六月底止

已完銀五十四萬五百六兩零內
一造入道光十四年秋撥估餉咨部冊內報
完銀六萬七百一十四兩零
一造入道光十四年歲撥估餉咨部冊內報
完銀二萬四千三百六十八兩零
一造入道光十五年春撥估餉咨部冊內報

完銀二十二萬六千五百五十八兩零
一存候造入道光十五年秋撥估餉洛部册
内報完銀一十一萬三千六百三十一兩零
一造入道光十四年奏銷册内撥用銀一十
一萬五千二百三十三兩零
未完銀五萬四千三百一兩零
已完九分一釐
未完九釐
比較道光十一年分額徵地丁除該年災田
蠲剩及勘不成災緩徵等款外實應徵銀
三十六萬九千三百九兩零
截至道光十二年六月底止

已完九分銀三十三萬一千八百五十七兩零

未完一分銀三萬七千四百五十一兩零

計今屆已完分數比較道光十一年多完一釐

比較道光十二年分額徵地丁除該年災田

蠲剩及勘不成災緩徵等款外實應徵銀

四十萬五千六百一十六兩零

截至道光十三年六月底止

已完八分八釐銀三十五萬六千四百一十

五兩零

未完一分二釐銀四萬九千二百一兩零

計今屆已完分數比較道光十二年多完三釐

比較道光十三年分額徵地丁除該年災田

蠲剩及勘不成災緩徵等款外實應徵銀
五十萬五千三百三十四兩零
截至道光十四年六月底止
已完八分八釐銀四十四萬一千七百三十兩零
未完一分二釐銀六萬三千六百四兩零
計今届已完分數比較道光十三年多完三釐
舊賦項下
道光十四年應徵道光元二三四五六七八
九十十一十二十三並嘉慶二十三四五
等年帶徵節年舊欠地丁銀二百七十二
萬一千六百九十二兩零内除各屬尚未
啓徵銀二百五十七萬七千八百八十三

兩零實應徵銀一十四萬三千八百九兩零

截至道光十五年六月底止

已完銀六萬三千七百三十六兩零內

一造入道光十四年歲撥估餉咨部冊內報

完銀一萬二千四百二十一兩零

一造入道光十五年春撥估餉咨部冊內報

完銀一萬九千六百二十四兩零

一存候造入道光十五年秋撥估餉咨部冊

內報完銀三萬一千六百九十兩零

未完銀八萬七十二兩零

已完四分五釐

未完五分五釐

比較道光十一年應徵節年地丁銀一十萬
五千八百六十六兩零
截至道光十二年六月底止
已完五分三釐銀五萬五千四百六十七兩零
未完四分七釐銀五萬三百九十九兩零
計今屆已完分數比較道光十一年少完八釐
比較道光十二年應徵節年地丁銀一十四
萬三千三百一十八兩零
截至道光十三年六月底止
已完三分五釐銀四萬九千四百九十一兩零
未完六分五釐銀九萬三千八百二十七兩零
計今屆已完分數比較道光十二年多完一分

比較道光十三年應徵節年地丁銀一十一
　萬六千六百八十二兩零
截至道光十四年六月底止
已完三分一釐銀三萬六千四百七十七兩零
未完六分九釐銀八萬二百五兩零
計今屆已完分數比較道光十三年多完一分
　四釐
蘇藩司屬
新賦項下道光十四年奏銷册報
道光十四年額徵地丁銀一百二十九萬一
　千七百一十九兩零内除各屬徑支祭品
開淺夫工食老荒役食撥補缺額鹽課驛

站荒缺不敷京口八旗新增廪膳等銀五
千三十五兩零常熟昭文崑山新陽上海
南滙青浦川沙溧陽太倉鎮洋崇明等州
廳縣道光十四年秋禾木棉被歉勘不成
災緩徵銀四萬九千一百三十七兩零金
壇溧陽二縣道光十四年二麥歉收坐落
歉區遞緩銀二萬三千三百一十七兩零
又長洲元和吴縣吴江震澤常熟崑山奉
賢南滙青浦川沙靖江丹徒等廳縣道光
十三年秋收被歉遞緩新賦及無錫江陰
宜興荆溪等縣普緩道光十三年漕糧案
内遞緩道光十四年上忙新賦共銀九萬

六百九十一兩零又婁縣丹徒鎮洋嘉定
等縣捐置義塚并坍荒減則挖廢等項田
地註緩候豁銀二百七十兩零實應徵完
解司地丁銀一百一十二萬三千二百六
十七兩零
截至道光十五年五月底止
全完熟田地丁并災户預完緩徵銀一百一
十一萬八千六百二十七兩零内
一造入道光十四年秋撥估餉咨部冊内報
完銀一十六萬四千六十二兩零
一造入道光十四年歲撥估餉咨部冊内報
完銀一萬六千七百兩

一造入道光十五年春撥估餉咨部冊內報完銀四十一萬二千七百二十五兩零
一存候造入道光十五年秋撥估餉咨部冊內報完銀五十二萬五千一百三十九兩零
已完未解司松江府屬婁縣參革知縣郭鍈徵存動缺銀四千六百四十兩零
全完十分
未完無項查歷屆惟道光十二年及本年全完毋庸比較
舊賦項下
道光十四年應徵道光元二三四五六七八九十十一十二十三等年并嘉慶二十三四五等年帶徵積年舊欠地丁銀一百五

十二萬三千一百八十三兩零內除前任丹徒縣王臺尉缺道光五年地丁各上司分賠尚未完繳銀五千三百五十八兩零又金山縣參革知縣蔣封岐動缺道光十二年地丁應歸參案追完另結銀三千二百五十一兩零又丹陽縣銀匠潘惠令侵蝕條銀遞缺嘉慶二十三年地丁奉部駁歸原參人員追賠銀一千八百三十五兩零又報入三次清查待補銀三萬五千六百二十兩零又各屬因災緩徵并遞緩地丁尚未屆限銀六十八萬三千五百一十兩零實應徵銀七十九萬三千六百七兩零

截至道光十五年五月底止
已完銀三十三萬九千五百二十四兩零內
一造入道光十四年秋撥估餉咨部冊內報
完銀三十二萬三千三百五十兩零
一造入道光十四年歲撥估餉咨部冊內報
完銀七千四百一十六兩零
一造入道光十五年春撥估餉咨部冊內報
完銀一千兩
一存候造入道光十五年秋撥估餉咨部冊
內報完銀七千七百五十七兩零
未完銀四十五萬四千八百十二兩零
已完四分三釐

未完五分七釐

比較道光十一年應徵積年地丁銀六十一萬三千二百三兩零

截至道光十二年五月底止

已完五分三釐銀三十二萬四千四百四十七兩零

未完四分七釐銀二十八萬八千七百五十五兩零

計今屆已完分數比較道光十一年少完一分

比較道光十二年應徵積年地丁銀七十萬七千四百二十兩零

截至道光十三年五月底止

已完五分八釐銀四十萬七千六百六十三
兩零
未完四分二釐銀二十九萬九千七百五十
七兩零
計今屆已完分數比較道光十二年少完一
分五釐
比較道光十三年應徵積年地丁銀七十二
萬八千六百六十兩零
截至道光十四年五月底止
已完五分銀三十六萬二千八百四十一兩零
未完五分銀三十六萬五千八百一十九兩零
計今屆已完分數比較道光十三年少完七釐

覽

江蘇巡撫林則徐奏摺　辦解顏料棉布部價不敷動支耗羡銀兩

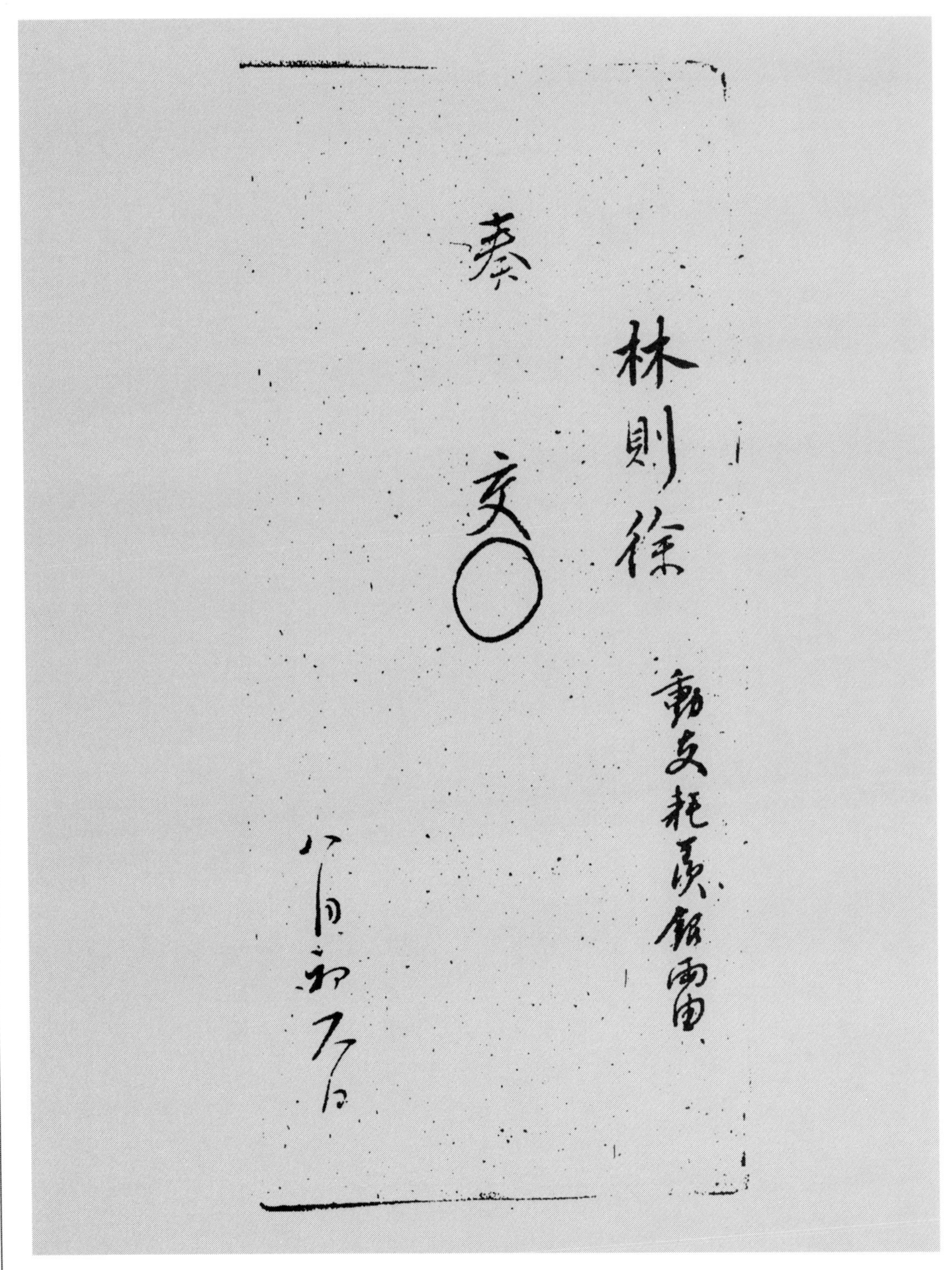
奏
林則徐
交
動支耗羡銀兩
八月初六日

江蘇巡撫林則徐奏摺　辦解顏料棉布部價不敷動支耗羡銀兩
道光十五年七月十八日

江蘇巡撫林則徐奏摺 辦解顏料棉布部價不敷動支耗羨銀兩

道光十五年七月十八日

江蘇巡撫臣林則徐跪
奏為辦解顏料棉布部價不敷動支耗羨銀
兩循例恭摺
奏
聞事竊照定例動用耗羨銀在五百兩以上
者應隨時具
奏今據蘇州布政使陳鑾詳稱江蘇省辦解
顏料棉布原編部價不敷例動耗
羨協貼所有道光十三年分額辦滿洲桐油
明礬燈草竣草辦黃熟銅銀硃加辦明
礬燈草等料共需價銀一萬四千七百九十一
兩零除動支原編部價外應協貼銀八千四
百六十九兩零五厘給發[illegible]銀一千三百一十八

兩零除動支原編腳費外應找貼銀一千五百一
十一兩零又解部飯食銀一千一百六十
九兩零又道光九年起辦棉布二萬六千
三百六十七疋共需例價銀一萬三千五百八
十三兩零除動支原編部價外應找貼銀
五千四百八十三兩零均於耗羨銀內動支
給解又應解棉布部飯銀大使廳飯食共
銀二千二百一十八兩零亦於耗羨項下
動解茲據造冊詳請具
奏前來臣覆核無異除分案造冊咨送戶部
外合將顏料棉布找貼動支耗羨銀數緣由
循例恭摺具

奏伏乞
皇上聖鑒
敕部查照施行謹
奏
道光十五年八月初八日奉
硃批户部知道欽此
七月十八日

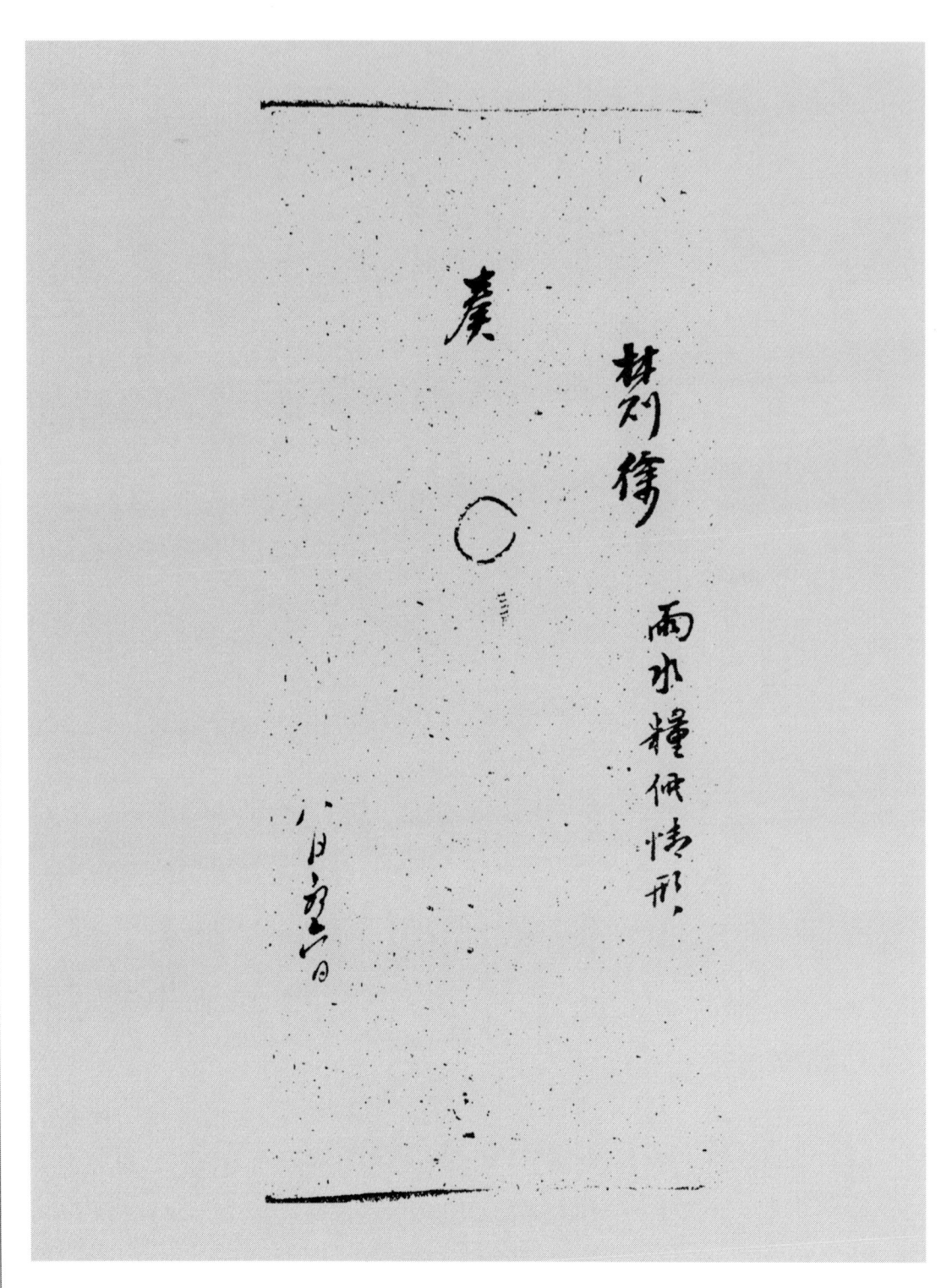

江蘇巡撫林則徐奏摺

江蘇省道光十五年閏六月份雨水糧價情形

林則徐

雨水糧價情形

奏

八月初二日

江蘇巡撫林則徐奏摺　江蘇省道光十五年閏六月份雨水糧價情形　道光十五年七月十八日

江蘇巡撫臣林則徐跪

奏為恭報閏六月分雨水糧價情形仰祈

聖鑒事竊照江蘇省本年閏六月分雨水田禾糧價情形

緣恭摺

奏報在案嗣據各屬先後稟報閏六月上旬初一二

三五七九中旬十一二三四五六七八九二十下旬二十

一二三五六七八九等日得雨一二三四寸至盈尺不

等江南各屬前因入夏以來亢旱日久田疇望

澤甚殷經臣率屬步禱閏六月中旬以前雖有

數次陣雨從未深透自閏六月二十五日以後連得

大雨七月初二三等日晝夜滂沱尤極優渥飭查

蘇松常鎮各屬均已普律深透除山田旱經受

旱未及插秧及已插而業經枯萎者不能概行挽
救者其平田禾稻前雖不免受傷而自此番連雨滋
培大有滋長之象似可轉歉為稔各處河道前皆
淺涸今兩次水長數尺船隻往來均已暢行無阻惟
七月初大雨之際風勢甚狂歷一晝夜之久始經歇
息木棉楊花結鈴多被吹壞此後如能暢晴晚
花尚冀旺盛至淮徐海各屬夏間屢雨本已
過多低窪之區驟難宣洩今復連日大雨積水
愈深一時不及疏消禾苗不無淹浸江以南秋旱
之處雖令補種襍糧將來收成亦難免乎歉薄
統俟體察確切勘明歸于秋收案內另行核
實分別辦理至蘇揚各屬年秋間有蝻孽萌生

江蘇巡撫林則徐奏摺 江蘇省道光十五年閏六月份雨水糧價情形

道光十五年七月十八日

隨時撲捕淨盡田禾均未傷損前准安徽山東來

咨該二省亦有蝗蝻萌動咨會防範前來臣復嚴飭

各屬于連界處所無不時職盡力搜查撲滅不致

滋蔓所有通省糧價蘇州松江淮安徐州海州暨

通州六府州屬尚俱平減常州等府屬亦有貴

賤餘與上月相同理合恭摺具

奏并繕閏六月下半價值單敬呈

御覽伏乞

皇上聖鑒謹

奏

道光十五年七月初六日

硃批知道了欽此

一三　江蘇巡撫林則徐奏摺　江蘇省道光十五年閏六月份雨水糧價情形

道光十五年七月十八日

七月十八日

江蘇巡撫林則徐奏片

奏報江蘇省道光十五年閏六月份收捐監生銀數

林則徐片

奏

監生

交

○

八月初一日

江蘇巡撫林則徐奏片 奏報江蘇省道光十五年閏六月份收捐監生銀數 道光十五年七月十八日

再江寧蘇州兩藩庫收捐監生銀數截至道
光十五年六月底業經附片具
奏在案查江寧藩庫自嘉慶五年至道光十五
年六月底共收捐監銀三百二十萬七千四百
三十二兩除節次撥解及提歸封貯外存銀二萬
九百七十二兩茲閏六月分又收捐監生二十名
計銀二千一百六十兩共存銀二萬三千一百三
十二兩又蘇州藩庫自嘉慶五年至道光十
五年六月底共收捐監銀四百九十二萬五千二
百五十兩除節次撥解及提歸封貯並請留
備用外存銀六千七百一十兩茲閏六月分又收
捐監生二十二名計銀二千三百七十六兩共存

江蘇巡撫林則徐奏片 奏報江蘇省道光十五年閏六月份收捐監生銀數

道光十五年七月十八日

銀九千八十六兩前准部咨收足十萬兩解部
俟收足萬兩歸補封貯此次江寧藩庫輪應
解部其餘蘇藩庫輪應歸補封貯俟收有成
數再另提歸撥解外理合附片陳明謹
奏
道光十五年八月初六日奉
硃批户部知道欽此

江蘇巡撫林則徐奏摺　**奏報起程監臨文闈日期**

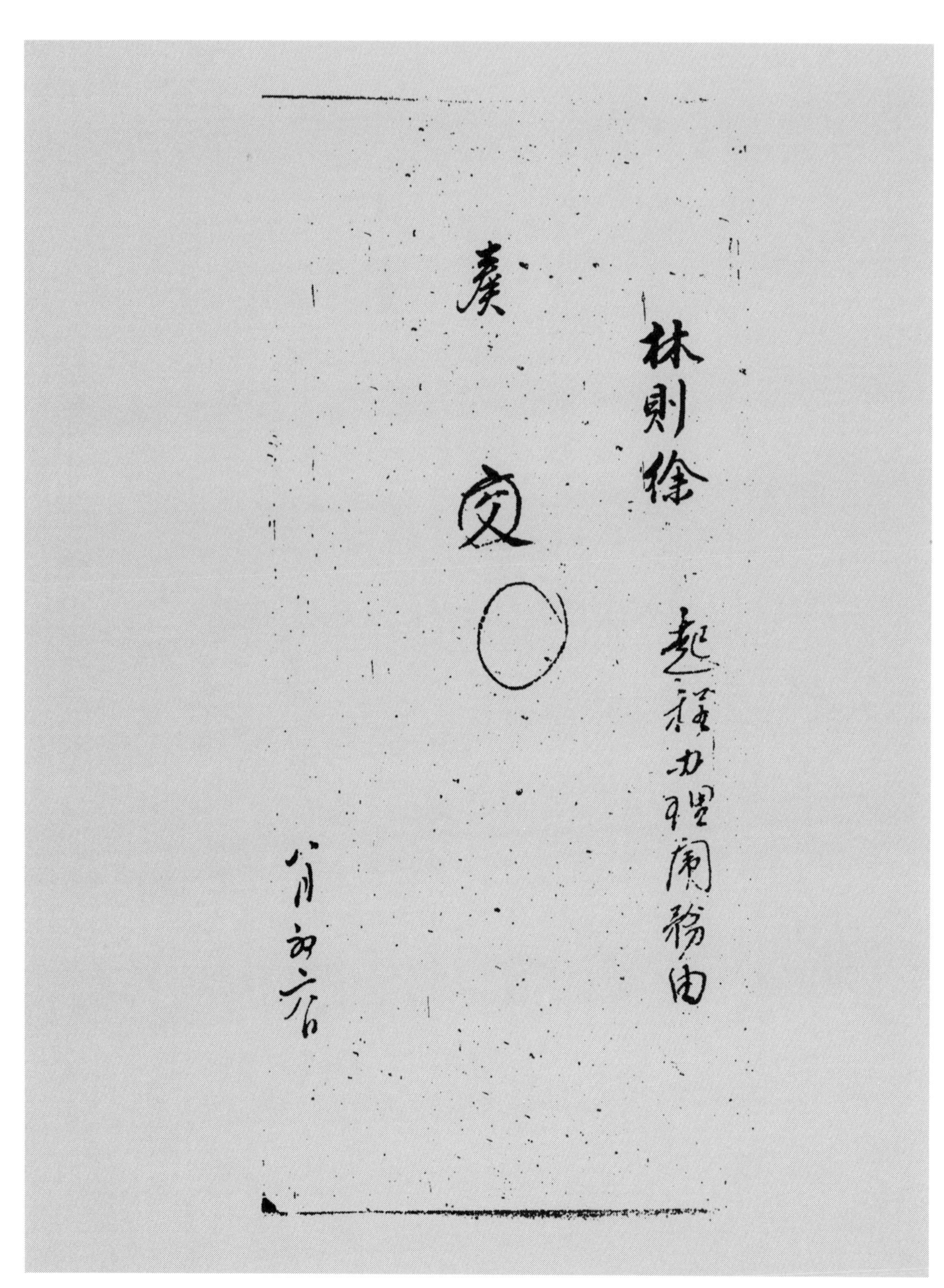

林則徐　起程办理闈務由

奏　交　○

八月初六日

江蘇巡撫林則徐奏摺　奏報起程監臨文闈日期
道光十五年七月十八日

江蘇巡撫臣林則徐跪

奏為監臨文闈事務恭報起程日期仰祈

聖鑒事竊照本年乙未

恩科江南鄉試臣奉

命監臨闈務所有一切事宜有不在蘇辦者已隨

續辦出若場前會考內外簾官等事自須先期

前往臣現將緊要案件趕緊清理于七月二十二日

自蘇州起程前往江寧道以本年經督率提調

監試各官詳慎辦理其衙門日行事件循

照向例委蘇州藩司陳鑾代拆代行臬司招

解命盜案件亦委藩司代勘發回以免積壓仍

由臣下別

題咨此外凡有緊要事件隨時包封送至行署覈辦

所有臣起程並到闈日期理合恭摺具

奏伏乞

皇上聖鑒謹

奏

道光十五年七月初六日奏

硃批知道了欽此

七月十八日

兩江總督陶澍江蘇巡撫林則徐奏摺

上海縣捐修城垣工竣請獎勵捐資出力官紳

陶澍

請鼓勵上海縣捐修城工出力官紳由

奏

隨旨交○

八月初六日

兩江總督陶澍江蘇巡撫林則徐奏摺　上海縣捐修城垣工竣請獎勵捐資出力官紳

道光十五年七月十八日

兩江總督臣陶澍跪
江蘇巡撫臣林則徐
奏為捐修上海縣城垣工竣，恭摺奏
聞，並懇將捐資出力之官紳懇
恩分別獎勵，仰祈
聖鑒事。竊照松江府屬之上海縣為江蘇海口要地，
時有洋船出入，商賈輻輳，市廛稠密，且係蘇
松太道駐劄之所，庫貯海關錢糧，尤為緊要。
該縣有城垣一座，周圍九里零，自前明嘉
靖年間已歷三百餘載，近來甚形坍損，
亟須大為興修。經臣等飭司委員勘明，
周圍城身多有傾圮陡裂之處，雉堞、砲
臺亦皆殘缺塌卸，覈計工料需費既
多，因值停修工程，未敢請動

緣頃兩海疆嚴邑保障攸資又不敢因循遷就當
於道光十三年秋修常熟昭文、南匯城工之後復令
前任蘇松太道吳其泰督同上海縣知縣潘倫
湛將上海城垣妥爲勸捐籌辦並於常昭城工
修竣摺內附陳
聖鑒在案旋據吳其泰潘倫湛爲倡捐廉銀一千
兩並勸諭紳商富戶協力捐輸即據該縣紳
士朱增譽毛振麟李湖王映瀅暨捐職楊右
業楊毓劉錫灃等設局勸捐集有成數復經
該道府督率同紳董周歷勘丈共應修築
城墙一千四百七十三丈八尺修建砲臺箭台
共四十三座估需工料銀三萬八千二百五十餘

兩由藩司陳鑾核明並無浮冒詳請照估具銷
於道光十三年七月二十日開工委員分段催辦於
通工一律完竣飭據該司陳鑾親往驗收逐段丈
量均屬堅固如式開摺呈覆並將捐輸銀數及
在工出力各員紳分別開摺詳請
奏咨獎勵前來臣等查此次捐輸共銀三萬八千餘
兩其捐戶內鹽課司提舉銜朱增壘捐銀五
千兩應選教諭毛振麟捐銀二千兩為數尤多
且在工出力應請將捐銀五千兩之提舉銜朱
增壘給與運同職銜其捐銀二千兩之應選教
諭毛振麟核與本班先用之例相符應請將
先選用又同知職銜李訓良捐銀三千兩八品頂

兩江總督陶澍江蘇巡撫林則徐奏摺 上海縣捐修城垣工竣請獎勵捐資出力官紳

道光十五年七月十八日

戴王惟澄捐銀一千兩均請交部從優議敘

又籍隸上海之候選布經歷劉錫恩捐銀

三百兩復經督勸捐輸巡查工段始終備極

耐辛勞請以千總儘先補用此外捐銀在一千

兩以下三百兩以上及未經捐銀而出力者均咨部

照例議敘以示鼓勵其在三百兩以下者由外

酌獎此外出力官紳內現經告病之前任蘇

松太道吳其泰首先捐銀一千兩暨籌畫辦倡

率有方但係卸事大員應否給予議敘之處伏候

聖裁上海縣知縣汪綸湛倡捐銀一千兩並勸捐三

萬餘兩始終籌辦督催克盡心力該員

曾經兩次卓異素著循聲上年捐賑案內

前以應升之缺升用，茲復捐辦城工，應援案仰懇
聖恩賞加知州銜。其委員內松江府經歷錢家驥、上
上海縣典史李仍業暨正司巡檢程法洙三
員均係在工督勸捐輸，稽查工段，頗係為力，不
辭勞瘁，均請以應升之缺升用。至此次工程督
率紳捐資承辦，並請免其造冊報銷。除將各
紳士履歷捐銀數目開摺咨送工二部外，
所有捐修城垣完竣緣由，臣等謹合詞恭摺具
奏，伏乞
皇上聖鑒訓示。謹
奏。
道光十五年八月初八日奉

硃批

欽此

七月十八日

江蘇巡撫林則徐題本　溧陽縣補徵道光十一年份緩漕米石全完題請開復知縣鄧秉乾

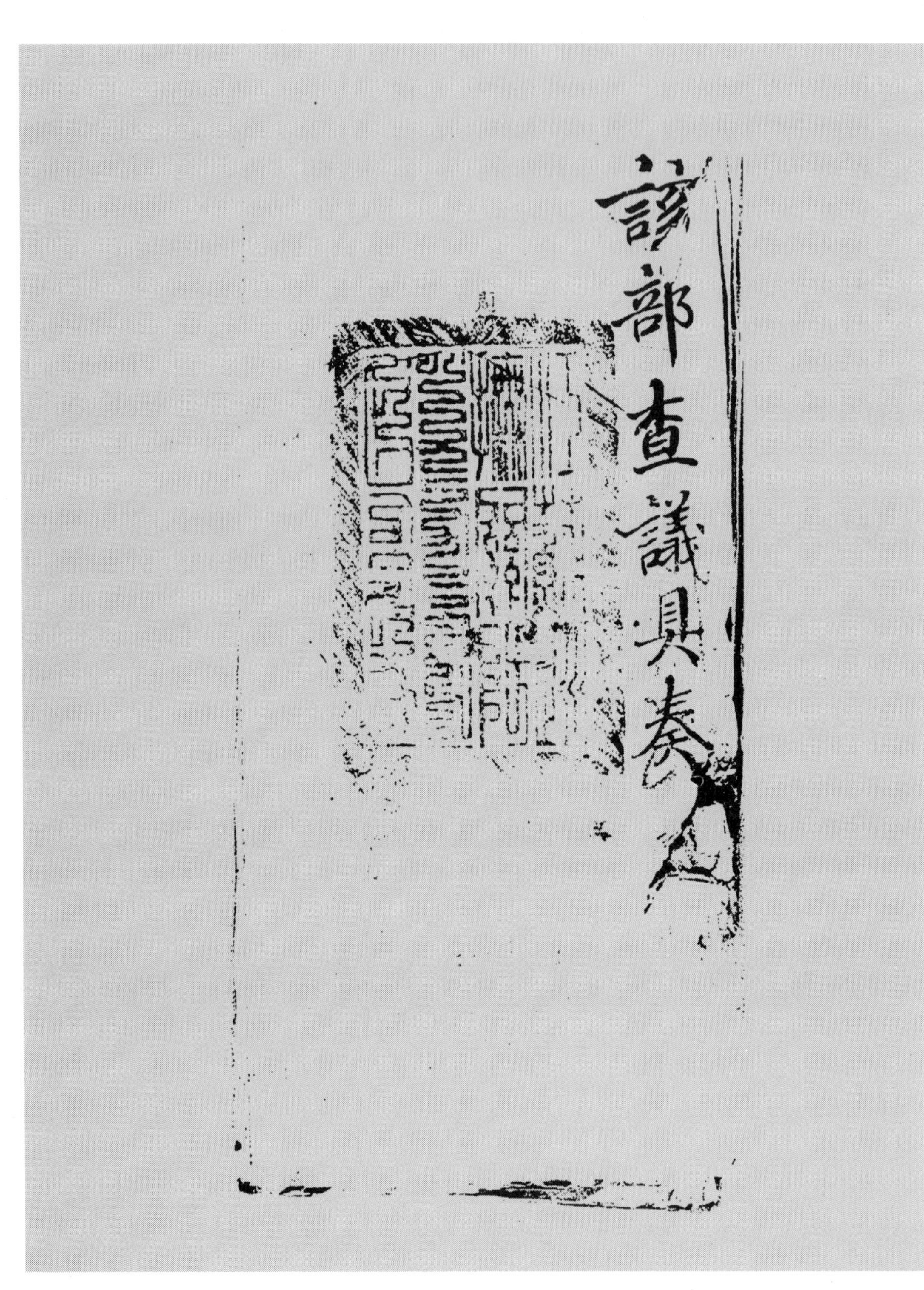

江蘇巡撫林則徐題本　溧陽縣補徵道光十一年份緩漕米石全完題請開復知縣鄧秉乾

道光十五年七月十八日

兵部侍郎兼都察院右副都御史巡撫江蘇等處地方提督軍務總理糧儲臣林則徐謹

題爲經徵緩漕照數全完

題請開復事據護理蘇松督糧道汪忠增詳稱竊

照蘇松等屬道光拾貳年冬應徵拾壹年分緩

漕初次年限案內溧陽縣未完正耗米肆百柒

拾肆石陸斗玖升玖合壹經開列經徵接

徵各官職名報參奉准部[illegible]未完不及壹

分之接徵知縣鄧秉乾停其陞轉罰俸壹年戴

罪徵收等因奉經移行遵照在案茲查溧陽縣

未完前項米石續據照數趕徵全完應於歷次

年限冊內造報所有原參部議未完不及壹分

之接徵知縣鄧秉乾停其陞轉罰俸壹年戴罪

江蘇巡撫林則徐題本　溧陽縣補徵道光十一年份緩漕米石全完題請開復知縣鄧秉乾

道光十五年七月十八日

徵收之案相應詳候具
題開復至該縣應完罰俸銀兩應聽藩司查扣造
報合並聲明等情據此該臣查得蘇松等屬道
光拾貳年冬應徵拾壹年緩漕初次年限案內
溧陽縣未完正耗米肆百柒拾肆石零先經開
列經徵接徵各官職名報參[illegible][illegible]部議未完不
及壹分之接徵知縣鄧秉乾停其陞轉罰俸壹
年戴罪徵收等因轉行遵照去後今據護理蘇
松督糧道汪忠增詳稱溧陽縣未完前項米石
續據照數趕徵全完應於叁次年限冊內造報
所有原參部議未完不及壹分之接徵知縣鄧
秉乾停其陞轉罰俸壹年戴罪徵收之案詳候

江蘇巡撫林則徐題本　溧陽縣補徵道光十一年份緩漕米石全完題請開復知縣鄧秉乾　道光十五年七月十八日

具
題開復并聲明該縣應完罰俸銀兩應聽藩司查
扣造報等情前來臣覆核無異相應具
題伏乞
皇上聖鑒勅部議覆施行謹題請
旨

江蘇巡撫林則徐題本　溧陽縣補徵道光十一年份緩漕米石全完題請開復知縣鄧秉乾

道光十五年七月十八日

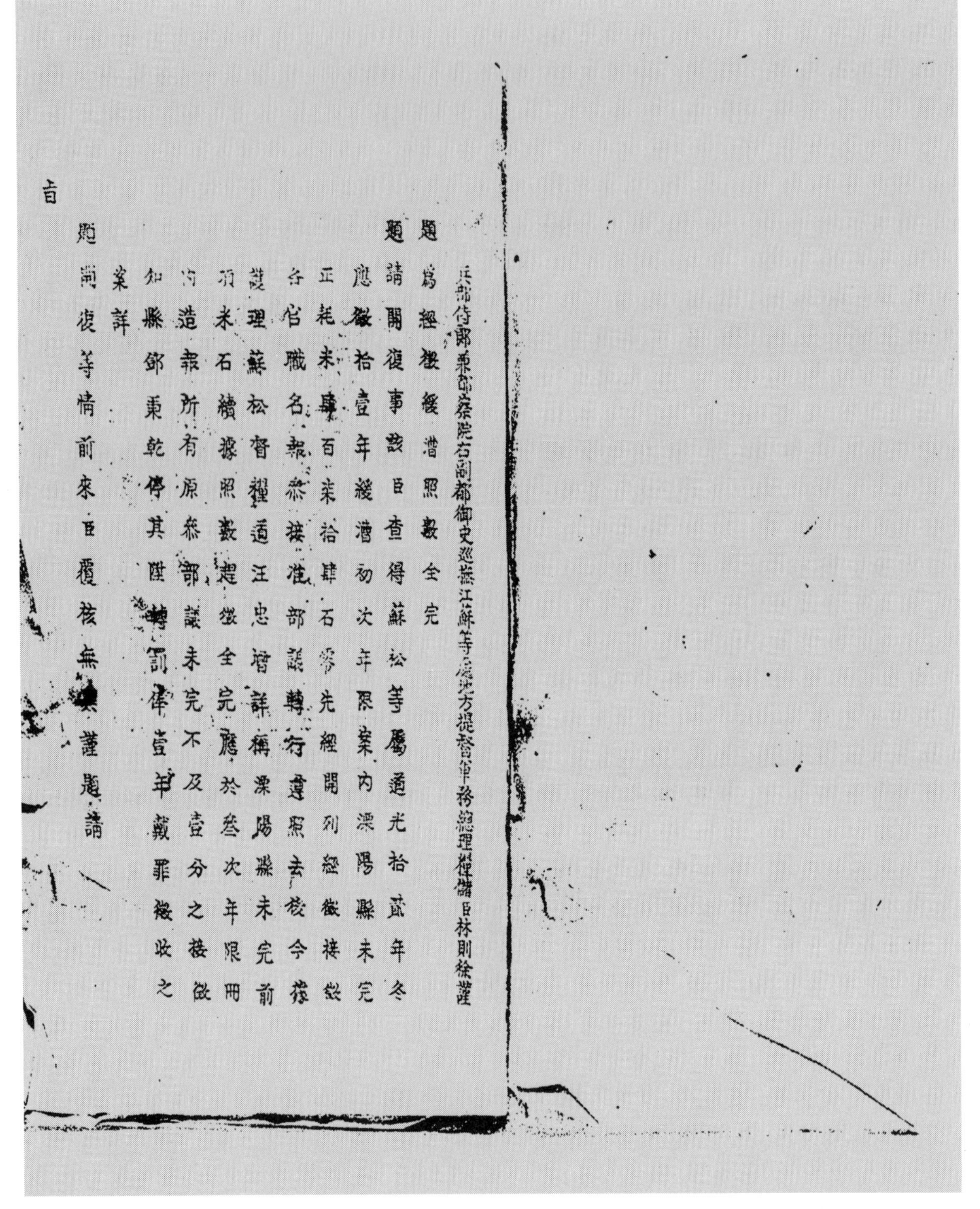

兵部侍郎兼都察院右副都御史巡撫江蘇等處地方提督軍務總理糧儲臣林則徐謹

題爲經徵緩漕照數全完

題請開復事竊臣查得蘇松等屬道光拾貳年冬

應徵拾壹年緩漕初次年限案內溧陽縣未完

正耗米壹百柒拾肆石零先經開列經徵接徵

各官職名報參接准部議轉行遵照去後今據

護理蘇松督糧道汪忠增詳稱溧陽縣未完前

項米石續據照數趕徵全完應於叁次年限冊

內造報所有原參部議未完不及壹分之接徵

知縣鄧秉乾停其陞轉罰俸壹年戴罪徵收之

案詳

題開復等情前來臣覆核無異謹題請

旨

江蘇巡撫林則徐題本 勘明丹徒縣坍荒減則田地題請照例豁減錢糧

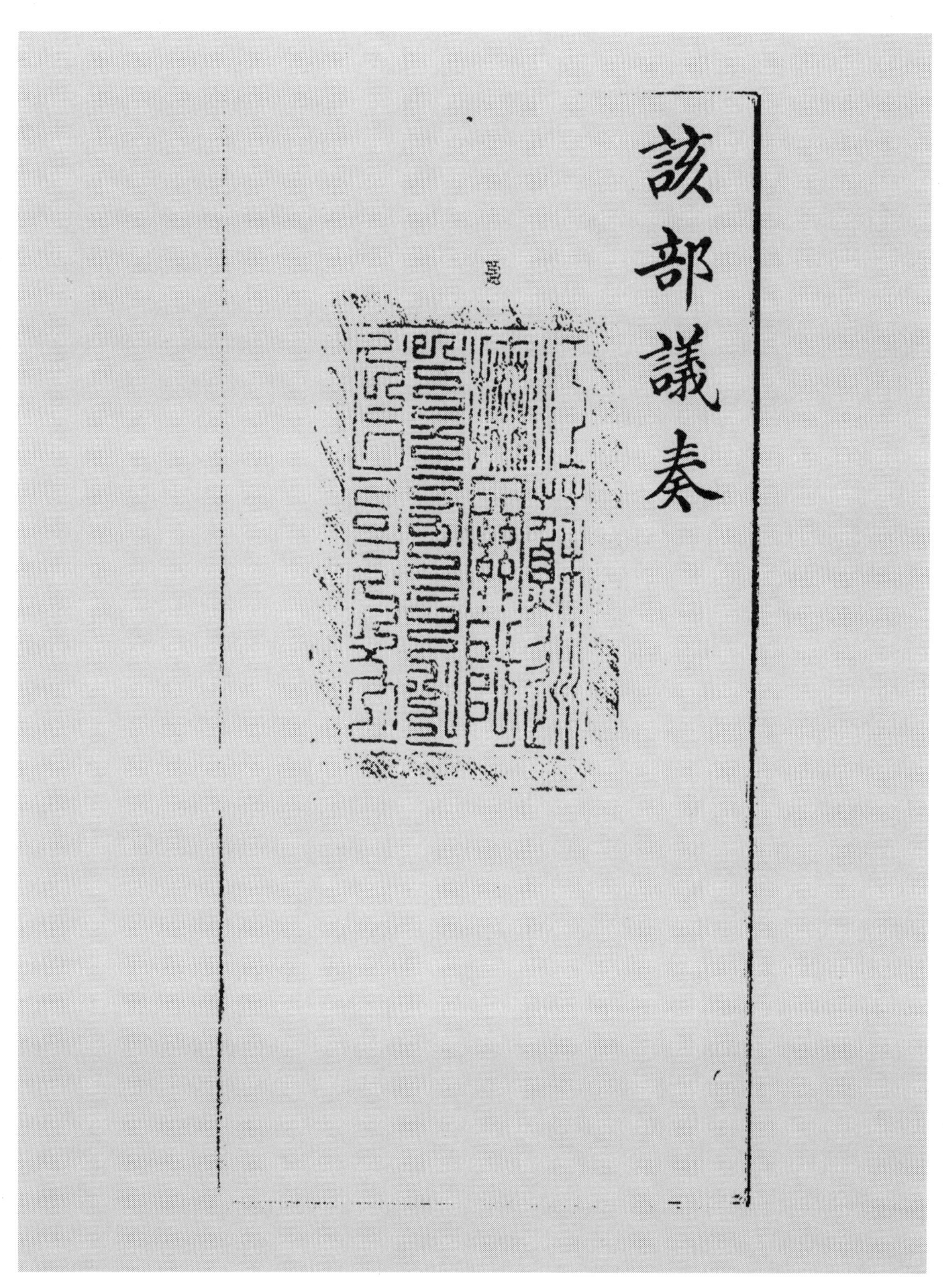
該部議奏

兵部侍郎兼都察院右副都御史巡撫江蘇等處地方提督軍務總理糧儲臣林則徐謹
題為清查坍除等事據蘇州布政使陳鑾詳稱案
據丹徒縣詳稱據東鄉業户郭明等呈稱執種
玖區吳沙叁圖拾區吳沙肆圖伍圖及拾壹區
貳叁等圖沙灘田地連年屢遭水患淹廢春麥
秋禾均無收割臨江田畝亦被冲坍情願循例
改蘆納稅叩勘詳豁等情當即帶同文書親詣
查丈計淹廢減則沙灘田玖頃貳拾肆畝玖分
叁釐又沙灘地被淹坍荒地貳拾貳畝玖分陸
釐緣該田坐落臨江正當圌山海口溜水及江
北開空新河水勢直冲被潮冲坍應請循例豁
糧并改則佈蘆等情到司當經批飭鎮江府委

一三 江蘇巡撫林則徐題本　勘明丹徒縣坍荒減則田地題請照例豁減錢糧　道光十五年七月十八日

具覆勘明確取造各冊結圖由府道覆勘加結
送司核轉去後茲據鎮江府移委鎮江府海防
同知祥齡會同丹徒縣知縣張寬培親詣逐一
履勘實係江水淹廢並無以少報多捏飾情事
加具勘結取造弓口斗則應豁應減銀米各冊
結圖由府覆勘加結到司並准常鎮道覆勘加
結移請核轉前來該蘇州布政使陳鑾查得江
蘇各屬沿江沿海濱臨湖河坍漲靡常新舊坍
荒漕田以及開河築堤等項公占田地并水冲
沙積荒廢山田例應地方官確切勘明造冊
題豁今丹徒縣勘報業戶郭明等豁減沙潮田地
改則肆拾柒畝捌分玖釐查豁減原科正銀壹

百貳拾玖兩玖錢叁分叁釐米壹百肆拾肆石
陸斗叁合伍勺遇閏加編銀壹兩捌錢陸分叁
釐米陸升叁勺內坍沒沙潮田應徵銀米照額
豁免并減則沙灘地應減外實改則佈蘆應徵
正銀陸拾叁兩捌錢肆分柒釐米柒拾石伍斗
柒升貳勺遇閏加編銀玖錢壹分玖釐米貳升
玖合肆勺既據該管道府及印委各員層層履
勘明確被淹屬實加具切結委無捏冒所有應
減田畝除照現減科則徵輸外其實豁減銀米
應請節從道光拾肆年爲始照數豁減以蘇民
困並請查照原報坍荒之例將所減折色另於
地丁漕項款內分別加撥本色米石於南鳳場

倉行月米款內扣緩以省各案撥補之繁其應
扣地漕各數核計每年應減緩解司地丁銀伍
拾壹兩捌錢貳分閏月加減銀柒錢柒分叁釐
蘇糧道漕項銀壹拾壹兩陸錢柒分肆釐遇閏
加減銀壹錢柒分壹釐江糧道漕倉等銀貳兩
伍錢玖分貳釐本色南粳等米陸石玖斗肆升
陸合貳勺遇閏加減米叁升玖勺漕糧等米陸
拾柒石捌升柒合壹勺應請照數扣緩並請先
行註緩以免賠累至道光拾叁年以前錢糧照
例俟准豁減額糧之日查明除免實欠確數另
行取造冊結請豁相應轉造應緩應減銀米并
分扣地漕細數款冊同送到弓口並形各田圖

以及道府縣委員印結加具保結一并詳送具
題豁減等情據此該臣查得各屬坍荒減則田地
例應隨時確勘詳請委員履勘具結由該管道
府覆勘加結由司詳請
題豁茲據蘇州布政使陳鑾詳稱丹徒縣業户郭
明等呈報玖區吳沙叁圖拾區吳沙肆圖伍圖
及拾壹區貳叁等圖沙潮田地疊遭水患淹廢
計沙潮田地玖頃肆拾柒畝零豁減原科正銀
壹百貳拾玖兩零米壹百肆拾肆石零遇閏加
編銀壹兩零米陸升零內坍沒沙潮田應徵銀
米照額豁免并減則沙潮地應減外實改則佈
蘆應徵正銀陸拾叁兩零米柒拾石零遇閏加

編銀玖錢零米貳升零既據該管道府及印委
各員屢經勘明確加具切結委無捏冒所有
應減田畝除照現減科則徵輸外其實蠲減銀
米應請飭從道光拾肆年為始照數豁減並請
查照原報坍荒之例將所減折色另於地丁漕
項款內扣銷本色米石於南鳳揚倉行月米款
內扣銷以省各案撥補之繁其應扣地漕各數
核計每年應減蠲解司地丁銀伍拾壹兩零閏
月加減銀柒錢零蘇糧道漕項銀壹拾壹兩零
遇閏加減銀壹錢零江糧道漕倉等銀貳兩零
本色南糙等米陸石零遇閏加減米叁升零漕
糧等米陸拾柒石零應請照數扣銷並請先行

詳緩以免賠累至道光拾叁年以前錢糧照例
俟准豁減額糧之日查明除完實欠確數另行
取造冊結請豁相應轉造應豁應減銀米并分
扣地漕細數款冊加具保結同送到臣冊結圖
一并詳送具
題豁減等情前來臣覆核無異除冊結圖送部查
核外謹會同兩江總督臣陶澍漕運總督臣朱
爲弼合詞具
題伏乞
皇上聖鑒敕部核覆施行謹題請
旨

江蘇巡撫林則徐題本 勘明丹徒縣坍荒減則田地題請照例豁減錢糧 道光十五年七月十八日

兵部侍郎兼都察院右副都御史巡撫江蘇等處地方提督軍務總理糧儲臣林則徐謹
題為清查陞除等事該臣查得各屬坍荒減則田
地例應隨時確勘詳請委員覆勘具結由該管
道府覆勘加結由司詳請
題豁茲據蘇州布政使陳鑾詳稱丹徒縣業戶郭
明等呈報玖圖與沙魯圖拾圖吳沙肆圖伍圖
及拾肆圖貳叁等圖沙洲田地屢遭水患淹廢
計沙洲田地玖頃肆拾柒畝零錙減原科正銀
壹百貳拾玖兩零米壹百肆拾肆石零遇閏加
編銀壹兩零米陸升零內坍沒沙洲田應徵銀
米照額豁免并減則沙洲地應減外實改則佈
蘆應徵正銀陸拾叁兩零米柒拾石零遇閏加
編銀玖錢零米貳升零既據該管道府及印委

道光 …… 地方提督軍務總理糧儲臣林則徐

各員層層覆勘明確加具切結委無捏冒所有
應減田畝除照現減科則徵輸外其實錮減銀
米應請即從道光拾肆年為始照數豁減並請
查照原報坍荒之例將所減折色另於地丁漕
項款內扣錮本色米石於南鳳揚倉行月米款
內扣錮以省各案撥補之繁其應扣地漕各數
應請照數扣錮並請先行註緩以免賠累至道
光拾叁年以前錢糧照例俟准錮減額糧之日
查明除完實欠確數另行取造田結請豁相應
轉造應錮應減銀米并分扣地漕細數款冊加
具保結同送到各冊結圖一并詳送具
題豁減等情前來。臣覆核無異除冊結圖送部查
核外謹會題請
旨

上諭　著林則徐等妥議朱為弼奏剔弊速漕各事

道光十五年七月二十四日内閣奉

上諭朱為弼奏遵旨籌議剔弊速漕各事宜酌擬條款請旨辦理一摺漕務積疲已久本年重運漕船全數渡黃較歷年完竣日期更形遲滯前經降旨飭令陶澍等於本年軍船回空完竣後通盤籌畫設法辦理免致因循貽誤兹據朱為弼稽覈舊案體察情形奏請量為變通以重漕糧而杜流弊如所稱新漕兑開宜竭盡人力趕早等語著有漕各督撫通飭各該糧道及所屬州縣先事預籌提前儹辦至所稱飭提浙江江廣船隻無分省分幫次先到先進瓜洲口趕儹來淮盤驗等語著陶澍林則徐妥議具奏至糧艘交卸後必須趕緊回空庶辦理新漕可

期及早受兑著沿途各督撫於回空糧幫趕緊催儹不准藉詞停泊庶幾以速補遲剋期歸次無得任令延逾致誤例限又稱各幫應簽新丁須早為辦理減歇軍船認真修艌領運千總加意揀選各等語著朱為弼按照此次奏定章程分别辦理至所稱各幫失風船隻須定運升處分等語著兵部議奏又稱各衛屯田應妥為清理等語著有漕各督撫妥議具奏又稱灌塘幫船應酌減數目並加寬塘河等語著陶澍麟慶妥議具奏又稱江蘇總運丞倅應管押幫船過淮渡黃等語著林則徐妥議具奏又稱江廣各幫經過九江蕪湖等關應迅速查驗等語著陶澍酌定章程具奏該部知道摺

併發欽此

江蘇巡撫林則徐題本

題銷蘇州等屬道光十四年份地丁等項錢糧數並已未完各職名（首缺）

江震澤常熟崑山松江府屬奉賢南匯青浦川沙常州府屬靖江鎮江府屬丹徒等廳縣道光拾叁年秋被歉收遞緩新賦及常州府屬無錫江陰宜興荊溪等縣道光拾叁年秋禾被歉普緩漕糧案內遞緩拾肆年上忙新賦共銀玖萬陸百玖拾壹兩玖分伍釐松江府屬婁縣鎮江府屬丹徒太倉州屬鎮洋嘉定等縣捐置義塚并拼荒減則空廢等項田地註緩候豁銀貳百柒拾兩捌錢捌分叁釐額該地丁等項隨徵伍柒分耗羨銀捌萬肆千陸百玖拾捌兩玖錢伍分玖釐內經撥各屬道光拾肆年佐雜各官養廉除奉裁閒缺外該銀柒千陸百貳拾兩已撥

全完內有鎮江府屬丹陽縣縣丞丹徒縣橫越
閘官養廉項下勻攤添設豐碭縣丞并阜寧北
岸縣丞主簿養廉銀伍兩捌錢伍分肆釐應聽
該貳縣徑解江藩司造報外實該銀柒千陸百
壹拾肆兩壹錢肆分陸釐實該解司耗羨銀柒
萬柒千柒拾捌兩玖錢伍分玖釐內已完銀陸
萬柒千柒百貳拾貳兩叁分肆釐內已完解司
并預完緩徵共銀陸萬柒千肆百玖拾兩壹分
肆釐內一造入道光拾肆年耗羨報銷四柱用
內新收項下報部銀叁千捌百柒拾柒兩柒錢
玖釐一存候造入道光拾伍年耗羨報銷四柱
用內新收項下報部銀陸萬叁千陸百壹拾貳

兩叁錢伍釐已完未解司銀貳百叁拾貳兩貳
分係松江府署婁縣前參縣郭鍅徵存動缺之
項應請歸於參案追完另結未完銀玖千叁百
伍拾陸兩玖錢貳分伍釐內蘇州府屬常熟昭
文崑山新陽松江府屬上海南匯青浦川沙鎮
江府屬溧陽太倉州屬該州鎮洋崇明等州廳
縣道光拾肆年秋禾木棉被歉勘不成災緩徵
銀貳千伍百陸兩肆錢捌釐鎮江府屬金壇溧
陽貳縣道光拾肆年二麥歉收坐落歉區遞緩
銀壹千陸百叁拾貳兩貳錢壹分肆釐蘇州府
屬長洲元和吳縣吳江震澤常熟崑山松江府
屬奉賢南匯青浦川沙常州府屬靖江鎮江府

江蘇巡撫林則徐題本 題銷蘇州等屬道光十四年份地丁等項錢糧數並已未完各職名 道光十五年八月初三日

屬丹徒等處縣道光拾叁年秋被歉收遞緩新
賦及常州府屬無錫江陰宜興荊溪等縣道光
拾叁年秋禾被歉普緩漕糧案內遞緩道光拾
肆年上忙新賦共銀伍千壹百玖拾玖兩伍錢
肆釐松江府屬婁縣鎮江府屬丹徒太倉州屬
鎮洋嘉定等縣捐置義塚并坍荒減則空廢等
項田地註緩緩徵銀壹拾捌兩柒錢玖分玖釐
又歸并省衛屯折項下應徵解司沙壓銀玖分
肆釐已據照額全完全提入道光拾肆年秋撥
案內報部撥用又解司隨徵柒分耗羨銀柒釐
已據全完全造入道光拾肆年耗羨報銷四柱
用內新收項下報部又蘇州等衛項下額該屯

折銀壹萬肆千叁百陸兩肆錢捌分貳釐內已完銀壹萬叁千貳百陸拾肆兩壹釐已經撥各衛役食并提入道光拾伍年春秋撥案內報完訖未完太倉鎮海金山等叁衛幫該年秋禾被歉勘不成災緩徵銀壹千肆拾貳兩肆錢捌分壹釐又解司屯折隨徵伍柒分耗羨銀捌百伍拾陸兩玖錢叁分玖釐內已完銀捌百肆兩捌錢壹分伍釐內一造入道光拾肆年耗羨報銷四柱用內新收項下報部銀壹百捌拾玖兩肆錢一存候造入道光拾伍年耗羨報銷四柱用內新收項下報部銀陸百壹拾伍兩肆錢壹分伍釐未完太倉鎮海金山等叁衛幫該年秋禾

被歉勘不成災緩徵銀伍拾貳兩壹錢貳分肆
釐外有裁幷金山幫解司贍運月糧銀叁拾叁
兩柒分伍釐已據全完存候造入道光拾伍年
秋撥估餉用內報部撥用隨徵伍分耗羨銀壹
兩陸錢伍分肆釐亦據全完存候造入道光拾
伍年耗羨報銷四柱冊內新收項下報部又額
徵本色米除漕項行月起運外實該兵局民屯
除冬勘坍沒田地幷續報坍荒減則外實該米
玖萬貳千肆百捌拾柒石玖斗捌升壹合玖勺
內經撥蘇織造局糧米壹萬柒百捌拾捌石肆
斗柒合壹勺內已完米陸千陸百石未完米肆
千壹百捌拾捌石肆斗柒合壹勺又撥給蘇省

各標營道光拾伍年兵糧舵工工食鎮江高資
貳營原裁充賞兵丁餘剩餉米江寧省倉協標
壽春各營兵糧京口八旗官兵俸米撥補昭文
新陽貳縣道光拾肆年災缺拾伍年恤孤口糧
等項共米陸萬伍千貳百貳拾伍石玖斗柒升
叁合叁勺內已完熟田米陸萬肆千柒百壹拾
貳石柒斗叁升壹合陸勺未完熟田米伍百壹
拾叁石貳斗肆升壹合柒勺又已完撥剩米壹
萬壹千玖百捌拾伍石柒斗柒升玖合壹勺外
有婁縣溢完米柒合捌勺又道光拾肆年秋禾
被歉勘不成災田地緩徵米肆千肆百伍拾壹
石壹斗貳合叁勺婁縣丹徒嘉定鎮洋肆縣坍

荒減則等項註緩米叁拾陸石柒斗貳升壹勺
又額徵料豆除坍荒攤豁外實徵豆捌百伍拾
捌石柒斗陸升玖合伍勺内已完豆柒百捌石
壹斗肆升貳合陸勺未完太倉常熟昭文崑山
新陽鎮洋陸州縣道光拾肆年秋禾被歉勘不
成災田地緩徵豆陸拾柒石捌斗玖升肆合註
緩嘉定鎮洋貳縣開浚劉河空廢捐置義塚共
傾豁豆捌合陸勺熟田未完豆捌拾貳石柒斗
貳升肆合叁勺又折色豆壹千叁百肆拾柒石
捌斗叁升柒合叁勺查此項豆石向係折價解
交江寧藩庫給發部文行令完解蘇州司庫充
餉今道光拾肆年每石折銀壹兩壹錢柒分共

江蘇巡撫林則徐題本 題銷蘇州等屬道光十四年份地丁等項錢糧數並已未完各職名 道光十五年八月初三日

銀壹千伍百柒拾陸兩玖錢柒分內已完熟田
豆壹千貳百玖拾叁石肆斗肆合壹勺解司折
價銀壹千伍百壹拾叁兩貳錢捌分叁釐存候
造入道光拾伍年秋撥戶屬帯柒估餉冊內報
部未完道光拾肆年秋禾被歉勘不成災田地
緩徵豆伍拾肆石肆斗叁升叁合貳勺又雜稅
項下牙典田房牛豬洲場騾馬等項共該稅銀
叁萬捌千貳百貳拾柒兩伍錢捌分捌釐內已
完銀貳萬陸千柒百壹拾叁兩玖錢叁分外有
溢完銀貳拾壹兩貳錢柒分伍釐共銀貳萬陸
千柒百叁拾伍兩貳錢伍釐內提入道光拾肆
年秋撥并拾伍年春撥專款共銀貳千叁百陸

拾兩捌錢肆分叁釐存候提入道光拾伍年秋
撥專款銀貳萬肆千叁百柒拾肆兩叁錢陸分
貳釐未完解銀壹萬壹千伍百壹拾叁兩陸錢
伍分捌釐內除署婁縣前參縣郭蕆徵存動缺
田房稅銀柒百貳拾伍兩壹錢玖分歸於參案
追完另結外實未完銀壹萬柒百捌拾捌兩肆
錢陸分捌釐以上雜稅正銀除京口騾馬稅不
徵耗羨外實該牙典田房牛豬洲場等稅正銀
叁萬捌千貳百貳拾叁兩肆錢柒分貳釐應徵
伍柒分耗羨銀陸千貳百貳拾捌兩玖錢捌分
捌釐內已完銀壹千陸百伍兩陸錢外有溢完
銀貳兩肆分伍釐共銀壹千陸百柒兩陸錢肆

江蘇巡撫林則徐題本　題銷蘇州等屬道光十四年份地丁等項錢糧數並已未完各職名　道光十五年八月初三日

分伍釐內一造入道光拾肆年耗羨報銷四柱冊內新收項下報部銀壹百叁拾伍兩肆錢貳分伍釐一存候造入道光拾伍年耗羨報銷四柱冊內新收項下報部銀壹千肆百柒拾貳兩貳錢貳分未完解銀陸百貳拾叁兩叁錢捌分捌釐內除署婁縣前叅縣郭鍈徵存動缺田房稅耗羨銀叁拾陸兩貳錢伍分玖釐歸於叅案追完另結外實未完銀伍百捌拾柒兩壹錢貳分玖釐又學租官生空缺銀柒千肆百貳拾兩捌錢玖分捌釐內學租項下正銀肆千伍拾壹兩肆分叁釐內已完銀叁千玖百柒拾陸兩柒錢柒分壹釐外有溢完銀壹釐內撥給祭祀賑

貢并學院支用銀叁千柒百捌拾伍兩伍錢伍
分捌釐內有溢完銀壹釐存候撥用銀壹百玖
拾壹兩貳錢壹分肆釐未完道光拾肆年秋被
歉收勘不成災田地緩徵銀柒拾肆兩貳錢柒
分貳釐隨徵伍柒分耗羨銀貳百叁拾肆兩貳
錢伍分捌釐內已完銀貳百叁拾兩伍錢肆分
伍釐內一造入道光拾肆年耗羨報銷四柱冊
內新收項下報部銀陸拾玖兩貳錢柒分叁釐
一存候造入道光拾伍年耗羨報銷四柱冊內
新收項下報部銀壹百陸拾壹兩貳錢柒分貳
釐未完道光拾肆年秋被歉收勘不成災緩徵
銀叁兩柒錢壹分叁釐又應解官生空缺銀叁

千壹百叁拾伍兩伍錢玖分米釐內已完銀叁千玖拾兩玖分叁釐外有溢完銀壹錢玖分貳釐存撥本省署官俸銀之用未完銀肆拾伍兩伍錢肆釐以上民屯地丁本折雜稅學租缺官等項銀米豆石完欠撥用存剩各數均於

奏銷冊內逐細聲明經接催徵各官完欠職名臚列冊內統俟

題報聽部查照考核分別議敘議處仍造官員師生空缺月日以及學租細數與户花名總

奏冊送部查核又地丁存畱項下各衙門官役俸工存畱支給等項除議裁冗員案內奉裁松鎮兩屬佐雜各員外實徵銀捌萬肆百伍拾兩肆

錢捌分叁釐內有鎮江府屬丹陽縣縣丞丹徒
縣橫越閘官俸工項下匀攤添設豐碭縣丞并
阜寧北岸縣丞主簿俸工銀陸兩捌錢壹釐應
聽該貳縣徑解江寧藩司造報外實該銀捌萬
肆百肆拾叁兩陸錢捌分貳釐已據全完遵例
留屬坐支仍歸地丁數內彙計考成所有官生
空缺廩膳等銀并支給細數另於俸工細款冊
內分別造報又各屬徑支驛站銀肆萬肆千肆
百貳拾壹兩叁錢伍分伍釐亦據全完遵例歸
入地丁考成數內彙報其動用夫馬工料應聽
臬司查明核實
題銷又蘇州府屬長洲元和吳縣叁縣徑支祇應

號船銀壹千壹百肆拾伍兩柒錢柒分叁釐亦
已全完歸入地丁考成數內彙報又屯折存留
項下各衛守備經支役食祭祀等銀陸百肆拾
貳兩玖分已據全完遵例歸入屯折數內計考
彙報其支給各數另於俸工各冊內分別造報
又鎮江衛經支興化所門軍口糧銀肆百叁拾
貳兩亦據全完歸入屯折數內計考彙報又松
江太倉貳府州屬鹽課扛脚解費除抵解車珠
及劃分海門廳應徵解費外實該銀壹百貳拾
壹兩陸錢伍釐已經全完其隨徵伍分耗羨銀
兩仍照向例彙同鹽課正銀由浙鹽運司隨正
造報又俸工項下均給恤孤口糧米壹萬貳千

肆百柒拾伍石肆斗伍升捌合內已完米壹萬
壹千柒百捌拾壹石柒斗玖升伍合柒勺未完
道光拾肆年勘不成災緩徵米陸百玖拾叁石
陸斗陸升貳合叁勺此係恤孤計口授食不便
短缺業於各州縣徵收熟田南米項下照數撥
足已於各冊內分晰登報又地丁項下江御銀
貳萬陸千貳百捌拾壹兩陸分玖釐內已完銀
壹萬肆千肆百柒拾伍兩陸錢貳釐內動撥蘇
省各標營道光拾伍年武職守備以上養廉并
新疆紬緞盤費等銀壹萬伍拾兩存俟造入道
光拾伍年秋撥估倆冊內報部撥用銀肆千肆
百貳拾伍兩陸錢貳釐未完銀壹萬壹千捌百

伍兩肆錢陸分柒釐之扛脚路徵伍柒分耗羨
銀壹千肆百叁拾壹兩玖錢陸分貳釐內已完
銀捌百柒拾捌兩捌錢叁分壹釐內一造入道
光拾肆年耗羨報銷四柱冊內新收項下報部
銀柒兩貳錢柒分肆釐一存候造入道光拾伍
年耗羨報銷四柱冊內新收項下報部銀捌百
柒拾壹兩伍錢伍分柒釐未完銀伍百伍拾叁
兩壹錢叁分壹釐以上各款銀米均照例另造
款冊隨
奏咨部又降罰項下應扣文職各官降革住罰俸
銀肆萬叁千柒百肆拾柒兩捌錢貳分捌釐內
已完銀壹千貳百捌拾柒兩柒錢柒分陸釐全

存候造入道光拾伍年秋撥缺罰估餉冊內報
部撥用未完銀肆萬貳千肆百陸拾兩伍分貳
釐內除調任常州府知府延齡銀柒拾伍兩玖
錢歸於現任完解又除病故革職各官銀壹千
捌百捌拾壹兩捌錢柒分玖釐備、例免追分別
註冊又除丁憂告病降調各官銀捌千陸拾肆
兩柒錢陸分捌釐應俟補官日完解外實未完
銀叁萬貳千肆百叁拾柒兩伍錢伍釐又太倉
衛後幫千總任大垣接扣降革俸銀肆拾肆兩
壹錢貳分肆釐未據完解又蘇州等衛道光拾
肆年分應扣降罰俸銀貳拾伍兩陸錢叁分壹
釐未據完解均應照例於定限嚴催事案內查

明編俸餘罰分別應免應追另造細冊專案咨
達又蘇州等衛道光拾肆年守備空缺項下共
銀伍拾陸兩伍分陸釐已據全完外有溢完銀
壹釐存候造入道光拾伍年秋撥冊內報部撥
用再查道光貳年正月內奉准吏部文開嗣後應
令各直省督撫於地丁錢糧
奏銷時將各直省州縣經徵地丁錢糧除照常議
敘之外加數在叁百兩以上及貳萬兩以上一
官經徵叁年
奏銷前全完者再准其加壹級蘇松賦繁州縣一
官經徵叁年全完准其不論俸滿即陞其數在
叁萬兩以上一官經徵叁年

奏銷前全完伍萬兩以上一官經徵貳年
奏銷前全完者俱准其不論俸滿卽陞行令隨本
聲請議敘以示鼓勵貳叁年內遇有奉蠲年分
并差委離任之員卽將是年扣除俟次年補足
并計再請議敘等因遵奉在案除道光拾叁年
以前應行議敘人員業經聲請議敘外今查道
光拾肆年
奏銷案內並無接扣貳叁年一手徵解全完應行
議敘之員仍俟下屆接扣經徵足數另請照例
辦理又查道光拾肆年地丁等項
奏銷錢糧應盤司庫查舊管項下上屆盤報實在
存庫正銀壹百伍拾叁萬叁千貳百柒拾伍兩

壹錢叁分壹釐錢伍串叁百伍拾文新收本任
藩司陳鑾自道光拾肆年
奏銷拾叁年錢糧後起至道光拾伍年伍月貳拾
捌日止共收銀貳百肆拾伍萬壹千陸百叁拾
陸兩伍錢叁分肆釐餉錢柒萬陸千陸百捌拾
伍串貳百陸拾捌文開除共放銀貳百壹拾伍
萬貳千壹百玖拾肆兩柒錢貳分陸釐餉錢柒
萬陸千陸百捌拾伍串貳百陸拾捌文實在存
庫銀壹百捌拾叁萬貳千柒百壹拾陸兩玖錢
叁分玖釐錢伍串叁百伍拾文俱係各清各款
並無挪新掩舊情弊又嘉慶貳年貳月內奉准
兵部咨各省

題報一切錢糧祇將本案緊要錢糧數目由各督
撫核實
題銷其各該司原詳以及條陳酌改并節年例案
於司總冊首聲敘無庸於疏內敘入通行各省
遵照等因現遵部行祇將本案錢糧數目敘詳
請
題其節年奉文例案統於各司總冊首分別臚列
又嘉慶陸年伍月內奉准戶部咨
關聖帝君祭品等項及閘夫工食銀兩一并歸縣坐
支等因現遵按款分別經發造報又蘇省州縣
官養廉業經
奏請從道光伍年起由司支放其佐雜各官養廉

仍於屬庫支領以免微員赴省支領之繁現於
冊內分別造報并將原奉
諭旨於司總冊首錄敘又道光拾貳年分欽奉
諭旨裁汰文職冗員案內蘇省奉裁各官應支俸廉
役食等項應裁歸地丁耗羨各本款銀兩現於
道光拾肆年
奏銷案內分別核正造報再蘇州省
奏銷錢糧定限於次年伍月內造報今道光拾肆
年地丁
奏銷所有熟田應徵正耗銀兩業經催據各屬按
數批解全完遵於限內造報合並聲明等情據
此該臣查得蘇州松江常州鎮江太倉等伍府

江蘇巡撫林則徐題本　題銷蘇州等屬道光十四年份地丁等項錢糧數並已未完各職名
道光十五年八月初三日

州屬并蘇州太倉鎮江鎮海歸并金山等肆衛
幫道光拾肆年額徵民屯地丁本折正雜各項
錢糧完欠分數例應造冊
奏銷其耗羨銀兩已未完解數目新例題同正項
錢糧統計分數一疏具
題今據蘇州布政使陳鑾造冊詳報前來臣細加
覆核蘇州松江常州鎮江太倉伍府州并蘇州
太倉鎮江鎮海歸并金山等肆衛幫道光拾肆
年民屯地丁除義塚坍荒減則宅廢并婁縣前
叅縣郭鏷徵存動缺及勘不成災緩徵等項外
實該熟田正銀壹百貳拾陸萬肆千壹拾捌兩
零已據全完隨徵耗羨除義塚坍荒減則宅廢

并婁縣前森縣郭鎮徵存動缺及勘不成災緩
徵等項外實該熟田銀柒萬伍千玖百壹拾肆
兩零亦據全完又金山幫贍運銀叁拾叁兩零
已據全完耗羨銀壹兩零亦據全完本色兵局
米玖萬貳千肆百捌拾柒石零除已完外實未
完及勘不成災緩徵并坍減註緩米玖千壹百
捌拾玖石零本折色豆貳千貳百陸石零除已
完外實未完及勘不成災緩徵豆貳百伍石零
雜稅正銀叁萬捌千貳百貳拾柒兩零除已完
外實未完銀壹萬柒百捌拾捌兩零耗羨銀貳
千貳百貳拾捌兩零除已完外實未完銀伍百
捌拾柒兩零學租正銀肆千伍拾壹兩零除已

完外實未完勘不成災緩徵銀柒拾肆兩零耗
羨銀貳百叁拾肆兩零除已完外實未完勘不
成災緩徵銀叁兩零官生空缺銀叁千壹百叁
拾伍兩零除已完外實未完銀肆拾伍兩零并
有額外溢完雜稅學租空缺正銀貳拾壹兩零
又隨正溢完雜稅空缺耗銀貳兩零其各項銀
米已完未完撥用存剩各數均於冊內聲明送
部未完銀兩嚴飭催徵全完另報巡撫督催職
名應俟江藩司詳到彙結造報又查道光貳年
正月內接准部文嗣後地丁錢糧奏銷時將各
直省州縣經徵地丁錢糧除照常議敘外如數
在叁百兩以上及貳萬兩以上一官經徵叁年

奏銷前全完者再准加壹級蘇松賦繁州縣一官
經徵叁年全完准其不論俸滿即陞其數在叁
萬兩以上一官經徵叁年
奏銷前全完伍萬兩以上一官經徵貳年
奏銷前全完者俱准其不論俸滿即陞行令隨本
聲請議敘貳叁年內遇有奉調年分并差委離
任之員即將是年扣除次年補足并許再請議
敘等因除道光拾叁年以前應行議敘人員業
經分別聲請議敘外今道光拾肆年
奏銷案內並無應行照例隨本聲請議敘之員理
合遵照酌歸簡易條款將司總數目一并繕造
黃冊恭呈

御覽並將送到各冊移送戶部科查核外所有經接
催徵各官完欠職名一并照例繕列具
題伏乞
皇上聖鑒勅部分別考核施行再司庫錢糧案准部
咨盤查無虧例應於
奏銷疏內具結保
題今據聲明蘇州司庫舊管上屆盤報實在存庫
正銀壹百伍拾叁萬叁千貳百柒拾伍兩零錢
伍串叁百伍拾文新收本任藩司陳鑾自道光
拾肆年
奏銷拾叁年錢糧後起至道光拾伍年伍月貳拾
捌日止共收銀貳百肆拾伍萬壹千陸百叁拾

陸兩零錢柒萬陸千陸百捌拾伍串貳百陸拾捌文閏除共於解過銀貳百壹拾伍萬貳千壹百玖拾肆兩零錢柒萬陸千陸百捌拾伍串貳百陸拾捌文實在存庫銀壹百捌拾叁萬貳千柒百壹拾陸兩零錢伍串叁百伍拾文俱係各清各款並無挪新掩舊情弊臣逐一核明現在加結送部其節年例案統於各該司總冊首分別釐列咨送部科查核再蘇藩司奏銷定限伍月內造報今道光拾肆年奏銷遵於限內造報合並陳明為此具本專差承差姚洪賫捧謹具題

聞

計開
全完官
地丁正耗銀兩項下
經督催現任蘇州布政使陳鑾計催完
正銀壹百貳拾陸萬肆千壹拾捌兩
零耗羨銀柒萬伍千玖百壹拾肆兩
零
蘇州府經催丁憂知府沈兆澐計催完
正銀壹拾壹萬肆千伍百肆拾兩零
耗羨銀伍千柒百貳拾柒兩零
蘇州府接催前任松江府知府陞授福
建汀漳龍道李昭美計催完正銀壹

萬玖千玖拾兩零耗羨銀玖百伍拾
肆兩零
蘇州府接催本任知府汪忠增計催完
正銀捌萬捌千陸拾兩零耗羨銀肆
千肆百叁兩零
長洲縣接徵現任知縣景壽春計徵完
正銀貳萬肆千伍百伍拾玖兩零耗
羨銀壹千貳百貳拾柒兩零查此已
完銀兩除本任應徵全完外計帶徵
完前官陳王成名下正銀壹萬叁千
捌兩零耗羨銀陸百伍拾兩零
元和縣經徵署事知縣陞任淮南監掣

同知姚瑩計徵完正銀壹萬肆千叁百玖拾柒兩零耗羨銀柒百壹拾玖兩零

元和縣接徵現任知縣黃冕計徵完正銀玖千柒百壹拾兩零耗羨銀肆百捌拾伍兩零

吳縣經徵現任知縣湯譽光計徵完正銀貳萬伍千玖百陸拾陸兩零耗羨銀壹千貳百玖拾捌兩零

吳江縣經徵署事丁憂候補知州張心淵計徵完正銀陸千捌兩零耗羨銀叁百兩零

吴江縣接徵正任告病知縣時功梅計
徵完正銀壹萬壹千叁百叁拾肆兩
零耗羨銀伍百陸拾陸兩零
吴江縣接徵兼護事吴江縣縣丞蕭翽
計徵完正銀壹千壹百壹拾肆兩零
耗羨銀伍拾伍兩零
吴江縣接徵署事候補知縣顧毓奇計
徵完正銀叁千捌百肆拾兩零耗羨
銀壹百玖拾貳兩零
震澤縣經徵丁憂知縣劉榮桂計徵完
正銀壹萬捌千陸百伍拾捌兩零耗
羨銀玖百叁拾貳兩零

震澤縣接徵代理事試用布政司理問
吳廷榕計徵完正銀肆千捌百玖拾
捌兩零耗羨銀貳百肆拾肆兩零
震澤縣接徵署事吳江縣縣丞蕭翽計
徵完正銀貳千叁百柒拾柒兩零耗
羨銀壹百壹拾捌兩零
常熟縣經徵署事候補知縣藍蔚雯計
徵完正銀壹萬肆千肆拾伍兩零耗
羨銀柒百貳兩零
常熟縣接徵現任知縣練廷璜計徵完
正銀壹萬叁拾貳兩零耗羨銀伍百
壹兩零

昭文縣經徵現任知縣張綬組計徵完
正銀壹萬柒千貳百肆拾兩零耗羡
銀捌百陸拾貳兩零
昭文縣接徵代理事借補按察司經歷
陳治計徵完正銀貳千肆百兩零耗
羡銀壹百貳拾兩零
崑山縣接徵署事即用知縣羅衙計徵
完正銀伍千伍百貳拾叁兩零耗羡
銀貳百柒拾陸兩零查此已完銀兩
除本任應徵全完外計又代徵完前
官孫琬名下正銀壹千叁百壹拾伍
兩零耗羡銀陸拾伍兩零又代徵完

後官賀崇禧名下正銀伍百叁拾肆
兩零耗羨銀貳拾陸兩零
新陽縣經徵現任知縣沈炳垣計徵完
正銀貳萬叁百柒拾陸兩零耗羨銀
壹千壹拾捌兩零
太湖廳經徵本任同知劉大烈計徵完
正銀壹千玖百捌兩零耗羨銀玖拾
伍兩零
太湖廳接徵兼護事吳縣知縣湯譽光
計徵完正銀壹千叁百壹拾柒兩零
耗羨銀陸拾伍兩零
松江府經催署事太倉州知州李正鼎

計催完正銀壹拾肆萬捌百伍拾貳
兩零耗羨銀柒千肆拾貳兩零
松江府接催前任知府陞授福建汀漳
龍道李昭美計催完正銀玖萬肆百
肆拾壹兩零耗羨銀肆千伍百貳拾
貳兩零
華亭縣經徵現任知縣張慶瑗計徵完
正銀叁萬伍千玖百柒拾貳兩零耗
銀壹千柒百玖拾捌兩零
奉賢縣經徵現任知縣楊本初計徵完
正銀叁萬貳千玖拾貳兩零耗羨銀
壹千陸百肆兩零

婁縣接徵現任知縣毛應觀計徵完正銀貳萬壹百叁拾伍兩零耗羨銀壹千陸兩零

金山縣經徵署事試用知縣魏文瀛計徵完正銀貳萬貳千貳百肆拾柒兩零耗羨銀壹千壹百壹拾貳兩零查此已完銀兩除本任應徵全完外計又代徵完後官朱榮桂名下正銀陸拾壹兩零耗羨銀叁兩零

上海縣經徵現任知縣溫綸湛計徵完正銀肆萬伍千貳百捌拾貳兩零耗羨銀貳千貳百陸拾肆兩零

南匯縣經徵署事丹陽縣知縣朱清耀計徵完正銀貳萬陸拾壹兩零耗羨銀壹千叁兩零、

青浦縣經徵現任知縣蔡維新計徵完正銀肆萬叁千玖百陸拾叁兩零耗羨銀貳千壹百玖拾捌兩零

川沙廳經徵現任同知何士祁計徵完正銀壹千陸百柒拾捌兩零耗羨銀捌拾叁兩零

川沙廳接徵署事南匯縣調補丹徒縣知縣熊傳栗計徵完正銀壹千伍百叁拾伍兩零耗羨銀柒拾陸兩零

常州府經催現任知府汪河計催完正
銀肆拾萬肆千伍百陸拾兩零耗羨
銀貳萬捌千叁百壹拾玖兩零
武進縣經徵現任知縣吳時行計徵完
正銀伍萬玖千陸百貳拾柒兩零耗
羨銀肆千壹百柒拾叁兩零
陽湖縣經徵現任知縣范鳳諧計徵完
正銀陸萬貳千貳百陸拾柒兩零耗
羨銀肆千叁百伍拾捌兩零查此已
完銀兩除本任應徵全完外計又代
徵完前官桂超萬名下正銀柒千陸
百壹拾兩零耗羨銀伍百叁拾貳兩

零
無錫縣經徵前任病故知縣曾錫齡計
徵完正銀貳萬肆千肆百陸兩零耗
羨銀壹千柒百捌兩零
無錫縣接徵兼署事金匱縣知縣胡兆
蓉計徵完正銀柒百壹拾肆兩零耗
羨銀伍拾兩零
無錫縣接徵署事候補知縣曾承顯計
徵完正銀壹萬柒千柒百叁拾玖兩
零耗羨銀壹千貳百肆拾壹兩零
金匱縣接徵現任知縣胡兆蓉計徵完
正銀肆萬伍千貳百玖兩零耗羨銀

叁千壹百陸拾肆兩零查此已完銀
兩除本任應徵全完外計又代徵完
前官彭玉綸名下正銀陸千陸百肆
拾叁兩零耗羨銀肆百陸拾伍兩零
又代徵完前官金咸名下正銀壹千
壹拾肆兩零耗羨銀柒拾壹兩零
江陰縣經徵現任知縣陳希敬計徵完
正銀陸萬陸千叁百貳兩零耗羨銀
肆千陸百肆拾壹兩零
宜興縣經徵署事候補縣知縣衞毓奇
計徵完正銀肆萬肆百叁拾陸兩零
耗羨銀貳千捌百叁拾兩零

江蘇巡撫林則徐題本　題銷蘇州等屬道光十四年份地丁等項錢糧數並已未完各職名　道光十五年八月初三日

宜興縣接徵丁憂知縣錢燕桂計徵完
正銀玖千肆百壹拾陸兩零耗羨銀
陸百伍拾玖兩零
荊溪縣經徵調任丹徒縣改簡知縣陳
增稔計徵完正銀貳萬壹千貳百伍
拾捌兩零耗羨銀壹千肆百捌拾捌
兩零
荊溪縣接徵代理事元和縣縣丞彭靖
計徵完正銀捌千壹百肆拾叁兩零
耗羨銀伍百柒拾兩零
荊溪縣接徵署事卽用知縣洪玉珩計
徵完正銀捌千陸百柒拾貳兩零耗

羨銀陸百柒兩零
靖江縣經徵現任知縣張沂諤計徵完
正銀叁萬叁千伍百柒拾玖兩零耗
羨銀貳千叁百伍拾兩零查此已完
銀兩除本任應徵全完外計又代徵
完前官方心簡名下正銀陸千肆百
叁拾陸兩零耗羨銀肆百伍拾兩零
鎮江府經催署事揚州府總捕同知趙
廷熙計催完正銀捌萬伍千陸百伍
拾柒兩零耗羨銀伍千玖百玖拾陸
兩零
鎮江府接催調任蘇州府知府汪忠增

計催完正銀柒萬捌千柒百貳拾玖
兩零耗羨銀伍千伍百壹拾壹兩零
鎮江府接催署事海州知州王用賓計
催完正銀陸萬肆百陸拾肆兩零耗
羨銀肆千貳百叁拾貳兩零
鎮江府接催現任知府龔文煥計催完
正銀壹千捌百捌拾玖兩零耗羨銀
壹百叁拾貳兩零
丹徒縣經徵調任長洲縣知縣景壽春
計徵完正銀叁萬貳千捌百玖拾貳
兩零耗羨銀貳千叁百貳兩零
丹徒縣接徵署事安東縣知縣張寬培

計徵完正銀壹萬玖千柒百玖拾捌
兩零耗羨銀壹千叁百捌拾伍兩零
丹徒縣接徵前任欧簡知縣陳濬稔計
徵完正銀叁千肆百貳拾玖兩零耗
羨銀貳百肆拾兩零
丹陽縣經徵現任常熟縣知縣練廷璜
計徵完正銀貳萬叁千叁百玖兩零
耗羨銀壹千陸百叁拾壹兩零
丹陽縣接徵代理事丹陽縣縣丞孫節
勳計徵完正銀貳萬壹千肆百叁拾
陸兩零耗羨銀壹千伍百兩零
丹陽縣接徵署事崇明縣縣丞畢以綫

計徵完正銀叁萬壹百柒拾柒兩零
耗羨銀貳千壹百壹拾貳兩零
金壇縣經徵署事試用知縣景昌計徵
完正銀貳萬玖千肆百貳拾玖兩零
耗羨銀貳千陸拾兩零
金壇縣接徵署事試用知縣龔潤森計
徵完正銀貳萬柒百捌拾貳兩零耗
羨銀壹千肆百伍拾肆兩零
溧陽縣經徵現任知縣鄧秉乾計徵完
正銀肆萬伍千肆百捌拾伍兩零耗
羨銀叁千壹百捌拾叁兩零
太倉州經催署事候補知州借補常州

府督糧通判周岱齡計催完正銀壹
拾萬柒千伍百伍兩零耗羡銀伍千
叁百柒拾伍兩零
太倉州接催現任知州李正鼎計催完
正銀伍萬柒千捌百捌拾柒兩零耗
羡銀貳千捌百玖拾肆兩零
太倉州經徵署事候補知州借補常州
府督糧通判周岱齡計徵完正銀壹
萬壹千肆百捌拾玖兩零耗羡銀伍
百柒拾肆兩零
太倉州接徵現任知州李正鼎計徵完
正銀陸千壹百捌拾陸兩零耗羡銀

叁百玖兩零
鎮洋縣經徵署事候補知縣曾承顯計
徵完正銀捌千捌百伍拾捌兩零耗
羨銀肆百肆拾貳兩零
鎮洋縣接徵現任知縣孔昭顯計徵完
正銀陸千陸百貳拾貳兩零耗羨銀
叁百叁拾壹兩零
嘉定縣經徵現任知縣張之杲計徵完
正銀陸萬叁千捌百貳拾兩零耗羨
銀叁千壹百玖拾壹兩零
寶山縣經徵前署知縣張連茹計徵完
正銀壹萬柒千肆百叁拾陸兩零耗

羡銀捌百柒拾壹兩零

寶山縣接徵現任知縣毛正坦計徵完
正銀叁萬柒千陸百貳拾陸兩零耗
羡銀壹千捌百捌拾壹兩零

崇明縣經徵現任知縣桃湝計徵完正
銀壹萬叁千叁百伍拾肆兩零耗羡
銀陸百陸拾柒兩零

地丁米豆項下

吳江縣接徵署事候補知縣顧毓奇計
徵完米壹千貳百伍拾貳石零豆米
拾陸石零查此已完米豆除本任應
徵全完外又代徵完前官時功楙名

下米壹百叁拾陸石零豆捌石零又
代徵完前官蕭翻名下米貳百肆拾
伍石零豆壹拾伍石零
崑山縣接徵現任知縣賀崇禧計徵完
米叁百貳拾肆石零豆伍拾捌石零
查此已完米豆除本任應徵全完外
又代徵完前官孫琬名下米叁石零
豆陸斗零又代徵完前官羅衛名下
米壹百捌拾叁石零豆叁拾叁石零
太湖廳經徵兼護事吳縣知縣湯磬光
計徵完米叁千叁百伍拾叁石零
松江府經催前任知府陸我嵩福建汀漳

龍適李昭美計催完米貳萬陸千伍
百貳拾叁石零
華亭縣經徵現任知縣張慶瑗計徵完
米伍千玖百壹拾叁石零
奉賢縣經徵現任知縣楊本初計徵完
米壹千肆百肆拾伍石零
婁縣經徵現任知縣毛應觀計徵完米
陸千捌百陸拾叁石零
金山縣經徵署事試用知縣魏文瀛計
徵完米叁千壹石零
上海縣經徵現任知縣溫綸湛計徵完
米壹千叁百捌拾壹石零

南匯縣經徵署事丹陽縣知縣朱清耀
計徵完米壹千柒百伍拾伍石零
青浦縣經徵現任知縣蔡維新計徵完
米貳千伍百柒拾壹石零
川沙廳經徵署事南匯縣調補丹徒縣
知縣燕傳栗計徵完米叁千伍百玖
拾石零
常州府經催現任知府汪河計催完米
壹萬壹千肆石零
武進縣經徵現任知縣吳時行計徵完
米陸百伍拾石零
陽湖縣經徵現任知縣范寫諧計徵完

米柒百叁石零

無錫縣經徵署事候補知縣曾承顯計

徵完米陸百叁拾叁石零

金匱縣經徵現任知縣胡兆蓉計徵完

米捌百壹拾陸石零

荊溪縣接徵署事即用知縣洪玉珩計

徵完米肆百壹拾肆石零查此已完

米石除本任應徵全完外又代徵完

前官彭琦名下米叁拾陸石零

靖江縣經徵現任知縣張祈謂計徵完

米柒千肆百叁拾伍石零

鎮江府經催前署事海州知州王用賓

計催完米壹萬貳千捌百貳拾陸石零豆壹千貳百伍拾石零

鎮江府接催現任知府龔文煥計催完米肆百肆拾貳石零豆肆拾叁石零

丹徒縣經徵署事安東縣知縣張寬培計徵完米肆千玖拾壹石零

丹徒縣接徵前任改簡知縣陳增總計徵完米壹千叁百貳拾叁石零

丹陽縣經徵署事崇明縣縣丞畢以馥計徵完米伍千玖百玖拾陸石零

金壇縣經徵署事試用知縣龔潤森計徵完米壹千捌百伍石零

溧陽縣經徵現任知縣鄒秉乾計徵完
米伍拾叁石零豆壹千貳百玖拾叁
石零
太倉州經催現任知州李正鼎計催完
米壹萬叁千貳百貳拾捌石零豆壹
百玖拾玖石零
太倉州經徵現任知州李正鼎計徵完
米貳千壹百玖拾肆石零豆叁拾柒
石零
鎮洋縣經徵現任知縣孔昭顯計徵完
米壹千捌百貳拾壹石零豆叁拾貳
石零

嘉定縣經徵現任知縣張之杲計徵完
米伍千壹拾捌石零豆陸拾玖石零
寶山縣經徵現任知縣毛正坦計徵完
米肆千壹百玖拾肆石零豆陸拾石
零
屯折正耗銀兩項下
蘇州衛接徵現署守備吳汝澧計徵完
正銀壹千柒百肆拾伍兩零耗羨銀
捌拾柒兩零查此已完銀兩除本任
應徵全完外計又代徵完前官劉光
照名下正銀捌百捌拾柒兩零耗羨
銀肆拾肆兩零又代徵完前官鄭適

武名下正銀肆百叁拾壹兩零耗羨
銀貳拾壹兩零
太倉衛經徵參革守備王元震計徵完
正銀壹千伍百貳拾陸兩零耗羨銀
柒拾陸兩零
太倉衛接徵兼署守備劉崗齡計徵完
正銀肆百壹拾柒兩零耗羨銀貳拾
兩零
太倉衛接徵現任守備符葆計徵完正
銀肆百肆兩零耗羨銀貳拾兩零
鎮海衛經徵正任守備劉崗齡計徵完
正銀伍千伍百叁拾玖兩零耗羨銀

貳百柒拾陸兩零

鎮海衛接徵現署守備彭國瑞計徵完

正銀叁百捌兩零耗羨銀壹拾伍兩

零

鎮江衛經徵前任守備郭翃計徵完正

銀肆千壹百陸拾叁兩零耗羨銀貳

百玖拾壹兩零

未完不及壹分官

地丁正耗銀兩項下

崑山縣經徵署事華亭縣縣丞孫琬查

此未完銀兩已據後官羅衡代徵全

完訖

崑山縣接徵現任知縣賀崇禧查此未
完銀兩已據前官羅衡帶徵全完訖
金山縣接徵現任知縣朱榮桂查此未
完銀兩已據前官魏文瀛帶徵全完
訖
金匱縣接徵署事試用知縣金咸查此
未完銀兩已據後官胡兆蓉代徵全
完訖
地丁米豆項下
經督催現任蘇州布政使陳鑾
震澤縣經徵代理事試用布政司理問
吳廷榕

崑山縣經徵署事華亭縣縣丞孫琬查
此未完米豆已據後官賀崇禧代徵
全完訖
荆溪縣經徵代理事元和縣縣丞彭靖
查此未完米石已據後官洪玉珩代
徵全完訖
未完壹分官
地丁米豆項下
常熟縣經徵現任知縣蘇廷璜
未完壹分以上官
地丁正耗銀兩項下
陽湖縣接徵代理事丁憂知縣桂超萬

查此未完銀兩已據後官范鳳諧代
徵全完訖
金匱縣經徵署事病故試用知縣彭玉
綸查此未完銀兩已據後官胡兆蓉
代徵全完訖
靖江縣接徵代理事新陽縣縣丞方心
簡查此未完銀兩已據後官張衍謨
代徵全完訖
地丁米豆項下
蘇州府經催本任知府汪忠增
長洲縣經徵現任知縣景壽春
吳江縣經徵正任告病知縣時功楙查

此未完米豆已據後官顧毓奇代徵
全完訖
未完貳分官
地丁米豆項下
吳江縣接徵兼護事吳江縣縣丞蕭翮
查此未完米豆已據後官顧毓奇代
徵全完訖
未完貳分以上官
地丁米豆項下
元和縣經徵現任知縣黃晃
宜興縣經徵署事候補知縣顧毓奇查
此未完米石已據後官錢燕桂代徵

全完訖
屯折正耗銀兩項下
蘇州衞接徵護理守備鄭迺武查此未
完銀兩已據後官吳汝澧代徵全完
訖
未完叁分以上官
地丁正耗銀兩項下
長洲縣經徵前署知縣陞任泰州知州
陳玉成查此未完銀兩已據後官景
壽春代徵全完訖
地丁米豆項下
震澤縣接徵署事吳江縣縣丞蕭翻

未完肆分以上官
地丁米豆項下
吳縣經徵現任知縣湯譽光
未完伍分以上官
地丁米豆項下
震澤縣接徵丁憂知縣劉榮桂
崑山縣接徵署事即用知縣羅衡查此
未完米豆已據後官賀崇禧代徵全
完訖
屯折正耗銀兩項下
蘇州衛經徵病故守備劉光照查此未
完銀兩已據後官吳汝灃代徵全完

記

不作分數

雜稅錢糧項下未完官

長洲縣經徵前署知縣陞任泰州知州

陳玉成

長洲縣接徵現任知縣景壽春

元和縣經徵署事知縣陞任淮南監掣

同知姚瑩

元和縣接徵現任知縣黄晃

吳縣經徵現任知縣湯譽完

吳江縣經徵署事丁憂候補知州張心

淵

吳江縣接徵正任告病知縣時功祴
吳江縣接徵兼護事吳江縣縣丞蕭詡
吳江縣接徵署事候補知縣顧毓奇
昭文縣經徵現任知縣張綬祖
昭文縣接徵代理事借補按察司經歷
陳治
陽湖縣經徵現任知縣范鳳書
陽湖縣接徵代理事丁憂知縣桂超萬
丹徒縣經徵調任長洲縣知縣景壽春
丹徒縣接徵署事安東縣知縣張寬培
丹徒縣接徵前任改簡知縣陳增稔
學租官生空缺項下未完官

昭文縣經徵現任知縣張綬組
昭文縣接徵代理事借補按察司經歷
陳治
溧陽縣經徵現任知縣鄧秉乾
補報考成官
地丁平耗銀兩項下
經督催現任蘇州布政使陳鑾
蘇州府經催丁憂知府沈兆澐
蘇州府接催前任松江府知府陸授福
陞汀漳龍道李昭美
蘇州府接催本任知府汪忠增
長洲縣經徵前署知縣陞任泰州知州

陳玉成
長洲縣接徵現任知縣景壽春
元和縣經徵署事知縣陞任淮南監掣
同知姚瑩
元和縣接徵現任知縣黃冕
吳縣經徵現任知縣湯譽光
吳江縣經徵署事丁憂候補知州張心
淵
吳江縣接徵正任告病知縣時功枬
吳江縣接徵兼護事吳江縣縣丞蕭翻
吳江縣接徵署事候補知縣顧毓奇
震澤縣經徵丁憂知縣劉榮桂

震澤縣接徵代理事試用布政司理問
吳廷榕
震澤縣接徵署事吳江縣縣丞蕭翽
常熟縣經徵署事候補知縣藍蔚雯
常熟縣接徵現任知縣練廷璜
昭文縣經徵現任知縣張綬組
昭文縣接徵代理事借補按察司經歷
陳治
崑山縣經徵署事華亭縣縣丞孫琬
崑山縣接徵署事即用知縣羅衡
崑山縣接徵現任知縣賀崇禧
新陽縣經徵現任知縣沈炳垣

松江府經催署事太倉州知州李正鼎
松江府接催前任知府陞授福建汀漳
龍道李昭美
奉賢縣經徵現任知縣楊本初
上海縣經徵現任知縣温綸湛
南匯縣經徵署事丹陽縣知縣朱清耀
青浦縣經徵現任知縣蔡維新
川沙廳經徵現任同知何士祁
川沙廳接徵署事南匯縣調補丹徒縣
知縣熊傳栗
常州府經催現任知府汪河
無錫縣經徵前任病故知縣曾錫齡

無錫縣接徵兼署事金匱縣知縣胡兆

答

無錫縣接徵署事候補知縣曾承顯

江陰縣經徵現任知縣陳布敬

宜興縣經徵署事候補知縣顧毓奇

宜興縣接徵丁憂知縣錢燕桂

荆溪縣經徵調任丹徒縣改簡知縣陳

增總

荆溪縣接徵代理事元和縣縣丞彭靖

荆溪縣接徵署事郎用知縣洪玉珩

靖江縣經徵現任知縣張祈謌

靖江縣接徵代理事新陽縣縣丞方心

簡

鎮江府經催署事揚州府總捕同知趙

廷熙

鎮江府接催調任蘇州府知府汪忠增

鎮江府接催前署事海州知州王用賓

鎮江府接催現任知府龔文煥

丹徒縣經徵調任長洲縣知縣景壽春

丹徒縣接徵署事安東縣知縣張寬培

丹徒縣接徵前任改簡知縣陳增禧

金壇縣經徵署事試用知縣景昌

金壇縣接徵署事試用知縣龔潤森

溧陽縣經徵現任知縣鄧東乾

太倉州經催署事候補知州借補常州
府督糧通判周岱齡
太倉州接催現任知州李正鼎
太倉州經徵署事候補知州借補常州
府督糧通判周岱齡
太倉州接徵現任知州李正鼎
鎮洋縣經徵署事候補知縣曾承顯
鎮洋縣接徵現任知縣孔昭顯
崇明縣經徵現任知縣姚鑄
地丁米豆項下
經督催現任蘇州布政使陳鑾
蘇州府經催本任知府汪忠增

常熟縣經徵現任知縣練廷璜
昭文縣經徵現任知縣張紹組
崑山縣經徵署事華亭縣縣丞孫琬
崑山縣接徵署事部用知縣羅衡
崑山縣接徵現任知縣賀崇禧
新陽縣經徵現任知縣沈炳垣
松江府經催前任知府陞授福建汀漳
龍道李昭美
上海縣經徵現任知縣溫綸湛
南匯縣經徵署事丹陽縣知縣宋清耀
青浦縣經徵現任知縣蔡維新
川沙廳經徵署事南匯縣調補丹徒縣

知縣熊傳栗
鎮江府經催前署事海州知州王用賓
鎮江府接催現任知府龔文煥
溧陽縣經徵現任知縣鄧秉乾
太倉州經催現任知州李正鼎
太倉州經徵現任知州李正鼎
鎮洋縣經徵現任知縣孔昭顯
屯折正耗銀兩項下
太倉衛經徵參革守備王元震
太倉衛接徵兼署守備劉尚齡
太倉衛接徵現任守備符葆
鎮海衛經徵正任守備劉尚齡

一三　江蘇巡撫林則徐題本　題銷蘇州等屬道光十四年份地丁等項錢糧數並已未完各職名

道光十五年八月初三日

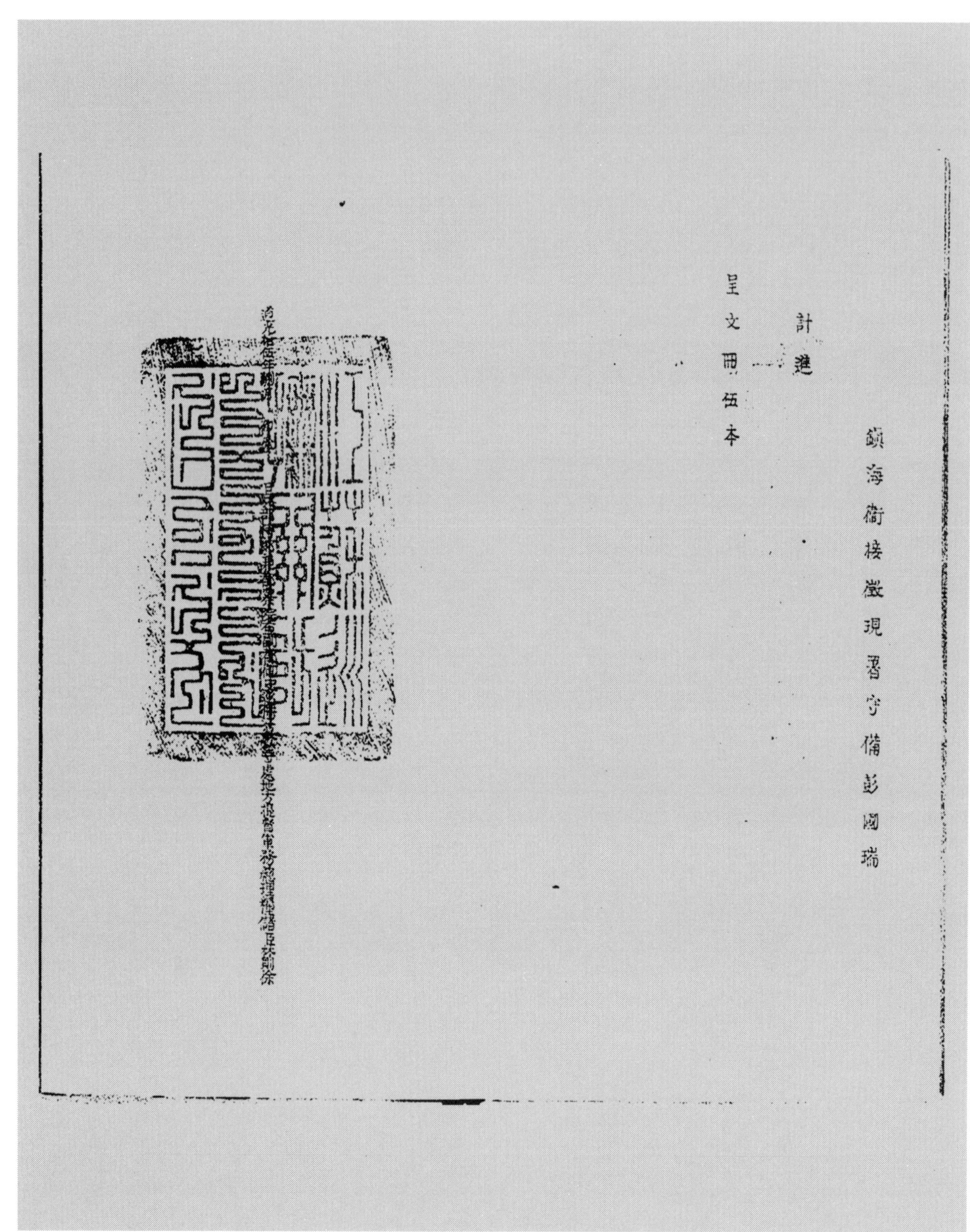
鎭海衛接徵現署守備彭國瑞

計進

呈文冊伍本

道光拾伍年捌月 [illegible] 處地方提督軍務兼理糧餉臣林則徐

江蘇巡撫林則徐題本 題銷蘇州等屬道光十四年份地丁等項錢糧數並已未完各職名 道光十五年八月初三日

兵部侍郎兼都察院右副都御史巡撫江蘇等處地方提督軍務總理糧儲臣林則徐謹
題為奏銷道光拾肆年錢糧事該臣查得蘇州松
江常州鎮江太倉等伍府州屬并蘇州太倉鎮
江鎮海歸并金山等肆衛幫道光拾肆年額徵
民屯地丁本折正雜各項錢糧例應造冊
奏銷其耗羨銀兩已未完解數目新例隨同正項
錢糧統計分數一疏具
題今據蘇州布政使陳鑾造冊詳報前來臣細加
覆核蘇州松江常州鎮江太倉伍府州屬并蘇
州太倉鎮江鎮海歸并金山等肆衛幫道光拾
肆年民屯地丁米豆學租空缺各項銀米已完
未完各數繕造黃冊恭呈
御覽並將司冊移送戶部科查核外所有經接催徵
各官完欠職名一并照例臚列具
題伏乞
皇上聖鑒勅部按冊分別考核謹具題
聞

江蘇巡撫林則徐奏摺　查提江蘇省道光十四年份交代存庫銀兩

道光十五年八月初六日

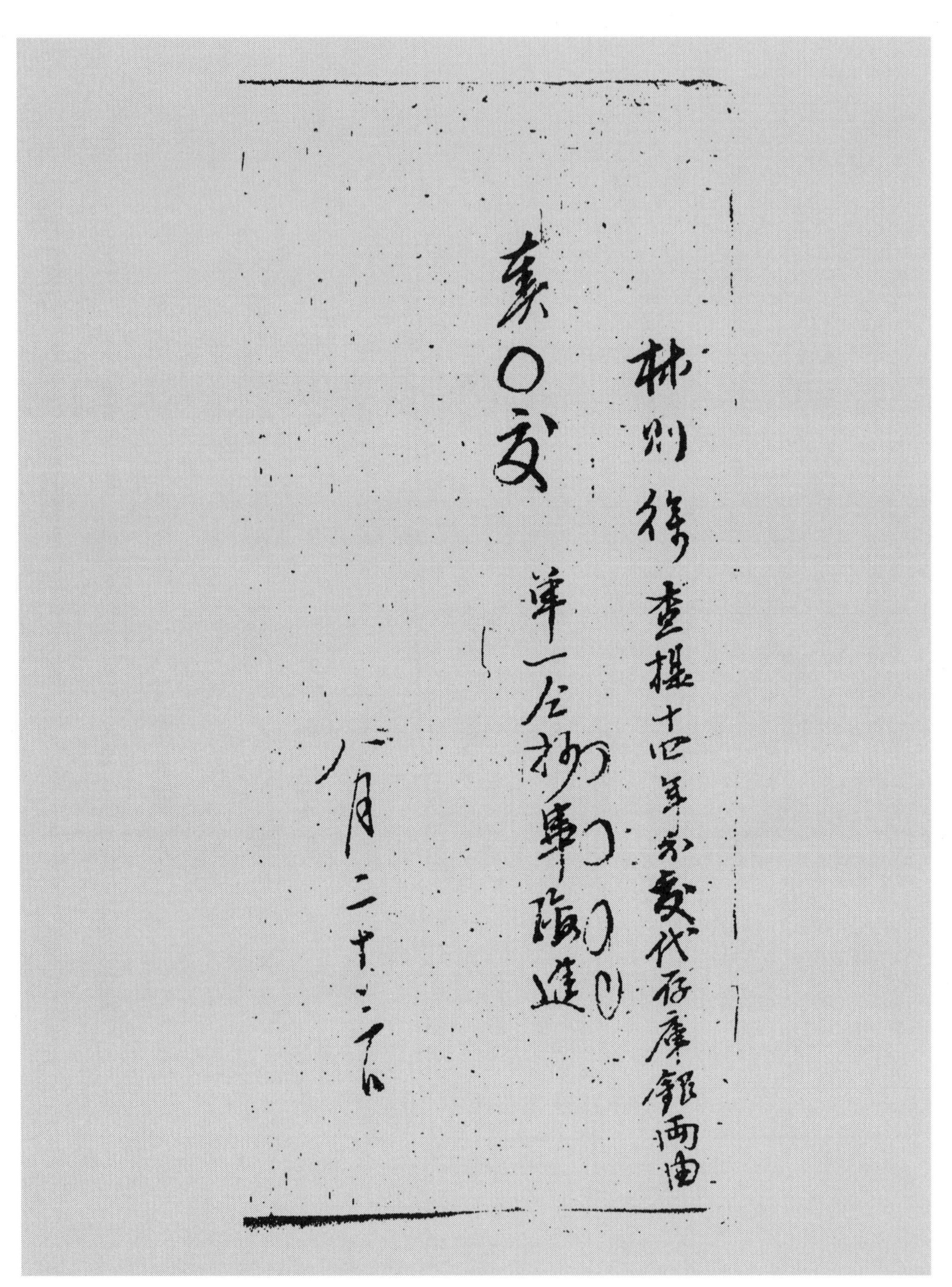

林則徐查提十四年分交代存庫銀兩由

奏〇交

單一件抄單隨進

八月二十六日

江蘇巡撫林則徐奏摺　查提江蘇省道光十四年份交代存庫銀兩

江蘇巡撫臣林則徐跪

奏爲查提江蘇省道光十四年分交代存庫銀

兩循例奏祈

聖鑒事竊照前准部咨各省交代統於年終開

單奏報一次等因轉行遵照在案茲據江寧

藩司楊簧蘇州藩司陳鑾詳稱道光十四年

分各屬交代存庫除已入清查等款並道光

元二三四等年徵完民欠清尾按限催征外其

餘交存銀兩均經陸續催提清解業將清楚

各案隨時專案詳咨此外尚有交代出結後即值銜

事歸併後任接收批解或因冊造舛錯駁換未到

或續解款目尚未造冊同送其著落批解清楚

仍需查覈，應請循案歸入下屆彙核等情，并據
分晰開單請
奏前來。臣覆覈無異，除飭兩藩司將應歸下屆
彙核各案交代分別上緊催提，仍俟提清一案
即先咨結一案，如查有虧，即隨時據實參辦
外，所有查提道光十四年分交代存庫銀兩緣由，
理合循例恭摺具
奏，并彙開清單敬呈
御覽。再，各屬墊完民欠以漕尾作抵存庫銀兩，原係
奏明不限催提，總緣自道光六年至十二年因災
歉收，均經於彙核交代案內
奏准遞緩一年催提在案。道光十四年江淮并蘇

松等庫均有款收應徵錢糧獲蒙

恩旨分別緩徵所有各該州縣有墊漕尾同係民欠應

請旨准再緩一年緩徵以紓民力其逾限屆滿

各縣毋庸再請展緩合併陳明伏乞

皇上聖鑒謹

奏

道光十五年八月二十三日奉

硃批戶部知道欽此

八月初六日

江蘇巡撫林則徐清單

江蘇省道光十四年份各屬交代提清存庫及歸入下届彙辦各案清單

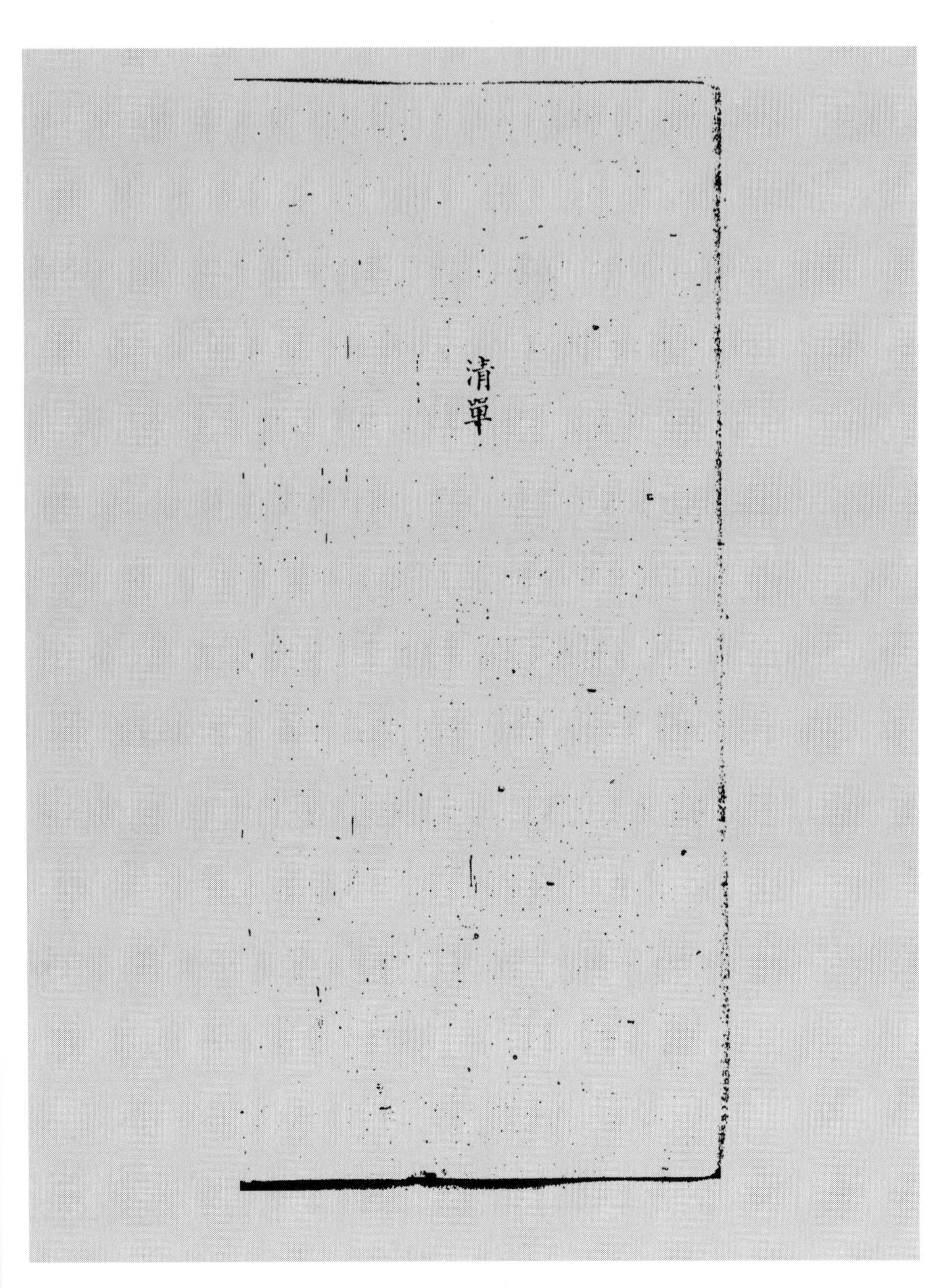

清單

謹將江蘇省道光十四年分各屬交代提清存庫及歸入下屆彙辦各案分晰開繕清單恭呈

御覽

計開

江寧藩司所屬

上元縣馮思澄接收保先烈交代存庫除已入清查並經支及墊完漕尾列抵外實該銀六千七百九十九兩零扣至道光十四年二月十五日二參限滿二月十四日限內結報由司提清存庫銀兩詳咨在案

句容縣錢兆麟接收石常泰交代存庫除已入清查參案及墊完漕尾列抵外實該銀

六千八百七十九兩零扣至道光十四年
二月十八日二參限滿二月十六日限内
結報由司提清存庫銀兩詳咨在案
溧水縣徐麟趾接收劉佳交代存庫除徑支
外實該銀一千八百六十六兩零扣至道光
十四年十月二十五日二參限滿十月初
七日限内結報由司提清存庫詳咨在案
六合縣雲茂琦接收徐麟趾交代存庫銀五
百八十四兩零扣至道光十四年九月初
三日二參限滿九月初二日限内結報由
司提清存庫銀兩詳咨在案
署清河縣唐汝明接收王國佐張建勲陳廷

連交代存庫除已入清查及經支外實該銀一千九百六十二兩零扣至道光十四年三月十九日二參限滿於三月十八日限內結報由司提清存庫銀兩詳咨在案
前任安東縣張寬培接收朱劬楊鴻彬馮立嶸交代存庫除已入清查并馮立嶸參案外實該銀四千六百六十一兩零扣至道光十四年六月二十三日二參限滿於六月二十二日限內結報其存庫銀兩僅據冊報支解銀三千八百五十一兩零其餘銀兩現飭查明續解各數提解另咨應請歸入下屆彙報

鹽城縣孟廣沅接收王會圖孔昭杰交代存庫除已入清查及徑支外實該銀一萬七千八百三十三兩零扣至道光十四年四月初九日二参限滿於四月初六日限內結報其存庫銀兩已催據解過銀一萬四百七十三兩零其餘銀兩現飭查明續解各數提解另咨應請歸入下屆彙報

署泰州馮應渭接收劉文澈交代存庫除已入清查參案並徑支及墊完漕尾外實該銀六千三百二十二兩零扣至道光十四年二月二十三日二参限滿於二月十七日限內結報由司提清存庫銀兩詳咨在案

前任東臺縣李泰接收孔昭顯交代存庫除已入清查並經支外實該銀七千七百九十八兩零扣至道光十四年二月二十九日二叅限滿於二月二十六日限內結報由司提清存庫銀兩詳咨在案

署儀徵縣王澄接收石常泰王曾圖交代存庫除已入清查並經支外實該銀一千九百八十四兩零扣至道光十四年十二月二十七日二叅限滿於十二月二十五日限內結報由司提清存庫銀兩詳咨在案

署沛縣趙毓舟接收朱榮桂交代存庫除已入清查並經支外實該銀五百九十八兩

零扣至道光十四年十二月初八日二參
限滿於十二月初四日限内結報由司提
清存庫銀兩詳咨在案
碭山縣楊鴻彬接收唐汝明及代理張書紳
交代存庫除已入清查外實該銀一千六
百六十兩零扣至道光十四年正月二十
六日二参限滿於正月二十四日限内結
報由司提清存庫銀兩詳咨在案
署海州王夢齡接收王用賓交代存庫除已
入清查並徑支外實該銀二百九十兩零
扣至道光十四年二月二十六日正展限
滿於二月二十四日限内結報由司提清

存庫銀兩詳咨在案

署沭陽縣王之棨接收王夢齡交代存庫除已入清查外實該銀一萬一千一百一十二兩零扣至道光十四年四月二十七日二叅限滿於三月初十日限内結報由司提清存庫銀兩詳咨在案

贛榆縣徐林春接收葛起元交代存庫銀八百五十八兩零扣至道光十四年五月三十日止展限滿於五月二十八日限内結報由司提清存庫銀兩詳咨在案

署通州保先烈接收傅璋交代存庫除已入清查外實該銀一萬六千七百九兩零扣

至道光十四年二月二十一日二叁限满於二月二十日限内结报其存库银两虽据册报全完惟册造各数均多舛错即经驳饬换造尚未送到应请归入下届汇报

如皋县范仕义接收李旁交代存库除已入清查并径支外实该银三万三千五百九十七两零扣至道光十四年七月二十七日二叁限满於七月二十四日限内结报由司提清存库银两详咨在案

苏州藩司所属

署长洲县陈玉成接收萧翀交代存库银三千二百三十七两零扣至道光十四年四

月二十三日二參限滿四月二十一日限內結報詳咨在案其存庫銀兩業經提解清楚現在由司核造全完款冊另行詳咨

署元和縣姚瑩接收平翰交代存庫除已入清查及徑支並漕尾列抵外實該銀五萬五千六百五十兩零扣至道光十四年正月初六日初參限滿十三年九月初五日限內結報詳咨在案其存庫銀兩已催據解過銀五千一百九十六兩零其餘銀兩提解另咨應請歸入下屆限滿之黄冕接收姚瑩交代案內彙報

吳縣湯磐光接收藍蔚雯交代存庫除已入

清查及墊完漕尾列抵外實該銀五萬三千四百八十九兩零扣至道光十三年十月二十七日二參限滿十月二十五日限內結報詳咨在案其存庫銀兩已催據解過銀一萬二千七百五十四兩零其餘銀兩提解另咨應請歸入下屆彙報

前署吳江縣張心淵接收張之杲李鴻鈞時功梅交代存庫除徑支俸工并已入清查及漕尾列抵外實該銀七萬九千六百四兩零扣至道光十四年三月十七日二參限滿三月十五日限內結報詳咨在案其存庫銀兩提解另咨應請歸入下屆限滿

之顧炳奇接收時功栴張心淵蕭翽交代
案内彙報
前任震澤縣劉榮桂接收蕭翽交代存庫除
已入清查及漕尾列抵外實該銀八萬八
千四百八十七兩零扣至道光十四年三
月十七日二參限滿三月十六日限内結
報詳咨其存庫銀兩已催據解過銀一萬
八千三百五十九兩零其餘銀兩提解另
咨應請歸入下屆限滿之周恭壽接收蕭
翽劉榮桂交代案内彙報
前署常熟縣藍蔚雯接收周岱齡交代存庫
除已入清查外實該銀三萬五千四百四

兩零扣至道光十四年四月二十四日二叅限滿四月二十三日限內結報詳咨在案其存庫銀兩現飭查明漕尾列抵及續解實存各數提解另咨應請歸入下屆限滿之練廷璜接收藍蔚雯交代案內彙報

昭文縣張綬組接收史瑨交代存庫除已入清查外實該銀四萬三千一十兩零扣至道光十三年四月初七日二叅限滿四月初三日限內結報詳咨在案其存庫銀兩已催據解過銀三萬七千五百八十五兩零其餘銀兩提解另咨應請歸入下屆彙報

昭文縣張綬組接收陳治交代存庫銀二百

七十七兩零扣至道光十四年十一月二十日正展限滿十一月十六日限内結報詳咨其存庫銀兩提解清楚業經詳咨在案

前署崑山縣孫琬接收吴時行程士偉張連茹交代存庫除已入清查及在縣留支等款并墊完漕尾列抵外實該銀五萬一千四百七十兩零扣至道光十四年四月十九日二參限滿四月十六日限内結報詳咨在案其存庫銀兩已催據解過銀二萬四千一百五十兩零其餘銀兩提解另咨

應請歸入下届限滿之賀崇禧接收孫琬羅衛交代案内彙報

新陽縣沈炳垣接收苗臨灃周恭壽交代存庫除清查動缺徑支俸廉并墊完漕尾列抵外實該銀六萬八千八百五十九兩零扣至道光十四年五月初八日二参限滿五月初六日限内結報詳咨在案其存庫銀兩已催據解過銀一萬六千六百七十兩零其餘銀兩提解另咨應請歸入下届彙報

前兼護太湖同知湯礐光接收劉大烈交代一案扣至道光十四年十月初四日初参限滿十月初二日限内結報詳咨在案其徵存銀兩俱已隨冊提解清楚並無存庫

銀兩

華亭縣張慶瑗接收張之杲交代存庫除已入清查并徑支及漕尾列抵外實該銀五萬一千九百七十一兩零扣至道光十二年閏九月初八日正展限滿九月二十七日限内結報詳咨在案其存庫銀兩已催據解過銀三萬二千一百三十四兩零其餘銀兩提解另咨應請歸入下届限滿之魏文瀛接收張慶瑗交代案内彙報

奉賢縣楊本初接收周恭壽交代存庫除漕尾列抵外實該銀二萬六千二百四十八兩零扣至道光十二年三月初四日二參

限滿三月初三日限內結報詳咨在案其存庫銀兩已催據完解銀三萬二千五十五兩零其餘銀兩提解另咨應請歸入下屆彙報

婁縣毛應觀接收周恭壽史璠張慶瑗鄭鍈四任交代存庫扣至道光十四年十二月初六日二參限滿除鄭鍈一任因有虧缺業經奏參另行扣限外其周恭壽等三任於十二月初四日限內結報先後詳咨在案所有存庫銀兩統於最後之鄭鍈交代存庫案內覈提應請歸入下屆彙報

署金山縣魏文瀛接收黃元吉代理縣程

士偉等任交代存庫除已入清查及墊完
漕尾列抵外實該銀三萬六千二百二十
二兩零扣至道光十三年八月二十八日
二參限滿八月二十六日限内結報詳咨
在案其存庫銀兩已催據解過銀一萬八
千三百六十九兩零其餘銀兩提解另咨
應請歸入下届限滿之朱榮桂接收魏文
瀛交代案内彙報
南滙縣朱清耀接收熊傳棨沈炳垣等任交
代存庫除漕尾列抵外實該銀六萬六千
七百一十七兩零扣至道光十四年五月
初四日二參限滿五月初二日限内結報

詳咨在案其存庫銀兩已催據先解過銀九千三百一十二兩零其餘銀兩提解另咨應請歸入下屆彙報

青浦縣蔡維新接收張敦道鄧秉乾交代存庫除已入清查外實該銀七萬三千七百二十兩零扣至道光十二年四月初十日二參限滿四月初九日限內結報詳咨在案其存庫銀兩已催據解過銀六萬九千一百四十五兩零其餘銀兩提解另咨應請歸入下屆彙報

署川沙廳熊傅栗接收何士祁交代存庫銀一萬九千五百八十五兩零扣至道光十

四年十月初八日正展限滿八月二十八
日限内結報詳咨在案其存庫銀兩提解
另咨應請歸入下屆限滿之何士祁接收
熊傳栗交代案内彙報

武進縣吳時行接收姚瑩交代存庫除已入
清查并趙懷錫虧缺及漕尾列抵外實該
銀四萬七百七十兩零扣至道光十四年
二月十七日二參限滿二月十五日限内
結報詳咨在案其存庫銀兩已催據解過
銀一萬七千二百五十六兩零其餘銀兩
提解另咨應請歸入下屆彙報

陽湖縣范鳳諧接收金咸交代存庫除已入

清查及經支外實該銀五萬四千四百五十一兩零，扣至道光十四年二月二十二日二參限滿二月二十日限内結報詳咨在案，其存庫銀兩已催據解過銀三萬五千四百一十九兩零，其餘銀兩提解另咨應請歸入下届彙報。

金匱縣胡兆蓉接收江之紀、彭玉綸、金咸等任交代存庫銀三萬三千一百二十四兩零，扣至道光十四年九月二十五日二參限滿九月二十四日限内結報詳咨在案，其存庫銀兩已催據解過銀一萬六千九百六十一兩零，其餘銀兩提解另咨應請

歸入下届彙報
江陰縣陳希敬接收鄧秉乾交代存庫除已
入清查外實該銀一十一萬四千八百三
十七兩零扣至道光十三年六月初四日
二參限滿六月初三日限内結報詳咨在
案其存庫銀兩已催據解過銀四萬五千
一百六十二兩零其餘銀兩提解另咨應
請歸入下届彙報
宜興縣顧毓奇接收練廷璜交代除報入清
查及墊完漕尾列抵外實該銀五萬二千
四百一十二兩零扣至道光十四年二月
二十日二參限滿二月十九日限内結報

詳咨在案其存庫銀兩已催據解過銀三千六百二十七兩零其餘銀兩提解另咨應請歸入下屆限滿之何森林接收顧鼒奇錢燕桂交代案內彙報

荊溪縣陳增穟接收張綬組交代存庫除已入清查及徑支并墊完漕尾列抵外實該銀四萬五千一十二兩零扣至道光十三年正月二十八日二參限滿正月二十六日限內結報詳咨在案其存庫銀兩已催據解過銀三千六百三十六兩零其餘銀兩提解另咨應請歸入下屆限滿之洪玉珩接收陳增穟交代案內彙報

金壇縣景昌接收陳春敬交代存庫除已入
清查及徑文外實該銀一十萬八千八百
五十三兩零扣至道光十三年四月初八
日二參限滿四月初六日限內結報詳咨
在案其存庫銀兩已催據解過銀一萬八
千兩其餘銀兩提解另咨應請歸入下屆
限滿之蕭蔭恩接收景昌龔潤森交代案
內彙報
溧陽縣鄧秉乾接收丁在邠交代存庫除墊
完漕尾作抵外實該銀五萬八千五百六
十五兩零扣至道光十三年四月二十七
日二參限滿四月二十五日限內結報詳

咨在案其存庫銀兩已催據解過銀一萬
七千六百九十三兩零其餘銀兩提解另
咨應請歸入下届彙報
太倉州周岱齡接收李正鼎交代存庫除存
貯州庫塘工搶險外貲存銀二萬六千七
百七十九兩零扣至道光十四年五月十
七日二參限滿五月十五日限内結報詳
咨在案其存庫銀兩已催據解過銀一萬
五千八百二十九兩零其餘銀兩提解另
咨應請歸入下届限滿之李正鼎回任接
收周岱齡交代案内彙報
鎮洋縣孔昭顯接收曾承顯交代存庫除報

入清查并墊完漕尾列抵外實該銀三萬
二千九百六十八兩零扣至道光十四年
十二月二十六日二參限滿十二月二十
四日限內結報詳咨其存庫銀兩已催據
解過銀一萬九千九百一十六兩零其餘
銀兩從解另咨應請歸入下屆彙報
寶山縣毛正坦接收張連茹交代存庫銀一
萬二千五百四十兩零扣至道光十四年
十月初九日二參限滿十月初八日限內
結報由司提清存庫銀兩詳咨在案
崇明縣姚儲接收單以紱交代存庫銀五千
二百四兩零扣至道光十四年三月初六

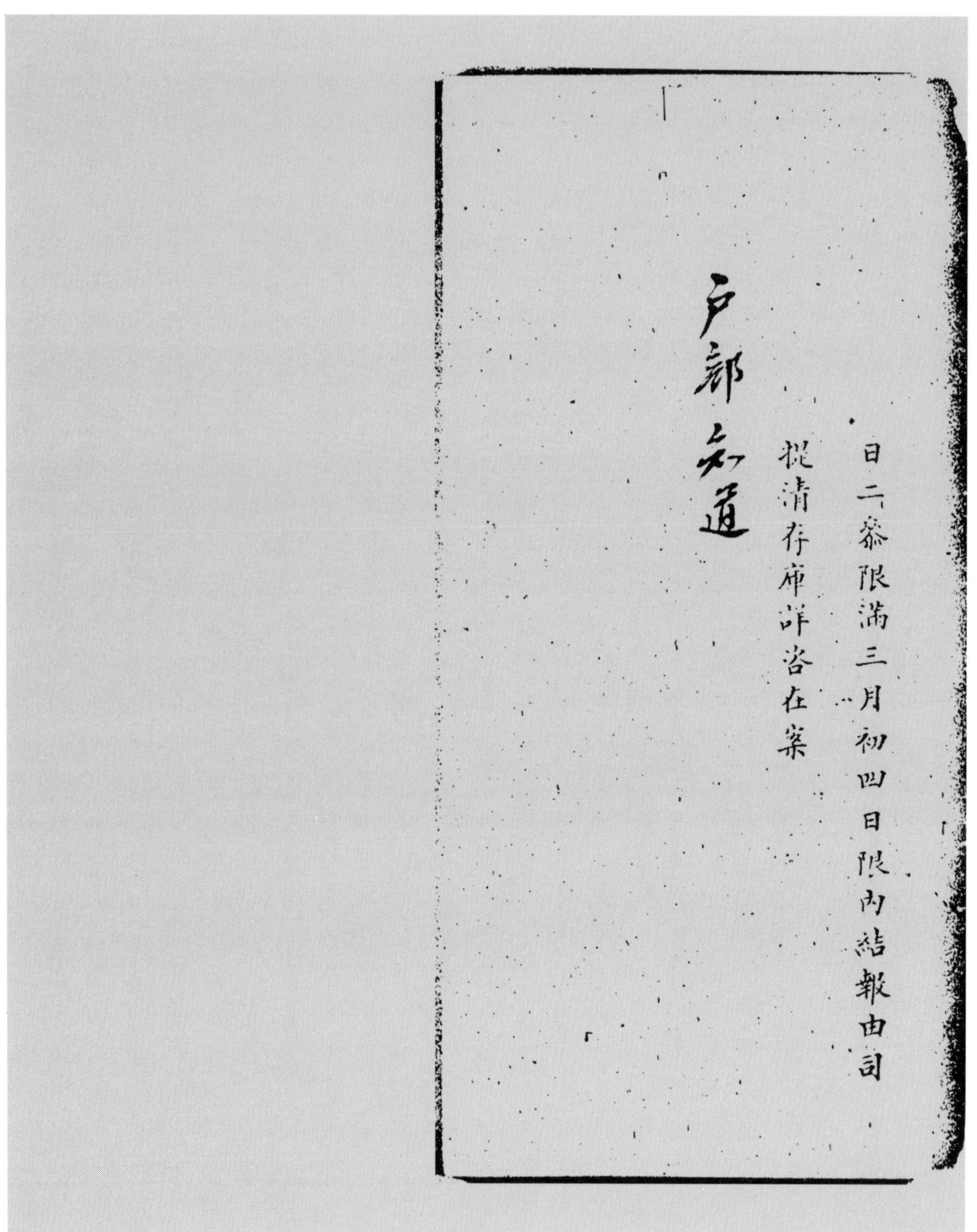
日二参限滿三月初四日限内結報由司
提清存庫詳咨在案

户部知道

江蘇省道光十五年七月份雨水糧價情形

林則徐 七月份雨水糧價由

奏 ○

八月二十三日

江蘇巡撫林則徐奏摺　江蘇省道光十五年七月份雨水糧價情形

道光十五年八月初六日

江蘇巡撫臣林則徐跪

奏為恭報七月份雨水糧價情形仰祈

聖鑒事竊照江蘇省本年閏六月份雨水糧價

及田禾情形業經臣恭摺

奏報在案茲據各屬先後稟報七月上旬初

一日至初十中旬十三至二十下旬二十四至盡月六

等日或得微雨或一二寸至尺餘不等所有

江南各屬腹地平田前經報旱之處自月

初得有透雨即已浡然無異翻復蘇

滋長現在俱穗升漿日形暢茂其未秧

插秧及已插而先已枯萎者經臣批飭各

屬相度地宜或補雜糧或種蔬菜皆

冀稍有薄收惟七月初二三等日大雨之

中風勢甚為猛烈棉花間被吹損木棉脫
落尤多將來統收成縱難免於減色江
北低窪之處夏間已形被澇秋來大雨更
多積水深疏消不及在田禾稼未免被浸受
傷節據各州縣稟報已批司轉飭親詣確
勘歸於秋收案內據實覈辦至寶山華亭
海塘先於六月間遭被風潮沖擊坍壞之
擬勸捐修復當經附片
奏陳在案茲七月初六又遭風暴塘工擊
損尤多除責令該府州縣先行搶築
保護外所有勸捐集項購料估工之事經粗
有頭緒尚須備細籌畫然後興工容即

會同督臣以歷定章程飭行
奏請分理。再，江北各屬前報蝻孽萌生，旱
經撲捕淨盡。惟鄰豫東二省以該處安
旨蝗蝻移咨飭屬會捕務周畢殄。七月
初八、十二等日據清河等縣稟報有飛蝗過境，
當即督率鄉農驅逐，間有停落，立即撲
滅盡，未傷及禾稼，現仍飭令時刻
防範，再飛至，尤須設法追捕，務使根株
不使稍留餘孽。新下通省糧價，松江、淮
安、通州三屬俱較平減，餘與上月相同。
謹合恭摺具
奏。并繕七月分糧價清單，敬呈

江蘇巡撫林則徐奏摺　江蘇省道光十五年七月份雨水糧價情形
道光十五年八月初六日

御覽伏乞
皇上聖鑒謹
奏
道光十五年八月二十三日奉
硃批知道了欽此
八月初六日

江蘇巡撫林則徐清單　**江蘇省道光十五年七月份糧價清單**

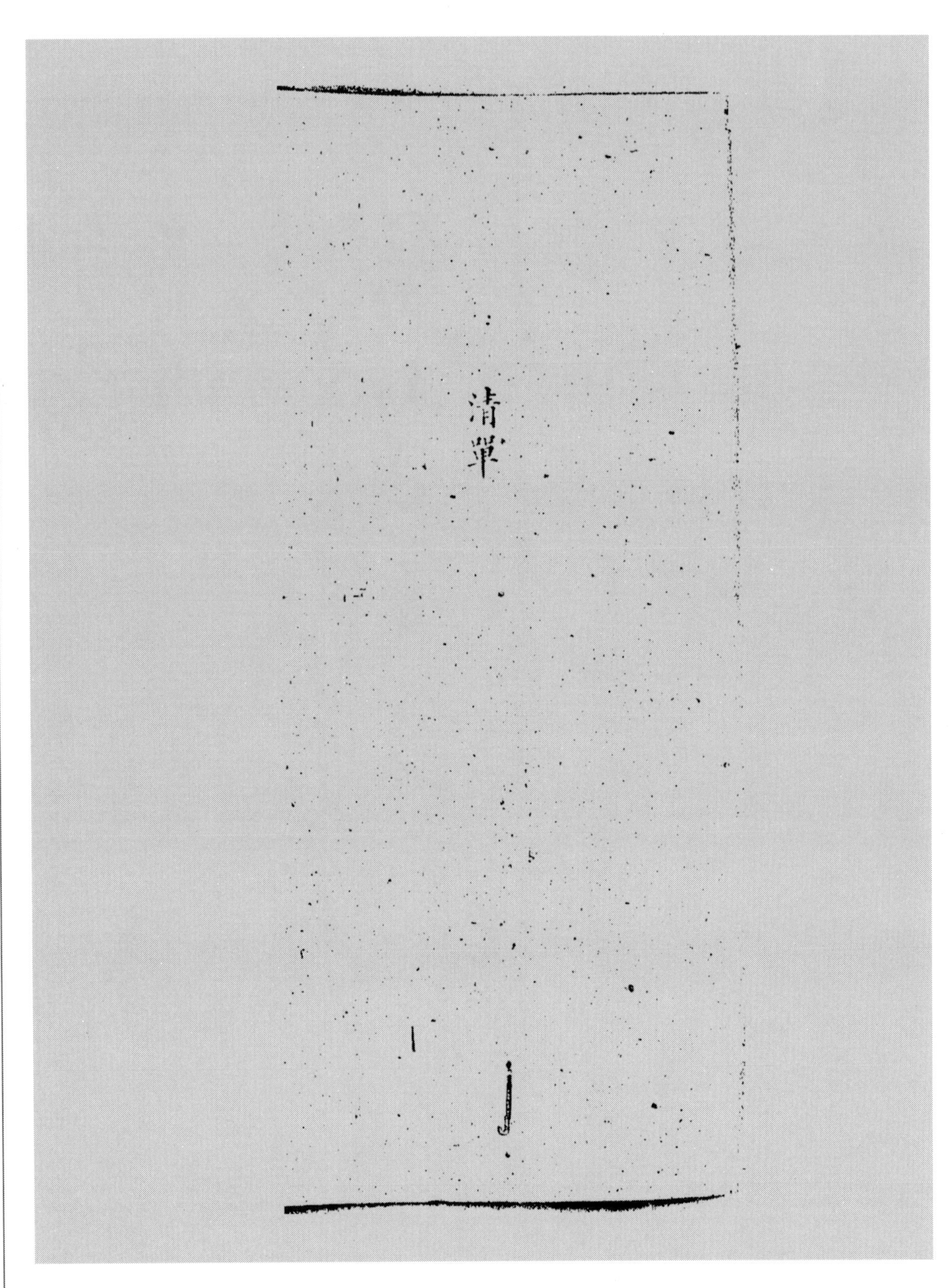

謹將江蘇省道光十五年七月分米糧時價開

繕清單恭呈

御覽

計開

江寧府屬　價貴中

上米每倉石價銀二兩二分至三兩　與上

月同

中米每倉石價銀一兩九錢二分至二兩九

錢　與上月同

糙米每倉石價銀一兩八錢二分至二兩七

錢　與上月同

小麥每倉石價銀一兩四錢八分至二兩

與上月同
大麥每倉石價銀七錢三分至一兩一錢二分　與上月同
黄豆每倉石價銀一兩五錢九分至二兩四錢　與上月同
蘇州府屬　價貴中
上米每倉石價銀二兩五錢至二兩九錢　與上月同
中米每倉石價銀二兩二錢至二兩四錢　與上月同
糙米每倉石價銀二兩七分至二兩三錢　與上月同

小麥每倉石價銀一兩七錢至二兩　與上
月同
大麥每倉石價銀八錢至一兩　與上月同
黄豆每倉石價銀一兩七錢八分至二兩二
錢　與上月同
松江府屬　價貴中
上米每倉石價銀二兩三錢四分至三兩二
錢　較上月賤一錢
中米每倉石價銀二兩二錢四分至三兩
較上月賤一錢
糙米每倉石價銀二兩至二兩七錢　較上
月賤一錢

小麥每倉石價銀一兩一錢至一兩七錢七
分　與上月同
大麥每倉石價銀七錢至九錢　與上月同
黄豆每倉石價銀一兩五錢至二兩　與上
月同
常州府屬　價貴中
上米每倉石價銀二兩三錢至二兩七錢五
分　與上月同
中米每倉石價銀二兩一錢至二兩四錢五
分　與上月同
糙米每倉石價銀一兩九錢至二兩二錢五
分　與上月同

小麥每倉石價銀一兩四錢至一兩一錢
與上月同
大麥每倉石價銀七錢至一兩二錢 與上
月同
黄豆每倉石價銀一兩五錢五分至二兩一
錢 與上月同
鎮江府屬 價貴中
上米每倉石價銀二兩五錢至二兩八錢
與上月同
中米每倉石價銀二兩四錢至二兩六錢
與上月同
糙米每倉石價銀二兩三錢至二兩四錢

與上月同
小麥每倉石價銀一兩三錢至二兩 與上
月同
大麥每倉石價銀九錢至一兩一錢 與上
月同
黃豆每倉石價銀一兩八錢至二兩四錢
與上月同
淮安府屬 價貴中
上米每倉石價銀三兩一錢至三兩九錢五
分 較上月賤一錢
中米每倉石價銀三兩至三兩九錢 較上
月賤一錢

糙米每倉石價銀二兩九錢至三兩三錢
較上月賤二錢

小米每倉石價銀一兩五錢至二兩　較上
月賤二錢

一小麥每倉石價銀二兩至二兩二錢　與上
月同

一大麥每倉石價銀一兩至一兩五錢　與上
月同

黃豆每倉石價銀二兩至二兩三錢　較上
月賤一錢

秫秫每倉石價銀一兩二錢至一兩七錢
較上月賤一錢

揚州府屬 價貴中
上米每倉石價銀二兩三錢至三兩五分
與上月同
中米每倉石價銀二兩一錢至二兩九錢五
分 與上月同
糙米每倉石價銀一兩九錢至二兩八錢五
分 與上月同
小麥每倉石價銀一兩六錢五分至二兩五
錢 與上月同
大麥每倉石價銀七錢至一兩三錢 與上
月同
黄豆每倉石價銀一兩八錢四分至二兩八

錢五分 與上月同
秫秫每倉石價銀一兩一錢 與上月同
徐州府屬價貴中
大米每倉石價銀三兩四錢至四兩五錢二
分 與上月同
小米每倉石價銀二兩四錢五分至三兩七
錢六分 與上月同
小麥每倉石價銀一兩八錢至三兩二錢
與上月同
大麥每倉石價銀一兩至一兩九錢 與上
月同
黄豆每倉石價銀一兩八錢至二兩五錢四

分　與上月同
秫秫每倉石價銀一兩一錢至二兩二錢四
分　與上月同
太倉州併屬　價貴中
上米每倉石價銀二兩九錢至三兩三錢
與上月同
中米每倉石價銀二兩八錢至三兩四錢
與上月同
糙米每倉石價銀二兩七錢至三兩　與上
月同
小麥每倉石價銀一兩一錢至一兩八錢八
分　與上月同

大麥每倉石價銀八錢至一兩三錢五分
與上月同
黄豆每倉石價銀一兩七錢至二兩一錢
與上月同

海州併屬　價貴中
上米每倉石價銀三兩七錢三分至四兩一錢
與上月同
中米每倉石價銀三兩一錢三分至三兩八錢
與上月同
糙米每倉石價銀三兩六分至三兩六錢
與上月同
小米每倉石價銀二兩五錢至三兩九分

與上月同
小麥每倉石價銀二兩至二兩三錢 與上
月同
大麥每倉石價銀一兩至一兩三錢 與上
月同
黄豆每倉石價銀二兩五分至二兩八錢
與上月同
秫秫每倉石價銀一兩三分至一兩三錢
與上月同
通州併屬 價貴中
上米每倉石價銀二兩五錢至二兩九錢
較上月減一錢

中米每倉石價銀二兩三錢至二兩七錢
　較上月減一錢
糙米每倉石價銀二兩一錢五分至二兩六
　錢　與上月同
小麥每倉石價銀一兩七錢五分至一兩八
　錢　較上月減五分
大麥每倉石價銀九錢至一兩　與上月同
黄豆每倉石價銀一兩八錢至一兩九錢
　較上月減一錢
海門廳　價貴中
上米每倉石價銀三兩六錢　與上月同
中米每倉石價銀三兩四錢　與上月同

糙米每倉石價銀三兩 與上月同
小麥每倉石價銀一兩九錢 與上月同
大麥每倉石價銀一兩二錢 與上月同
黄豆每倉石價銀二兩二分 與上月同

覽

江蘇巡撫林則徐奏片

江蘇省道光十五年七月份收捐監生銀數

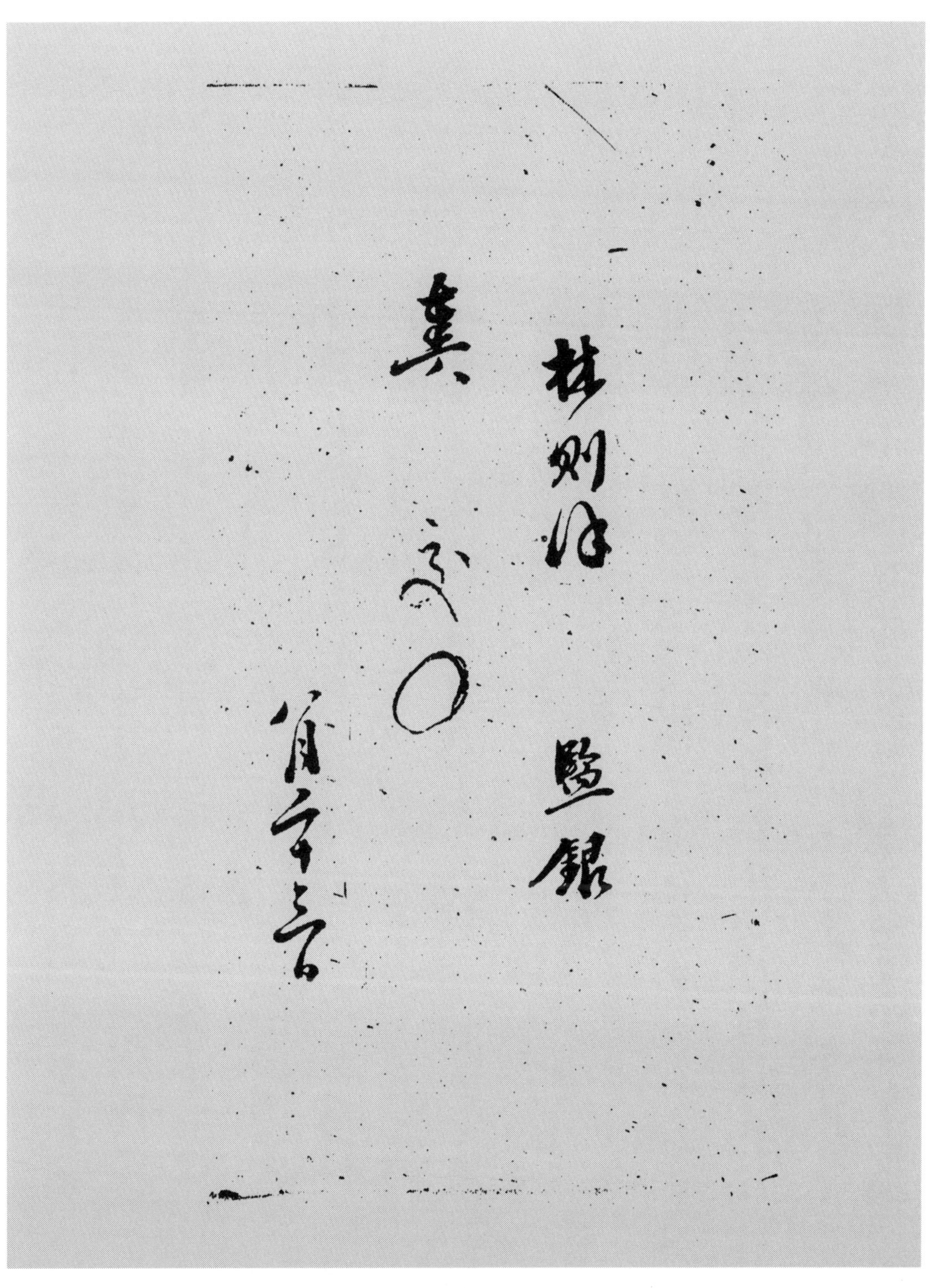

再江寧蘇州兩藩庫收捐監生銀數，截至道光十五年閏六月底，業經臣附片具
奏在案。查江寧藩庫自嘉慶五年至道光十五年閏六月底，共收捐監銀三百三十萬九千五百九十二兩，除節次撥解及提歸封貯外，存銀二萬三千一百三十二兩零。茲七月分又收捐監生五十三名，計銀五千七百二十四兩，共存銀二萬八千八百五十六兩零。蘇州藩庫自嘉慶五年至道光十五年閏六月底，共收捐監銀四百九十三萬七千[illegible]百二十六兩，除節次撥解及提歸封貯並請留備用外，存銀九千八十六兩零。茲七月分又收捐監生三十二名，計銀三千四百八十四兩，共存銀一萬二千五百七十兩。前奉部咨收

足十萬兩解部，續收五萬兩歸補封貯。此
次江寧藩庫解部、蘇州藩庫歸補封貯，
除俟收明成數分別提解撥解外，理合附
片陳明，謹
奏。
道光十五年八月二十二日奉
硃批：戶部知道。欽此。

江蘇巡撫林則徐奏摺 **寶蘇局餉錢充裕請暫停鼓鑄**

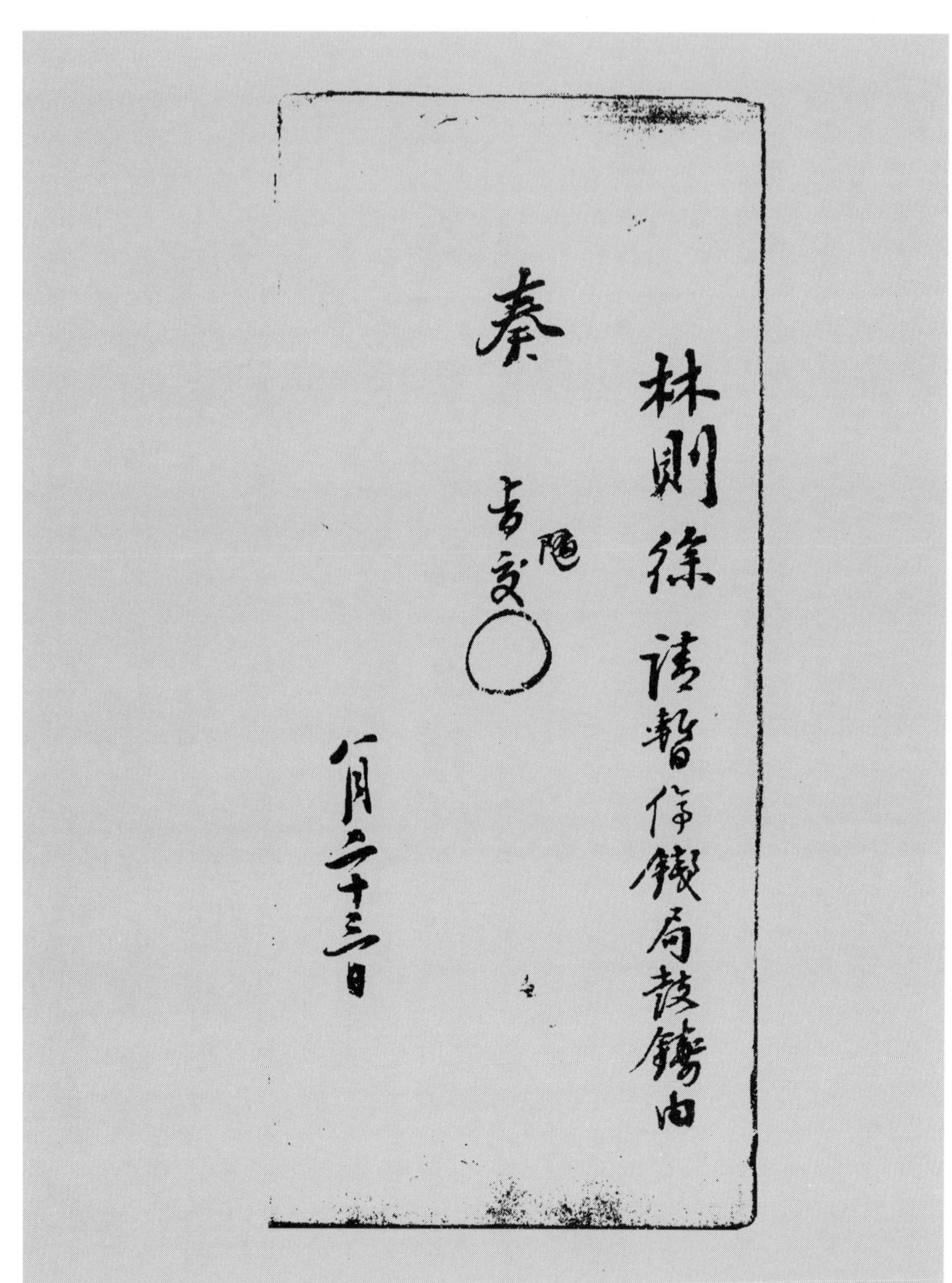

林則徐 請暫停錢局鼓鑄由

奏

旨 隨 交

八月二十三日

江蘇巡撫臣林則徐跪

奏為寶蘇局餉錢充裕足敷搭放循案聲

請停鑄仰祈

聖鑒事竊據蘇州布政使陳鑾江蘇按察使

裕謙會詳稱寶蘇局每年鼓鑄七卯共

應鑄錢一十一萬一千九百餘串除例給爐

匠工料外一萬六千六百餘串淨歸庫

九萬五千三百二十七串零搭放通省者

標營兵餉及監犯鹽菜錢文每年約計

七萬六千餘串除剩錢文存貯局

庫以備別項撥用或市肆錢價昂貴

隨時官為平賣如局存餉錢充裕市集

錢價平賤或銅鉛不繼歷有暫行停
鑄之案據查乾隆五十七九六十嘉慶二
四五道光七八九等年均奉
奏准停鑄在案今查寶蘇局存串共有十萬
七百餘串足敷搭放兵糈並本年冬季
及來歲全年兵餉之需此外並無別項撥
用現在蘇省市集錢價甚賤若將本年
額鑄餉錢仍行開鑄勢必存積愈多不特
成本久懸且照章民不便請照歷屆成案
暫行停鑄以免積壓等情會詳請
奏前來臣查寶蘇局現在雖屆開鑄道光
十五年額錢之期而局庫存串共有十萬七

百餘串，除足以敷搭放江蘇各標營本年
冬季及來歲全年兵餉之用，市集錢價
又賤，無需出易。若仍照常卯鑄，非特徒
滋陳積，成本久懸，且錢積愈多，市價愈
賤，於兵民實費無多未便。該司等詳請
暫停鼓鑄，核與歷年
奏准之案相符。所有寶蘇局額鑄道光十五
年錢文，應請暫行停鑄一年，仍俟局存七
文將次放竣，再照舊例按卯配鑄，俾存局七
文不致日久積壓，市價可免過賤，似屬兩有
裨益。謹會同兩江總督臣陶澍合詞恭繕
摺具
奏，伏乞

江蘇巡撫林則徐奏摺 寶蘇局鉋錢充裕請暫停鼓鑄
道光十五年八月初六日

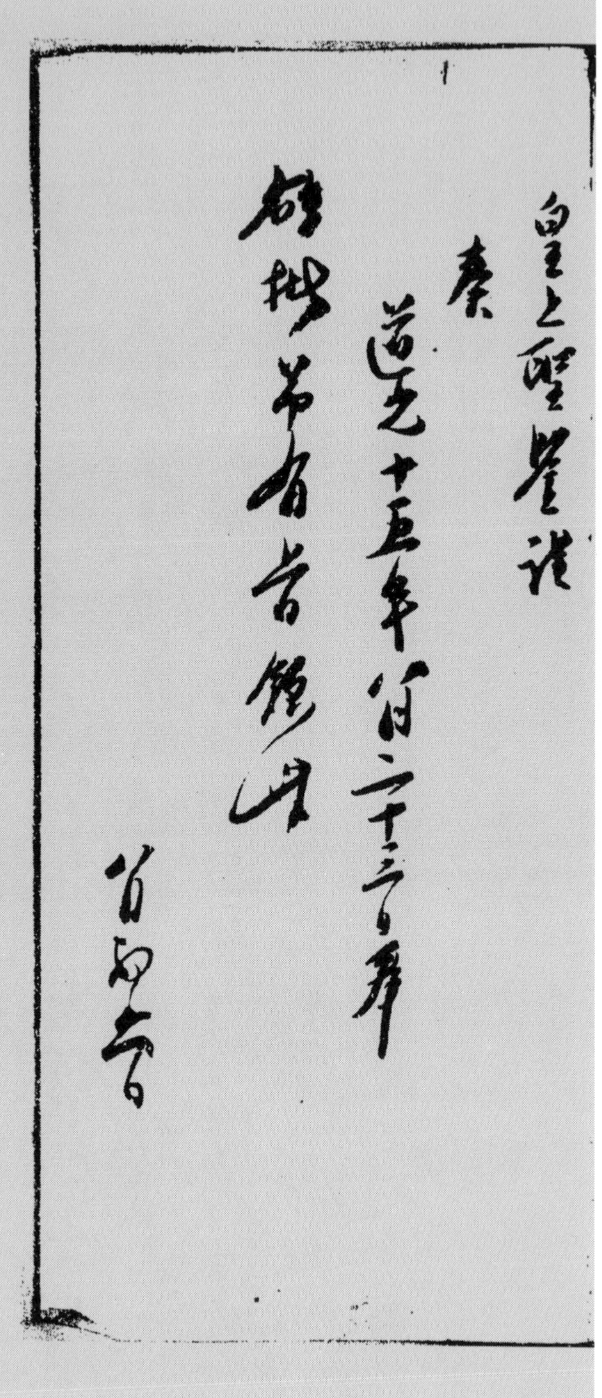
皇上聖鑒謹
奏
道光十五年八月二十六日奉
硃批另有旨欽此

江蘇巡撫林則徐等奏摺

遵旨會訊辦理滸墅關丈量沈培違例徇私案

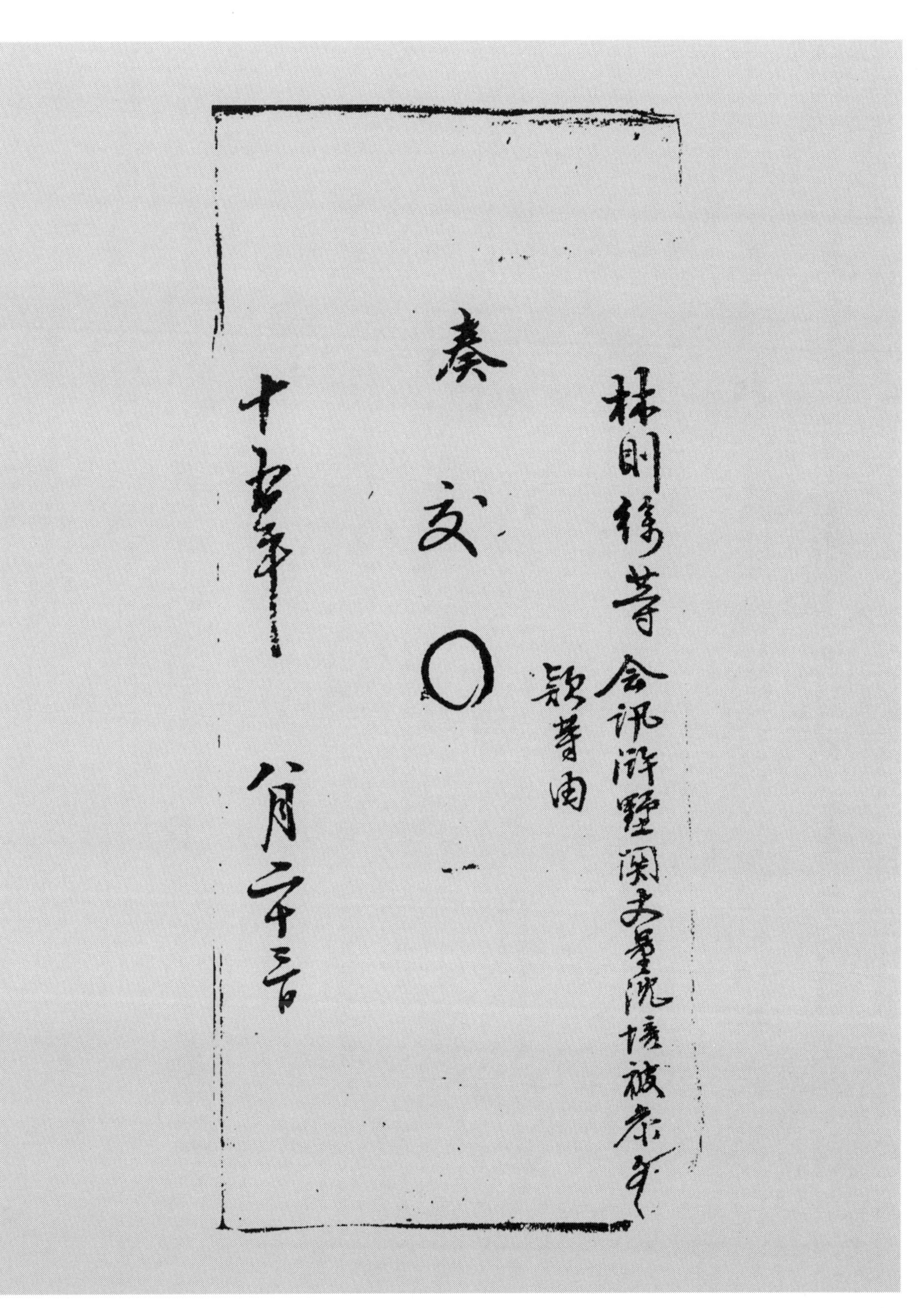

林則徐等会訊滸墅関丈量沈培被参一案

欽奉由

奏交　○　一

十五年

八月廿三日

江蘇巡撫臣林則徐
滸墅關監督臣杉桂跪

奏為遵
旨會同查訊滸墅關丈量並籌議罰料事宜恭摺覆
奏仰祈
聖鑒事竊臣林則徐承准軍機大臣字寄道光十五年
六月二十一日奉
上諭有人奏江蘇滸墅關為通商要道向有標記並
查船謝儀及上派下派押差渡夫掛單交秤接
籌等項名目疊經降旨飭禁並另革除近有丈
量料書吏沈培本係該關附近著名地棍前在關
丈量名下身以攢典近既充丈量遂勾通內外串弊
不作因該關向有罰料一項其所罰銀兩向以一半分

給丈量等為貼補飯食之需一半留為繳造船公
之用此例原為偷漏商人而設近來商船到關衆
丈量袁時沈培主持無論果否偷漏任意丈量指
為以多報少無船不罰無罰不多有不服者輒行
鎖繫往來莫可如何因罰料一項並無印票僅
有大關鐵單不過以微書妄自標明所罰數目
鐵單又隨發隨徵在官而不在商之人無憑控訴
且以少罰多並無底冊不畏稽查遂至肆行勒索
其商賈之狡黠者多給使費不但可免重罰即
應完之正課亦可以多報少其善良者不但貨物少
而丈量多而重罰且隨手取商情畏罰含貪利若
良者亦不習為狡黠偷漏不可勝言之虧額視之課銀

肥吏胥之囊橐，以此蠹吏把持誤公肥己，尤應嚴行究辦。著林則徐會同松桂嚴密訪查，如有前項劣跡，即將沈培指參嚴懲，毋稍寬縱。至商船偷漏，自應照例罰料，不應如何倍另即票另立簿據，隨同親填票簿一併報部。著妥議章程，奏明辦理，以杜弊端而昭覈實。又據奏稱淮關管理宿遷關之書吏康景山、張紹盤、駱名年每逢監督派往家人勾串一氣，即例有一定之額徵船料，亦加三倍徵收，且吸食鴉片，俾逼作散商旅船隻到口，即日多不驗放，守至次日，又須索刻，方行查驗，並有守至二三日者。著林則徐會同那兆查明究辦，毋稍事顢頇。經此次飭查之後，兩關積弊倘不於實力剔除

則經發覺，或科道糾參，惟該撫暨該關監督是
問。將此諭知林則徐並傳諭彬桂，令其知之。欽此。
臣等當即欽遵
諭旨會同查辦。惟滸墅關與淮關情形各異，是以未將兩關
合敘一摺。查此頭緒紛繁，除淮關之宿遷分口
一案經臣林則徐會同監督那崑查明另摺密
奏外，查滸墅關徵收錢糧，自乾隆二十七年奏定章
程，于貨船報稅過關之後，逐一簽量，如與所報相
符，即令過關。倘有隱匿少報，查與紅單不符，倍罰
示儆，原為杜絕偷漏起見。其所收罰料銀兩，
以一半分給關書丈量並各口人役，為貼補辛工
飯食之用；一半歸織造衙門辦公，仍將閑存銀

兩每年照例解交內務府衙門覈銷歷久遵

行相安並無異推原立法之意本因各項書役食

費不能取於陋規費故將罰料分賞一半既

以勵稽查之出力即以杜私取之陋規所有標記謝

儀等項名目皆已久奉禁革道光十三年復

經臣林則徐奏請

勅下前任監督豫堃議立章程駐關嚴禁奉部覆

准在案臣松桂自上年冬間到任後以裕課首在

除弊弭書役於已革名目陽奉陰違致妨正稅

不敢不實力禁止除嚴申示諭外並隨時移駐關

口明查暗訪每放船隻親自抽驗即如家丁丈

量書役下河登船向來本係挨名輪派臣松桂

到任後因恐該丁役等預向商船勾串滋弊，改
於每日早晨抽籤派使，俾不能先知書差日期，
以杜弊竇。並查有勝保之吳書丈量程棟、金人
許、金巡役朱汶、柟丈尹載福等協偕立予斥革，
役交地方官嚴懲，示儆在關之丁書丈量人等，
似皆心存畏憚。茲欽奉
諭旨：有人奏滸關丈量沈培主持勒索，任情舞弊，難保
非該督撫前臣林則徐當即密委藩司陳鑾、
臬司裕謙、署蘇州府知府李聯芳先後分別訪查。
旋據覆稱：查該關卸任首列經制書吏六名，
次則學習書吏，向係分管協同辦理稅票文案
事務。書吏之下乃為丈量，但管下船艙盤貨物

有經制丈量五名學習丈量十餘名內情於道光
十三年冬間甫由學習丈量充補經制名缺最
後隨眾丈量皆在伊入卯之前查無所丈至持情事
臣林則徐以該關距蘇城僅二十五里非如北新淮
宿等關相距窎遠應於商船過關之際親
往稽查庶可得實適值本年夏間天時亢旱
各處田疇並取車灌官河日形乾涸常州一
帶淺阻尤甚六月以後重載過關極為稀少至
閏六月下旬及七月之初因連得透雨河流始通商
載漸可南下探得七月初七日投稅之船最旺臣
林則徐突於是日出其不意輕舟減從直赴滸關會
同臣松桂將完稅過關已經簽盤之船不論大小者罰

每罰一概覆查丈尺，俱係照正稅與簽盤相符。其居心尤大，雖係放行無阻，其報少體多應徵補正罰料共十船之中，亦有二三兩所罰甚微，分數多寡不等，實係罰所當罰，並非無船不罰，每罰不多，亦每統計艘罰及將應完正課以多報少情弊。隨所偵提訊丈量沈培到案，由臣林則徐發交藩臬兩司，督同蘇州府審明解勘。臣等親提訊據沈培供：吳縣人，年三十五歲，於道光元年報充滸關學習丈量，道光十三年滿補經制，並未查人身役，辦了亦每送祀朦充內。專簽查船隻，本係挨輪，書差近奉改為每月輪簽，隨同內丁下河簽船，既不能預知何日輪派何

人即安於勾串作弊況商船完課查未過關之
前丈量簽鹽之已過關之後事屬兩起如有
苛刁即使商船多給使費亦只將其應完之
課以多報少丈量出應罰之船自非該商所樂
受乎肯給使費之理若刁商抗違不遵飭差拏
押赴關照補稅此偶然有之但係委員之事非丈
量所敢干預令嘗進向無項陋規名目從前原或
不免近來禁令如此森嚴商船並不問知如稍有
抑勒現即被其告發圖利反害是以在關人役俱
不敢有需索情弊惟向有官民眷口乘坐船隻
過關並無貨載例不完稅此伊等到船驗放偶
得飯食酒錢一二百文或三四百文不等亦係隨

人兩付不致勒索令衆指出實在懍悚哀求恩
等供復提至關書差等多口人役反覆研訊並
查詢委員飭具甘結指証異詞各衙門亦無容
商捏案其為並無騰克把持及勾串抑勒
情事尚屬可信惟于官民着口船隻私取零
星飯食酒錢即屬違例滋擾應並不照應重
律杖責革役保在關各書差益知樂徼並罰
料一項每年應將收存銀兩解交內務府交銷
與正稅錢糧應解部庫者不同商船到關完納
正稅已經給與印票若因差有罰料再給印
票是一船而給兩票既與定例不符且罰後放行必
不復究其所往如此再給票據設有奸商揹販

於給票開行之後就將簽手貨物起卸中途

輒以為罰料為詞將票揑告是即票則一成不變

而貨物已移步換形恐徒滋訐訟之端殊多

從嚴亦慮實在推多有礙抑亦致体恤關罰

料給号印票一節應毋庸議至此項紙兩查繳造

衙門應支各項公用皆係

奏明定案餘存銀兩解交內務府亦按向例支銷

戶部衙門均係年例案可稽即另立清摺報部

照六年覆查案臣杉柱查每年罰料本與漏

稅補正等款無例具

奏一次並造冊咨明內務府覈銷應請嗣後

正額盈餘錢銀以及親填半存仍照向例解

交戶部嚴飭，令其每年所收罰料應添備
印簿一分，逐一填明，於滿關時隨冊咨送，以
憑覆查覈，以昭嚴密，亦符定例。臣祁桂仍當
時常轄住關署，認真稽查，力除積弊，總期
有犯必懲，不致稍存徇忽，自取咎戾。所有遵
旨查議緣由，謹合詞恭摺覆
奏，伏乞
皇上聖鑒。謹
奏。
道光十五年八月二十六奏
硃批：依議。欽此。
九月初六日

江蘇巡撫林則徐等奏摺 遵旨查辦宿遷分口差役康景山等違例需索案

道光十五年八月初六日

林則徐等

奏

查辦宿遷分口差役康景山等被參索擾

交

〇

十五年八月二十二日

江蘇巡撫臣林則徐
淮關監督臣郎崑跪

奏爲遵

旨會查宿遷分口差役康景山等詳明辦理緣由恭

摺覆

奏仰祈

聖鑒事竊臣林則徐承准軍機大臣字寄道光十五年

六月廿一日奉

上諭有人奏淮關監理宿遷分口之書吏康景山[illegible][illegible]盤踞多年每遇監督派往家人勾串一氣即例有一定之款錢船料亦必加三倍錢收且嚇令稍停俾晝作夜商旅船隻到口即多日不驗放守至深宵又須未刻方能查驗並有守至二三日者著林則徐會同

卯崑查明究辦，不得稍事顢頇等因。欽此。查淮關
距蘇州省城八百餘里，而宿遷分口在淮關之
北更遠二百餘里，臣林則徐駐劄蘇州，於該口積
弊情形未能目睹，究竟康景山勾串何等
盤踞加派船料，以及吸食鴉片累商守候，必
須訪查明確，徹底究辦。臣卯崑甫經到任，所
有各口丁書差役正須嚴查積弊，及時整頓，以冀
關政肅清，更無所用其迴護。臣林則徐接
奉
諭旨，遵即移會臣卯崑一體欽遵究辦，一面札委徐
州道王廷彥就近嚴查，并又添委署淮安府
知府恩縣前赴宿遷新安會加密訪確據，並覆該

道王廷彥適在宿遷催儹重運該府恩縣亦
改裝易服馳往查得該處東臨運道西屬黃河
各有分口謂之東西兩關查即不動聲色在順
河集塞富並該關附近坊巷及來往商船逐細
密行查訪康景山係宿關鄉差慎紹係宿遷
縣差均歷任卯簿可查坊牌給札為吏又查宿
遷分口向徵鈔稅三項名目其按
回貨物課則分別徵收者謂之稅銀又有船料自
一百六十石至千餘石每尺徵梁銀之鈔由分船
鈔自二百石至千餘石每尺徵鈔銀三錢二分
載在工部則例合之稅銀共有三項名目皆由
例應徵之款並非私加之信至應稅之船式一列

閘已晚不及赶驗待至次日驗放亦所偶有要非無
故羈留現在該閘家丁甫經新任監督改派與康
景山等尚不認識自無勾串情弊其從前舊丁早
已散去無從追問至康景山等有無吸食鴉片
查無確據搜無煙具未能指實等情臣即飭
委員將康景山張保提解到淮先行研
訊據康景山供係宿遷閘承差於道光十一年充
當專司查驗船料據張保供係宿閘總差散
役於道光十二年充當隨同頭役專管船帳
該差等向供當書掣籤於東西兩閘輪流當差
一月一換一年上班六個月其非常年在閘不敢
盤踞所有內署家丁係隨時差派來去無定該

差等在外伺應，不能時常兜查，無從約束。應從
飭據供於關前懸掛木榜，止須客商親填簿冊，
又要給與印票。若加至三倍，客商安肯給付？委無加
徵之事。小船到關完税，無不即刻放行。惟有大
載餘鹽自帶剝船分裝，及到關時將貨物歸
併大船，簽盤之後，復行提剝。據稱轉起，卻不無
耽延，如遇陰雨，守候天晴，或至一二三日開行，亦
係船戶自行耽擱。該差不敢留難，亦不敢吸食
鴉片，家無俾晝作夜之事等供。臣那崑於取
供後，即將康景山併派委員解蘇，由藩司陳鑾、臬
司裕謙督同署蘇州府知府汪忻訊明詳解。
臣林則徐親提研鞫，據供各情，與臣那崑所

訊大概相同。隨復檢查戶部則例宿遷關條下
既將各項税則分别開載，而工部則例内復有宿遷
關應徵船料船鈔一條，是料銀鈔銀税銀三項，
實皆照例應徵之款。惟税銀人所盡知，而料鈔
兩項專爲該關而設，則之條徵收之説，或即因三項
而有訛傳似乎加徵之弊。該承差康景山雖差悃係案
係道光十一、十二年先後接充差役，並非書吏
係乃毋業可稽，即歷任派往家丁亦未必屬與
爲伍。惟該差等果無需索，斷不至無端被人
牽告。當復再三嚴詰，加以刑嚇，始據供：本年
五月間，有北來官眷船而使討關，伊等因已天
晚未即往查，至次日到船查無貨物，只具樑頭

九尺有零，要船戶完納契鈔銀兩，彼此爭執，致有耽擱。旋於該關契鈔之外，復討取查艙飯鈔各數百文，今蒙指訐，不敢狡賴等供。臣即兼亦覆查無異。至吸食鴉片之說，雖係實無他現，無火證，又無搜獲烟具，該役等堅不承認。查吸食鴉片之人，若終日不能得食，即涕淚交流，謂之烟癮，因以窮日之力而加熟驗，如果在吸食，該役等自晝至夜並無萎頓情狀，無憑科斷。臣等查該役於無貨船隻輒敢私取查艙鈔文，即屬違例需索，自應照律擬以。康景山係船鈔，照不應重律，各杖八十，革役，仍追徵所得查艙鈔文入官，以示懲儆。臣即兼司榷物

惟當隨時隨事認真稽察，將所有陋規革除淨
盡，并再查有書役人等藉端需索，尤必盡法嚴
懲，以杜弊源而裕稅課，斷不敢稍有瞻顧。至所有
臣等遵
旨查辦緣由，謹合詞恭摺覆
奏，伏乞
皇上聖鑒，謹
奏。
道光十五年八月廿二日奉
硃批：知道了。欽此。
八月初六日

两江总督陶澍江苏巡抚林则徐奏摺

请以吴县知县汤譽光调署南汇县知县并请实授

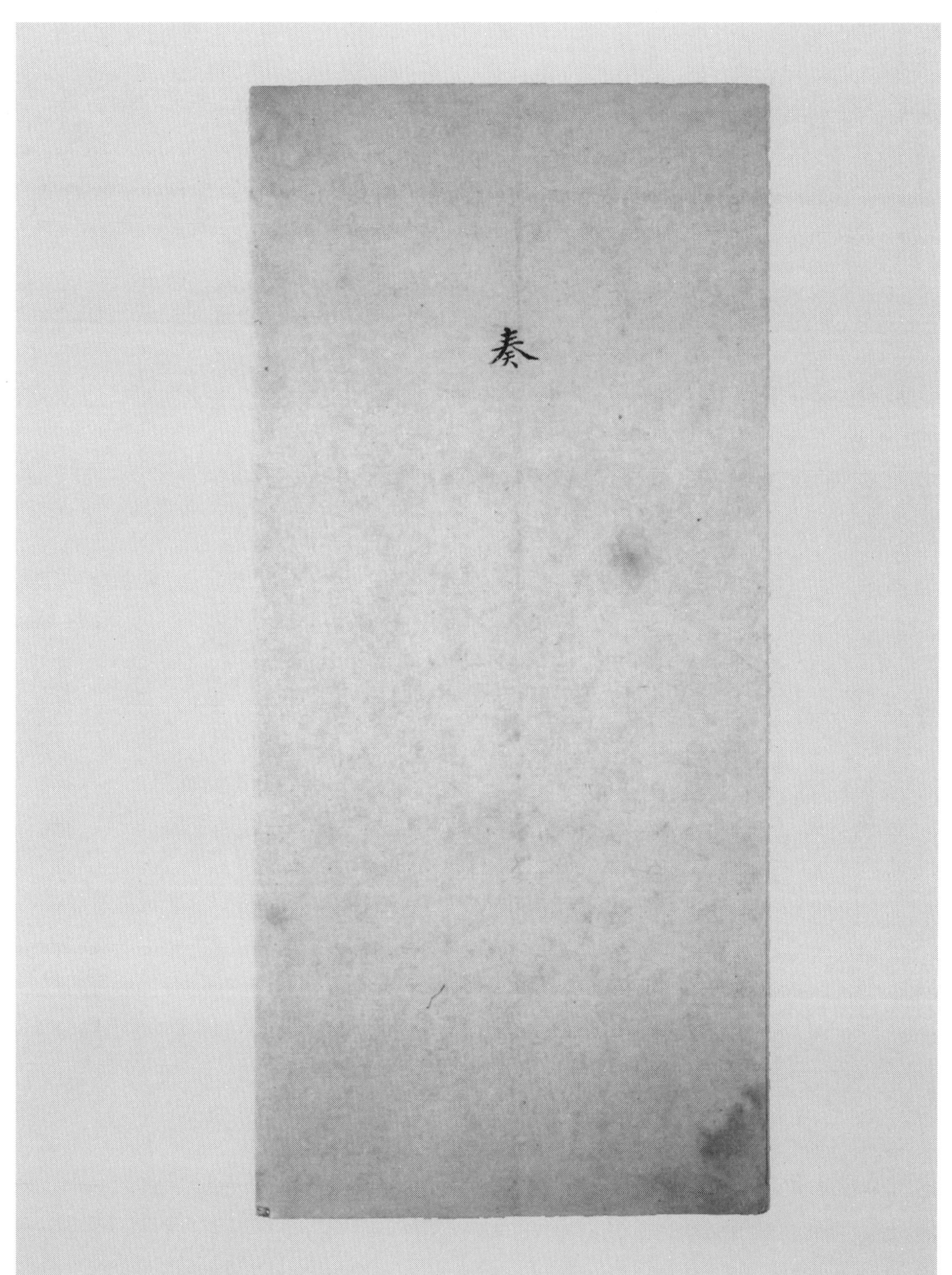

兩江總督陶澍江蘇巡撫林則徐奏摺　請以吳縣知縣湯礐光調署南匯縣知縣並請實授

道光十五年八月初六日

兩江總督臣陶澍
江蘇巡撫臣林則徐跪

奏為沿海要缺知縣需員懇

恩俯准調署以裨地方仰祈

聖鑒事竊照南滙縣知縣熊傳栗請調丹徒縣知縣

業經欽奉

上諭允准在案所遺南滙縣知縣員缺係繁疲難沿

海兼三要缺該邑附近吳淞江海口商賈輻湊

政務殷繁必須勤明幹練之員方足以資治理

臣等與藩臬兩司於通省現任中簡知縣内逐

加遴選非歷俸未滿即人地未宜一時實無合

例堪調之員惟查有吳縣知縣湯礐光年四十

六歲江西舉人道光六年丙戌科會試後大挑

兩江總督陶澍江蘇巡撫林則徐奏摺　請以吳縣知縣湯譽光調署南匯縣知縣並請實授　道光十五年八月初六日

一等揀發南河試用因幫辦興化縣賑務出力
改撥地方儘先補用
題署婁縣知縣九年七月到任旋調無錫縣知縣
奏調吳縣知縣辦理賑卹出力十五年四月十
四日奉
上諭著以應陞之缺陞用等因欽此覆查該員年强
才明辦事幹練歷俸久滿三年於海疆情形甚
為熟悉以之調署南匯縣知縣洵堪勝任惟該
員尚未實授吳縣亦係繁缺與例稍有未符但
南匯係沿海要缺較之吳縣更為繁劇人地實
在相需例得專摺
奏請據藩臬兩司會詳前來臣等往返札商意見

相同合無仰懇
皇上天恩俯念要缺需員准以吳縣知縣湯譽光調
署南滙縣知縣實於沿海要缺有裨如蒙
俞允仍照例另請實授該員係現任知縣請調知縣
銜缺相當毋庸送部引
見其任內一切因公處分係題調要缺遵例毋庸核
計罰俸銀兩飭令照例完繳咨銷所遺吳縣亦
係要缺容臣等另行遴員請調謹合詞恭摺具
奏伏乞
皇上聖鑒訓示謹
奏

吏部議奏

兩江總督陶澍江蘇巡撫林則徐奏摺　請以吳縣知縣湯謍光調署南匯縣知縣並請實授

道光十五年八月初六日

道光十五年八月　契　日

江蘇巡撫林則徐題本　**題報江寧等屬道光十四年冬季委署州縣職名**

江蘇巡撫林則徐題本　題報江寧等屬道光十四年冬季委署州縣職名
道光十五年八月初六日

兵部侍郎兼都察院右副都御史巡撫江蘇等處地方提督軍務總理糧儲臣林則徐謹
題爲詳請具
題事據江寧布政使楊簧詳稱案奉行准吏部咨
各省委署丞倅等官及試用州縣委署員缺係
暫時署理與實缺調署不同均無庸附摺具
奏令各該督撫按季恭疏具
題等因遵照在案今查道光拾肆年冬季分江寧
等屬內有署江寧縣知縣事候補同知直隸州
知州伍家榕患病請假遺缺詳委候補知縣李
金芝署理又署江浦縣知縣事准署宜興縣知
縣錢燕桂飭赴新任遺缺詳委試用知縣李蕚
署理又六合縣知縣雲茂琦調署江寧府督糧

同知遺缺詳委即用知縣朱其榮署理又江都
縣知縣鄭祖經卓異請咨引
見遺缺詳委試用知縣王會圖署理各在案相應查
明詳候會
題等情到臣據此該臣查得委署丞倅等官及試
用州縣委署員缺例應按季恭疏具
題所有道光拾肆年冬季分江寧等屬內有署江
寧縣知縣事候補同知直隸州知州伍家裕患
病請假遺缺委候補知縣李金芝署理又署江
浦縣知縣事准署宜興縣知縣錢燕桂飭赴新
任遺缺委試用知縣李蒡署理又六合縣知縣
雲茂琦調署江寧府督糧同知遺缺委即用知

縣朱其棨署理又江都縣知縣鄭祖經卓異請

咨引

見遺缺委試用知縣王會圖署理各在案茲據江寧

布政使楊簧查明詳請會

題前來謹會同兩江總督臣陶澍合詞具

題伏乞

皇上聖鑒勅部查照施行謹題請

旨

江蘇巡撫林則徐題本 題報江寧等屬道光十四年冬季委署州縣職名

道光十五年八月初六日

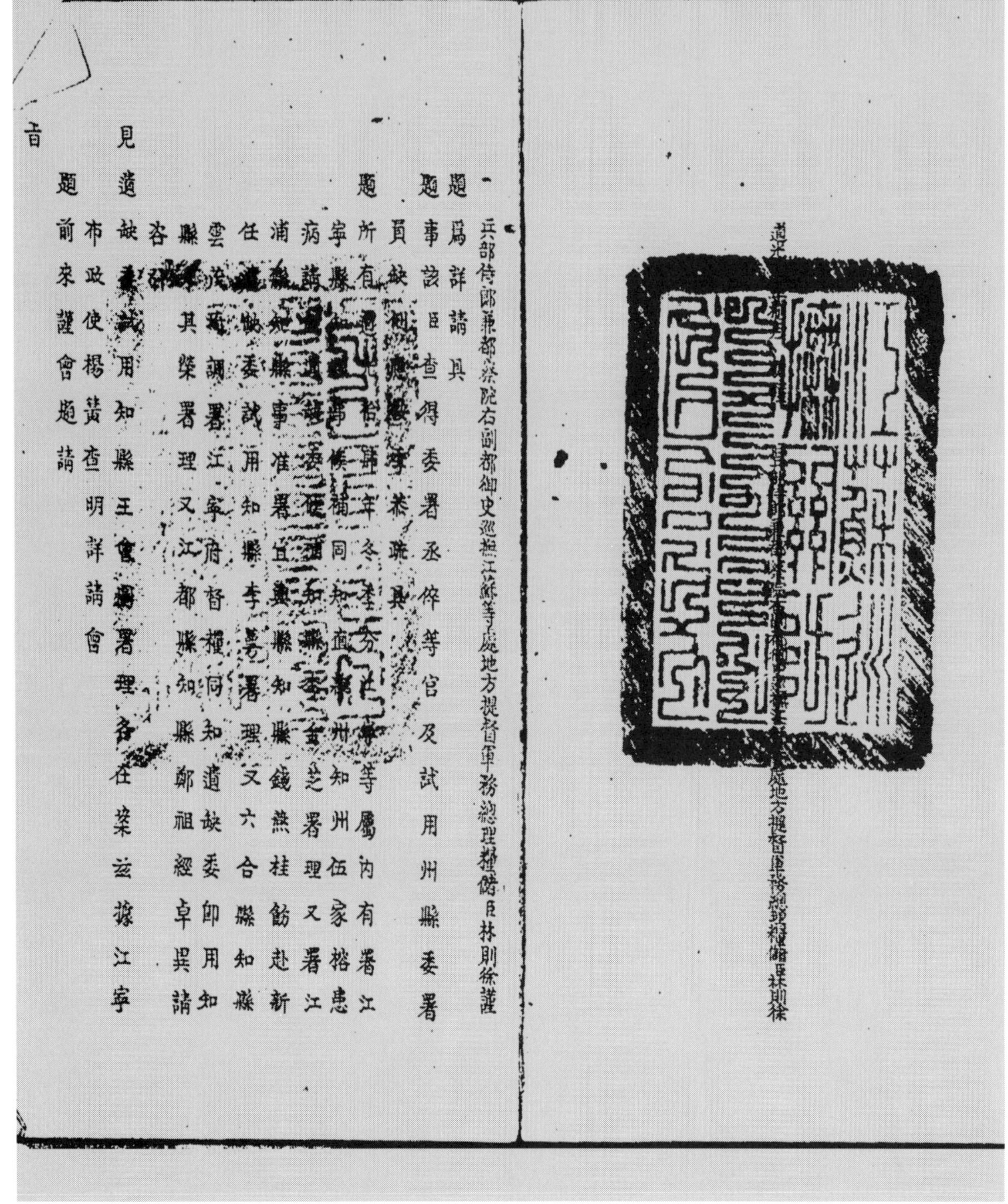

兵部侍郎兼都察院右副都御史巡撫江蘇等處地方提督軍務總理糧儲臣林則徐謹

題爲詳請具

題事。該臣查得委署丞倅等官及試用州縣委署

員缺，[illegible]按季彙疏具

題。所有[illegible]年冬[illegible]等屬內有署江

寧縣[illegible]候補同知直隸州知州伍家裕患

病請[illegible]金芝署理，又署江

浦縣[illegible]事准署宜興縣知縣錢燕桂飭赴新

任，[illegible]委試用知縣李[illegible]署理，又六合縣知縣

雲[illegible]調署江寧府督糧同知，遺缺委即用知

縣[illegible]具榮署理，又江都縣知縣鄭祖經卓異請

咨[illegible]

見遺缺[illegible]試用知縣王會[illegible]署理，各在案。茲據江寧

布政使楊簧查明詳請會

題前來，謹會題請

旨

道[illegible]
[illegible]處地方提督軍務節制糧儲臣林則徐

題報署吳縣主簿孫沁俸滿循例保薦（首缺）

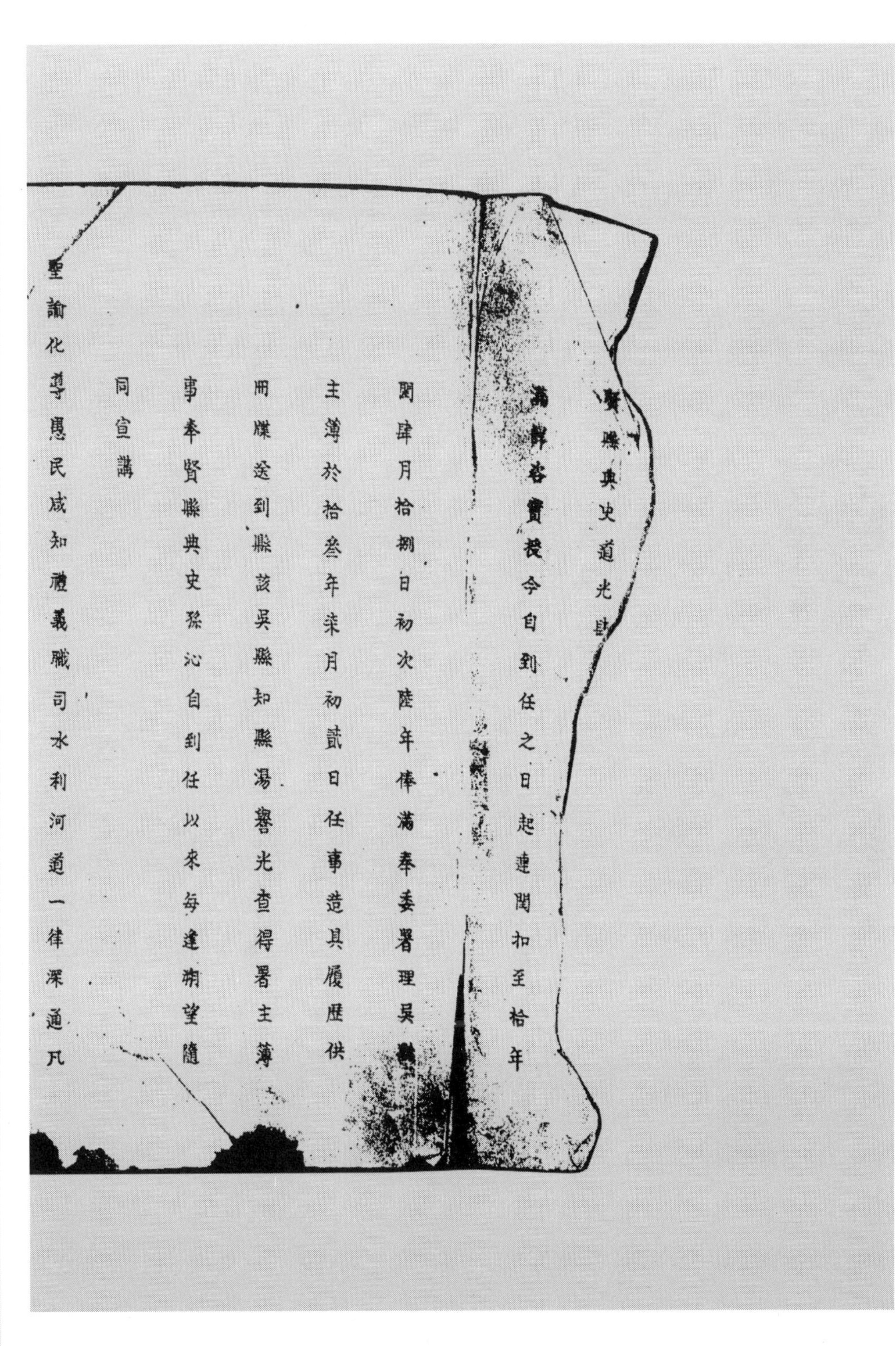

賢縣典史道光肆

滿朞咨實授今自到任之日起連閏扣至拾年

閏肆月拾捌日初次陸年俸滿奉委署理吳縣

主簿於拾叁年柒月初貳日任事造具履歷供

冊牒送到縣該吳縣知縣湯磐光查得署主簿

事奉賢縣典史孫沁自到任以來每逢朔望隨

同宣講

聖諭化導愚民咸知禮義職司水利河道一律深通凡

過空重糧艘到境駐宿河干實力催儹歷奉差
委並無貽誤恪遵
功令不敢擅受民詞覆查該員心地明白辦事
能堪膺保薦相應加考同供冊轉詳送驗等情
到府該署蘇州府知府事揚州府知府豫盈到
任未及叁月例不加考合將送到供冊轉詳驗
轉等情到道該護理分巡蘇松太道事江寧府
知府善慶到任亦未及叁月例不加考轉移到
司該蘇州布政使陳鑾會同江蘇按察使裕謙
查得署吳縣主簿事奉賢縣典史孫沁自道光
肆年柒月拾捌日到任之日起連閏扣至拾年
閏肆月拾捌日初次陸年俸滿茲據該縣取具

供冊出考保薦由府道移送前來覆查該員年
壯才明辦事勤愼堪以保薦相應加考詳候驗
看會
題等情到臣據此該臣查得署吳縣主簿事奉賢
縣典史孫沁自道光肆年柒月拾捌日到任之
日起連閏扣至拾年閏肆月拾捌日初次陞年
俸滿例應驗看甄別據蘇州布政使陳鑾等會
詳該員自到任以來每逢朔望隨同宣講
聖諭化導愚民咸知禮義職司水利河道一律深通凡
遇空重糧艘到境駐宿河干實力催儹歷奉差
委並無貽誤恪遵
功令不敢擅受民詞覆查該員年壯才明辦事勤

江蘇巡撫林則徐題本 題報署吳縣主簿孫沁俸滿循例保薦
道光十五年八月初六日

慎堪以保薦詳請會
題前來臣查驗得孫沁居心樸直辦事慎勤堪膺
保薦除將事實供冊送部查核外謹會同兩江
總督臣陶澍合詞具
題伏乞
皇上聖鑒勅部議覆施行謹題請
旨

江蘇巡撫林則徐題本　題報署吳縣主簿孫沁俸滿循例保薦
道光十五年八月初六日

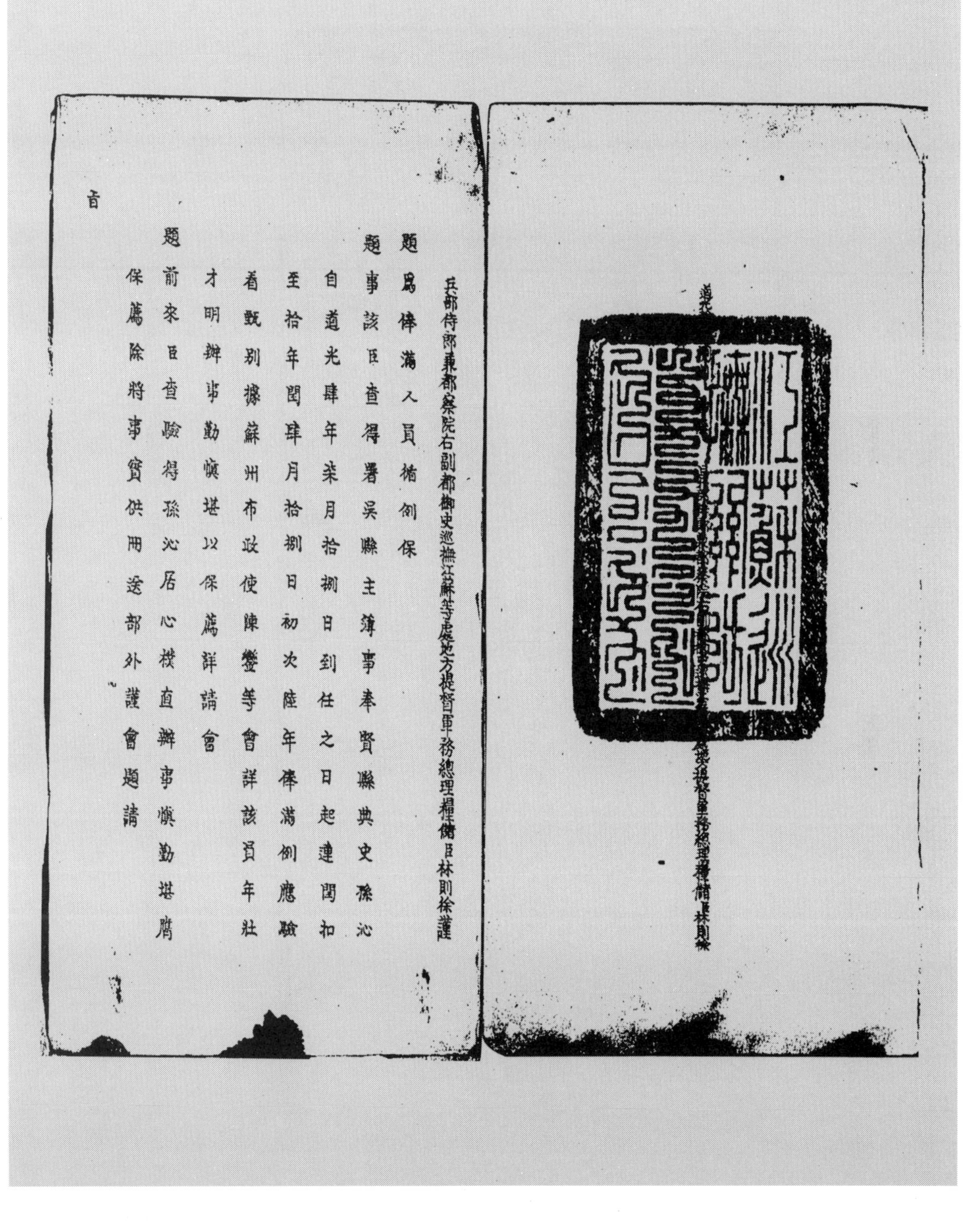
兵部侍郎兼都察院右副都御史巡撫江蘇等處地方提督軍務總理糧儲臣林則徐謹
題為俸滿人員循例保
題事該臣查得署吳縣主簿事奉賢縣典史孫沁
自道光肆年柒月拾捌日到任之日起連閏扣
至拾年閏肆月拾捌日初次陸年俸滿例應驗
看甄別據蘇州布政使陳鑾等會詳該員年壯
才明辦事勤慎堪以保薦詳請會
題前來臣查驗得孫沁居心樸直辦事慎勤堪膺
保薦除將事實供冊送部外謹會題請
旨

江蘇巡撫林則徐題本　題報太倉州甘草司巡檢曾浩俸滿循例保薦

道光十五年八月初六日

江蘇巡撫林則徐題本　**題報太倉州甘草司巡檢曾浩俸滿循例保薦**

江蘇巡撫林則徐題本 題報太倉州甘草司巡檢曾浩俸滿循例保薦 道光十五年八月初六日

兵部侍郎兼都察院右副都御史巡撫江蘇等處地方提督軍務總理糧儲臣林則徐謹

題爲俸滿人員循例保

題事據蘇州布政使陳鑾會同江蘇按察使裕謙

詳稱准分巡蘇松太道陽金城移據太倉州知

州李正鼎詳據鎮洋縣知縣孔昭顯詳據甘草

司巡檢曾浩呈稱竊浩現年陸拾貳歲江西長

寧縣人由從玖品職銜遵川楚例加捐分發籤

掣江蘇試用復遵工賑捐免各例加捐過班分

發咨署今職嘉慶貳拾年貳月貳拾玖日到任

試署期滿詳咨實授連閏扣至貳拾伍年拾貳

月貳拾玖日初次陸年俸滿保薦奉准註用續

經請銷試俸又連閏扣至道光陸年拾月貳拾

玖日貳次陸年俸滿留任嗣因開浚劉河出力
保
奏拾肆年玖月初伍日奉
上諭著以應陞之缺陞用等因欽此今自貳次俸滿
之日起連閏扣至道光拾貳年捌月貳拾玖日
叁次陸年俸滿理合備具履歷親供呈送等情
到縣該鎮洋縣知縣孔昭顯查得太倉州甘草
司巡檢曾浩自到任以來稽查商漁船隻不致
偷漏管理劉河南北兩岸土塘時屆伏秋大汛
督率人役駐工防護遇有坍卸隨時修固督率
弓兵查拏盜賊私鹽匪徒斂跡覆查該員明練
有為辦事結實理合造冊同親供詳送等情到

江蘇巡撫林則徐題本　題報太倉州甘草司巡檢曾浩俸滿循例保薦
道光十五年八月初六日

州該太倉州知州李正鼎驗得曾浩老成練達
結實有爲相應加考詳送等情到道該分巡蘇
松太道陽金城到任未及叁月例不出考合將
送到供冊轉移等因到司該蘇州布政使陳鑾
會同江蘇按察使裕謙查得太倉州甘草司巡
檢曾浩自道光陸年拾月貳拾玖日貳次俸滿
之日起連閏扣至拾貳年捌月貳拾玖日叁次
陸年俸滿兹據該州縣取具供冊出考由道移
送前來驗得該員老成幹練辦事認真堪以保
薦相應詳候驗看會
題等情到臣據此該臣查得太倉州甘草司巡檢
曾浩自道光陸年拾月貳拾玖日貳次俸滿之

江蘇巡撫林則徐題本 題報太倉州甘草司巡檢曾浩俸滿循例保薦

道光十五年八月初六日

日起連閏扣至拾貳年捌月貳拾玖日叁次陞
年俸滿例應驗看甄別茲據蘇州布政使陳鑾
等會詳該員自到任以來稽查商漁船隻不致
偷漏管理劉河南北兩岸土塘時屆伏秋大汛
督率人役駐工防護遇有搶禦隨時修固督率
弓兵查拏盜賊私鹽匪徒斂跡覆查該員老成
幹練辦事認真堪以保薦詳請會
題前來臣查驗得曾浩結實老練辦事耐勞堪以
保薦除將事實供冊送部查核外謹會同兩江
總督臣陶澍合詞具
題伏乞
皇上聖鑒勅部議覆施行謹題請

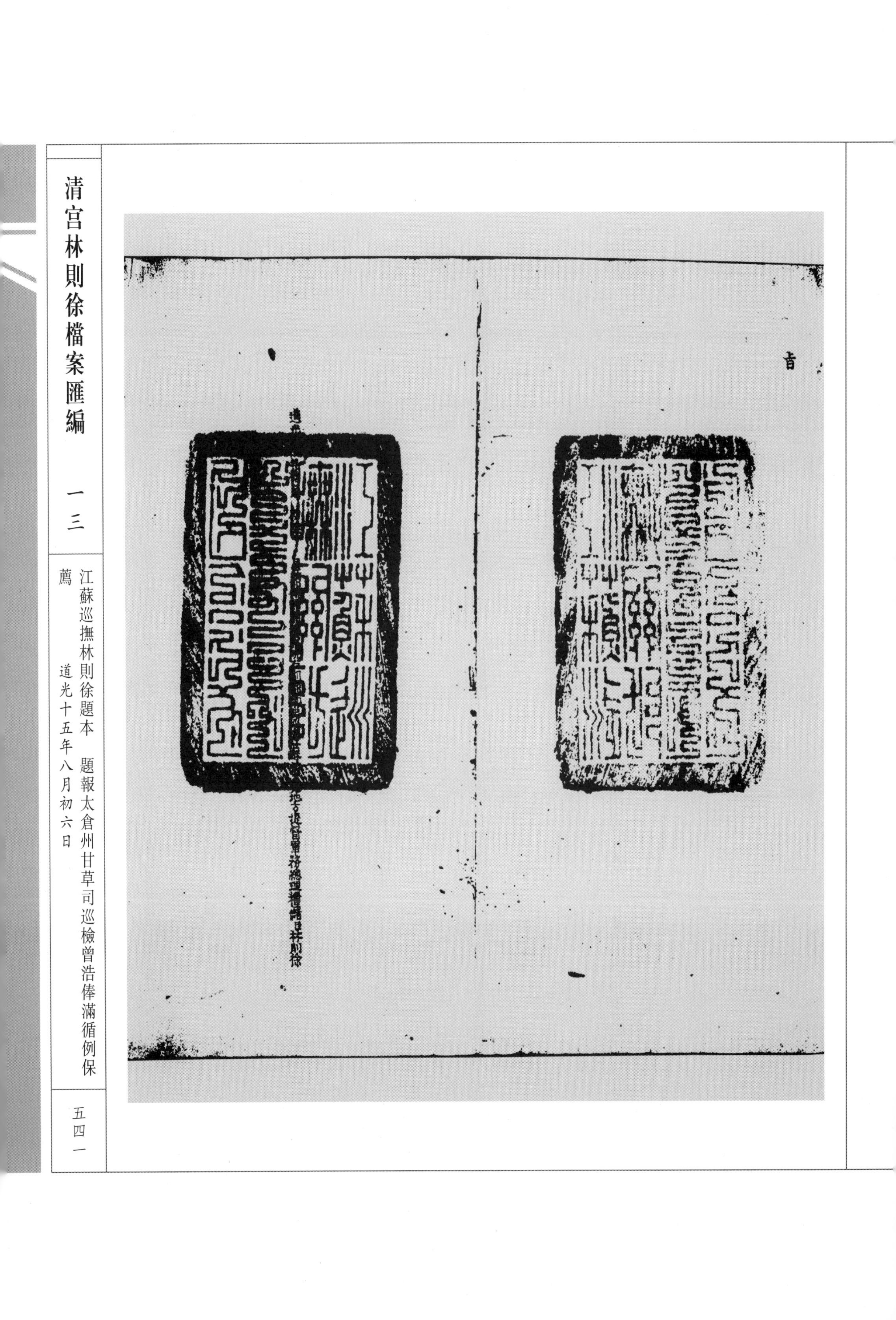

江蘇巡撫林則徐題本　題報太倉州甘草司巡檢曾浩俸滿循例保薦
道光十五年八月初六日

旨

道光[illegible]地方提督軍務兼理糧餉臣林則徐

一三

江蘇巡撫林則徐題本　題報太倉州甘草司巡檢曾浩俸滿循例保薦

道光十五年八月初六日

兵部侍郎兼都察院右副都御史巡撫江蘇等處地方提督軍務總理糧儲臣林則

題爲俸滿人員循例保

題事該臣查得太倉州甘草司巡檢曾浩自道光

陸年拾月貳拾玖日貳次俸滿之日起連閏扣

至拾貳年捌月貳拾玖日叁次陸年俸滿例應

驗看甄別茲據蘇州布政使陳鑾等會詳該員

老成幹練辦事認真堪以保薦詳請會

題前來臣查驗得曾浩結實老練辦事耐勞堪以

保薦除將事實供冊送部外謹會題請

旨

江蘇巡撫林則徐題本

題參元和縣知縣黄冕等疎防行船被劫屆滿贓犯無獲（破損）

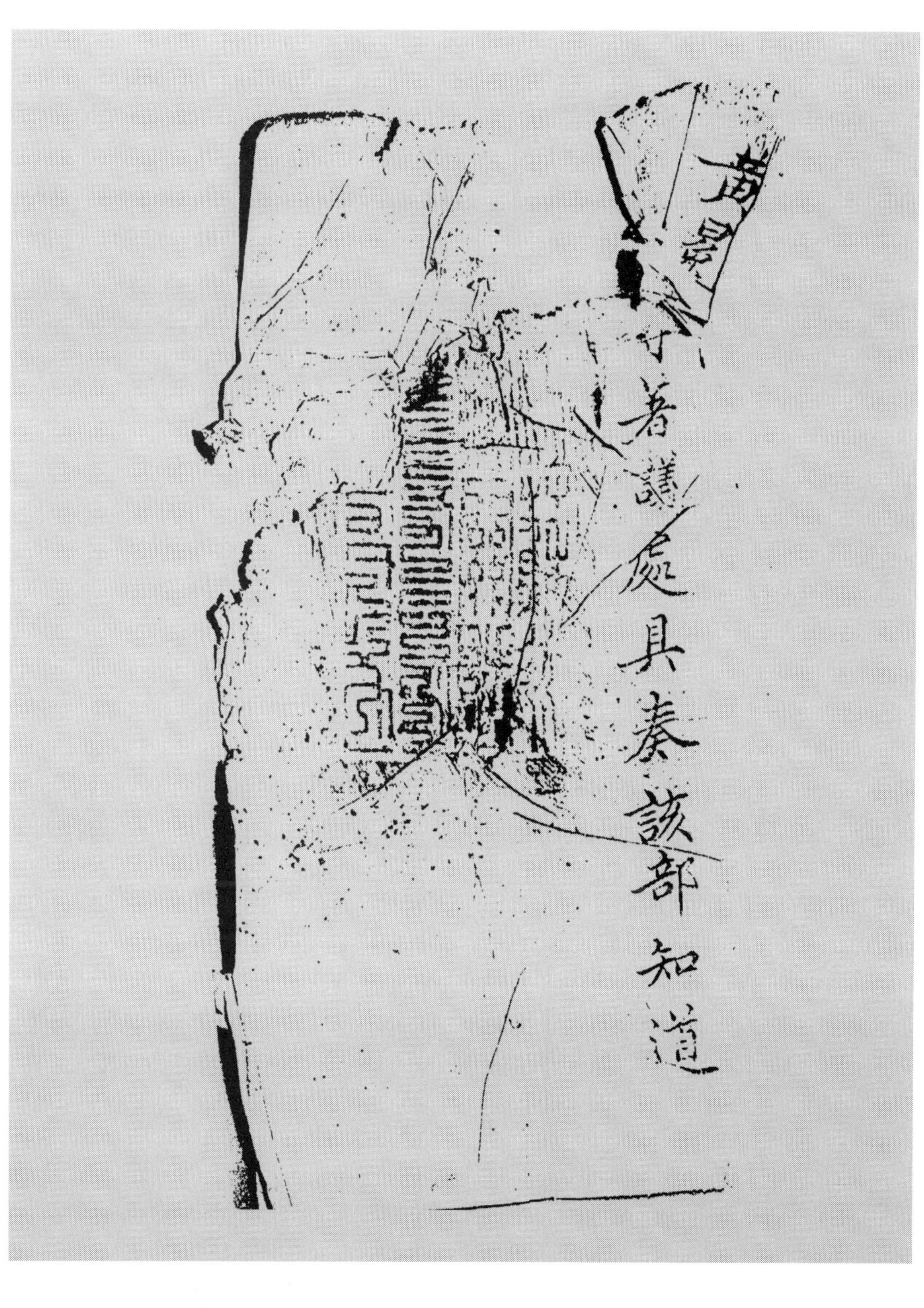

江蘇巡撫林則徐題本 題參元和縣知縣黃冕等疏防行船被劫屆滿贓犯無獲

道光十五年八月初六日

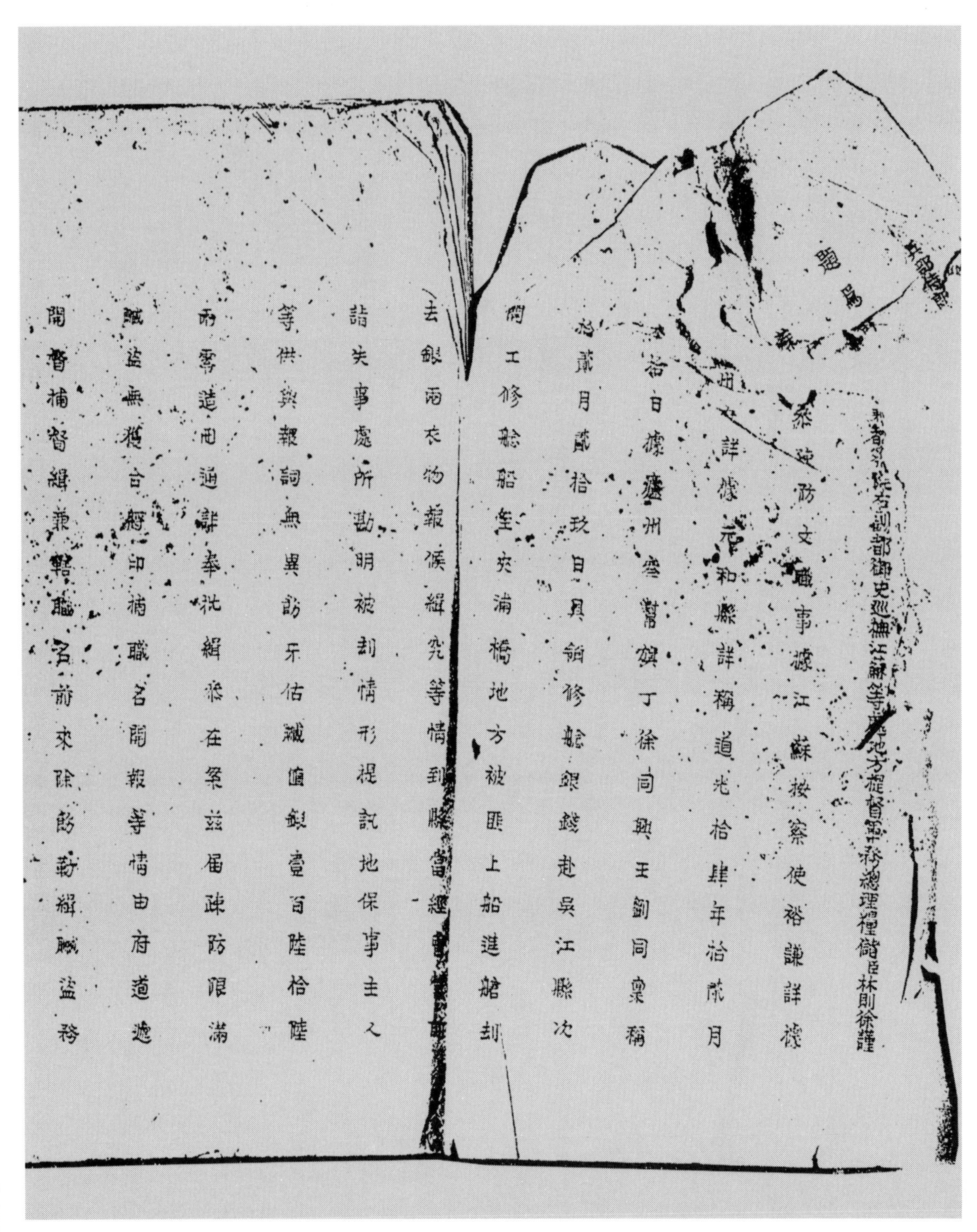

兵部右侍郎兼都察院右副都御史巡撫江蘇等處地方提督軍務總理糧儲臣林則徐謹

題爲[illegible]

參疏防文職事據江蘇按察使裕謙詳據

[illegible]府詳據元和縣詳稱道光拾肆年拾貳月

貳拾日據蘇州參幫旗丁徐同興王釗同稟稱

於貳月貳拾玖日具領修艌銀錢赴吳江縣次

僱工修艌船至突滿橋地方被匪上船進艙劫

去銀兩衣物報候緝究等情到縣當經[illegible]

詣失事處所勘明被劫情形提訊地保事主人

等供與報詞無異飭示估贓值銀壹百陸拾陸

兩零造冊通詳奉批緝參在案茲屆疏防限滿

贓盜無獲合將印捕職名開報等情由府道遞

開督捕督緝兼轄職名前來除飭嚴緝贓盜務

獲究報外該江蘇按察使裕謙查得廬州叁幫
旗丁徐同興等在元和縣地方行船被刦壹案
疎防例限肆箇月應以道光拾肆年拾貳月貳
拾玖失事之日起扣至拾伍年肆月貳拾玖日
屆滿贓盜無獲所有文職疎防職名印官係元
和縣知縣黃冕捕官係元和縣周莊司巡檢張
元禧督捕係同城蘇州府總捕同知榮滙督緝
係同城蘇州府知府汪忠增兼轄係不同城分
巡蘇松太道吳其泰理合開報查督緝知府汪
忠增已於拾伍年正月初五日未經限滿之先
署理蘇糧道卸事應俟回任接扣限滿再行詳
叅兼轄巡道吳其泰亦於拾伍年叁月初陸日

未經限滿[illegible][illegible]因病開缺卸事不復回任應請
議結代理知府周岱齡署巡道善慶均係接督
緝之員例無處分相應聲明伏候核叅至此案
失事處所離城貳拾玖里離汛柒里並無墩鋪
防兵合并聲明等情到臣據此該臣查得盧州
叅幇旗丁徐同興等在元和縣地方行船被刦
壹案疎防例限肆箇月應以道光拾肆年拾貳
月貳拾玖失事之日起扣至拾伍年肆月貳拾
玖日屆滿贓盜無獲開列疎防職名請叅前來
除飭勒緝贓盜務獲究報外所有文職疎防職
名印官係元和縣知縣黃冕補官係元和縣周
莊司巡檢張[illegible]禧督捕係同城蘇州府總捕同

知榮廳督[illegible]係同城蘇州府知府汪忠增兼轄
係不同城分巡蘇松太道吳其泰查督緝知府
汪忠增已於拾伍年正月初伍日未經限滿之
先署理蘇糧道卸事應俟回任接扣限滿另行
咨參兼轄巡道吳其泰亦於拾伍年叁月初陞
日未經限滿之先因病開缺卸事不復回任應
行議結代理知府周岱齡署巡道善慶均係接
督緝之員例無處分相應聲明列參至此案失
事處所離城貳拾玖里離汛柒里並無墩鋪防
兵合並陳明臣謹具
題伏乞
皇上聖鑒勅部議覆施行謹題請

江蘇巡撫林則徐題本 題參元和縣知縣黃冕等疏防行船被劫屆滿贓犯無獲

道光十五年八月初六日

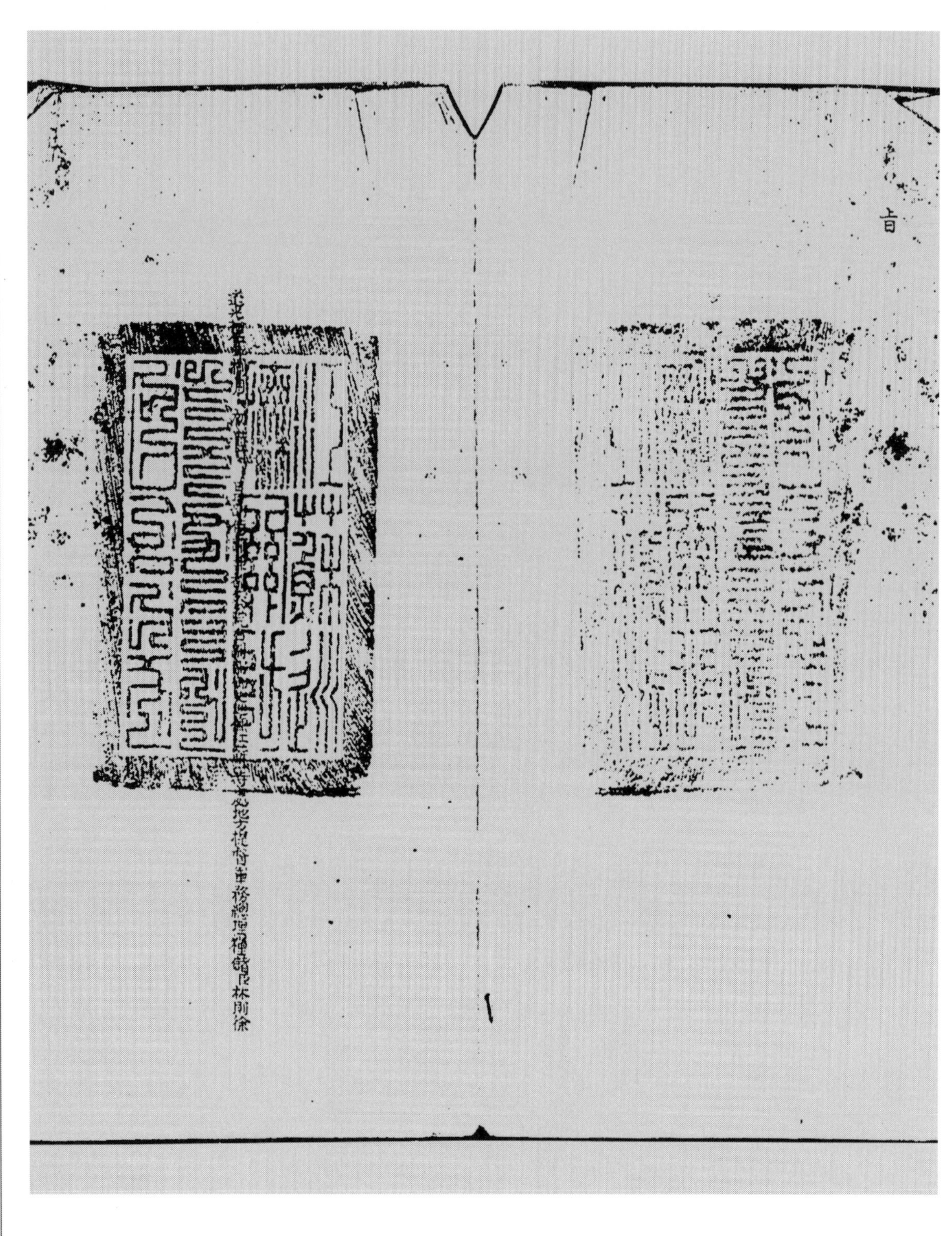

江蘇巡撫林則徐題本 題參元和縣知縣黃冕等疎防行船被劫屆滿贓犯無獲

道光十五年八月初六日

兵部侍郎兼都察院右副都御史巡撫江蘇等處地方提督軍務總理糧儲臣林則徐謹
題
爲詳參疎防事該臣查得廬州參將旗丁
徐同興等在元和縣地方行船被劫壹案疎防
例限肆個月應以道光拾肆年拾貳月貳拾玖
失事之日起扣至拾伍年肆月貳拾玖日屆滿
贓盜無獲開列疎防職名請參前來除飭緝
贓盜務獲究報外所有文職疎防職名印官係
元和縣知縣黃冕捕官係元和縣周莊司巡檢
梁元禧督捕係同城蘇州府總捕同知案匯督
緝係同城蘇州府知府汪忠增兼轄係不同城
分巡蘇松太道吳其泰相應列參謹題請
旨

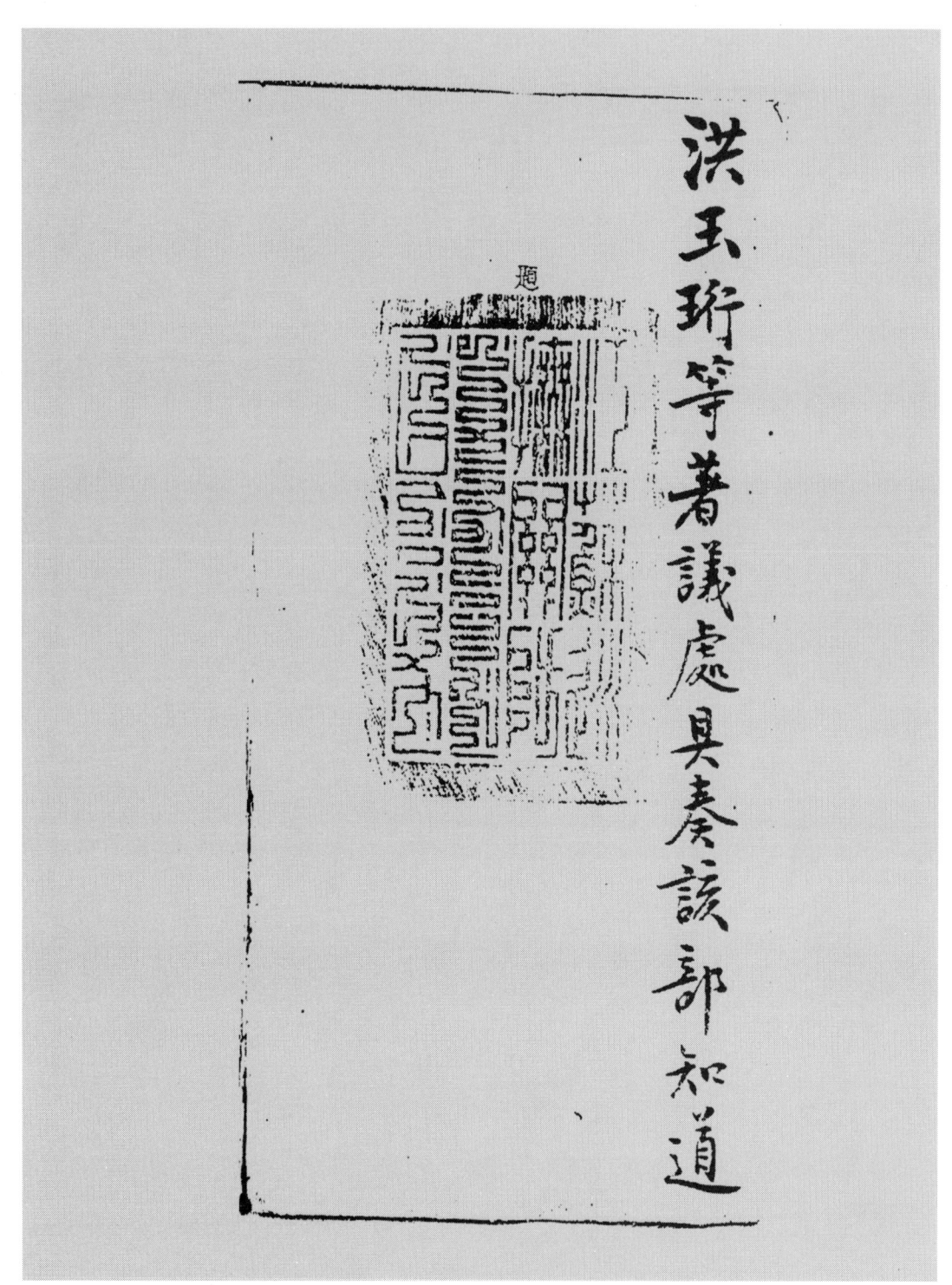

江蘇巡撫林則徐題本　**題參署荊溪縣知縣洪玉珩等疎防劫案限滿贓犯無獲**

洪玉珩等著議處具奏該部知道

題

江蘇巡撫林則徐題本 題參署荊溪縣知縣洪玉珩等疏防劫案限滿贓犯無獲

道光十五年八月初六日

兵部侍郎兼都察院右副都御史巡撫江蘇等處地方提督軍務總理糧儲臣林則徐謹
題爲詳參疏防文職事據江蘇按察使裕謙詳稱
據常州府知府汪河詳據署荊溪縣知縣洪玉
珩詳稱道光拾伍年正月初拾日據客民俞開
瑞稟稱伊赴縣屬售賣木植正月初玖日夜伊
夥胡連寶見河下停船內有數人上岸伊夥喝
問被匪捺地並有一人塗面明火執仗擁入木
行內打落伊房門劫去洋錢衣物伊與俞爵榮
等起捕亦被拒傷稟候勘緝等情到縣據即會
營前詣失事處所勘明被劫情形驗明各傷提
訊事主人等供與報詞無異隨牙估贓值銀壹
百伍拾陸兩零造册通詳奉批緝參在案茲查

此案疏防限屆職資無獲合將印捕職名開報
等情由府開列督緝職名詳叅到司詳飭勒緝
贓盜務獲究報並准取督捕兼轄各職名另詳
外該江蘇按察使裕謙查得荊溪縣客民俞開
瑞被劫洋錢衣物拒傷伊弟俞爵榮等壹案疏
防例限肆箇月應以道光拾伍年正月初玖失
事之日起扣至伍月初玖日滿所有文職疏防
職名印官係署荊溪縣知縣洪玉珩捕官係荊
溪縣典史俞恭鴻督緝係不同城常州府知府
汪河理合開報詳候核叅再此案失事處所離
城肆拾伍里離汛拾里並無塘舖防兵至事主
傷痕曾否平復未據聲明現飭查明另詳核辦

合并聲明等情到臣據此該臣查得荆溪縣客
民俞開瑞被劫洋錢衣物拒傷伊弟俞爵榮等
壹案疏防例限肆個月應以道光拾伍年正月
初玖失事之日起扣至伍月初玖日滿贓盜無
獲開列疏防職名請參前來除飭勒緝贓盜務
獲究報並飭催取督捕兼轄各職名另參外所
有文職疏防職名印官係署荆溪縣知縣洪玉
珩捕官係荆溪縣典史俞振鴻督緝係不同城
常州府知府汪河相應列參聽候部議再此案
失事處所離城肆拾伍里離汛拾里並無城鋪
防兵至事主傷痕曾否平復未據聲明飭查另
辦合並陳明臣謹具

江蘇巡撫林則徐題本 題參署荊溪縣知縣洪玉珩等疎防劫案限滿贓犯無獲 道光十五年八月初六日

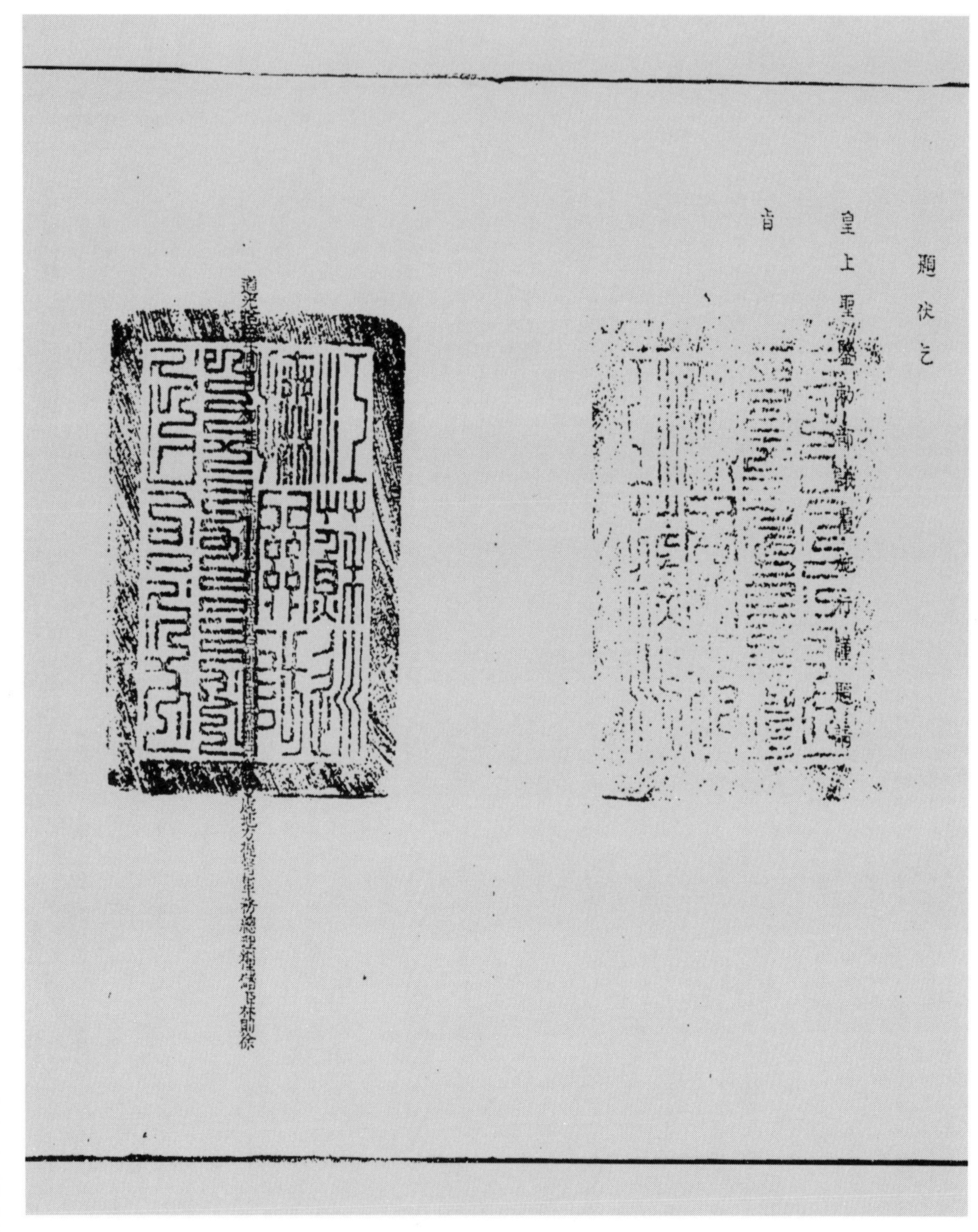

題伏乞

皇上聖鑒勅部議覆施行謹題請

旨

道光[illegible]

[illegible]處地方提督軍務總理糧儲臣林則徐

江蘇巡撫林則徐題本 題參署荊溪縣知縣洪玉珩等疏防劫案限滿贓犯無獲

道光十五年八月初六日

兵部侍郎兼都察院右副都御史巡撫江蘇等處地方提督軍務總理糧儲臣林則徐謹
題為詳參疏防文職事該臣查得荊溪縣客民俞
開瑞被劫洋錢衣物並傷伊弟俞榮等壹案
疏防例限肆箇月應以道光拾伍年正月初玖
失事之日起扣至伍月初玖日滿限贓盜無獲開
列疏防職名請參前來除飭勒緝贓盜務獲究
報並飭催取督捕兼轄各職名另參外所有文
職疏防職名印官係署荊溪縣知縣洪玉珩捕
官係荊溪縣典史俞振鴻督緝係不同城常州
府知府汪河相應列參聽候部議謹題請
旨

江蘇巡撫林則徐題本　**題參署荊溪縣知縣洪玉珩等疏防行舟被搶限滿贓犯無獲**

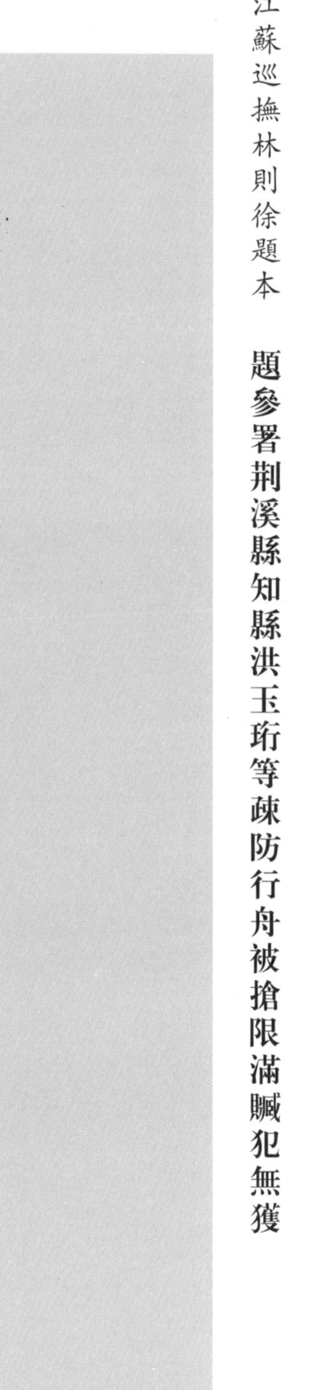

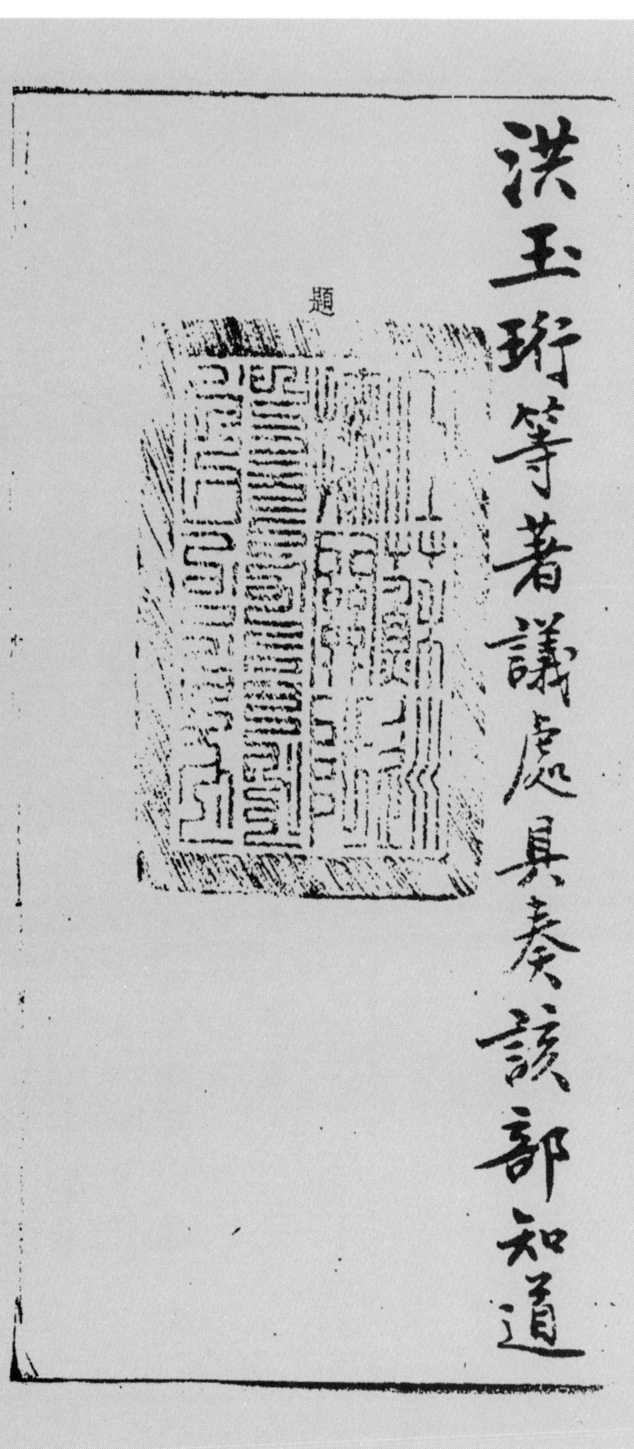

洪玉珩等著議處具奏該部知道

題

江蘇巡撫林則徐題本 題參署荆溪縣知縣洪玉珩等疏防行舟被搶限滿贓犯無獲

道光十五年八月初六日

兵部侍郎兼都察院右副都御史巡撫江蘇等處地方提督軍務總理糧儲臣林則徐謹

題爲詳參疏防文職事據江蘇按察使裕謙詳稱

據常州府知府汪河詳據署荆溪縣知縣洪玉

珩詳稱道光拾伍年正月貳拾陸日據宜興縣

恩職方熙稟報伊與姪方仁德在和橋鎮地方

合夥油車生理正月貳拾伍日伊姪雇船回歸

是夜船至張渚橋河下被匪打門進艙伊姪喊

捕被匪推毆搶去錢洋等物理合開單稟候勘

辦等情到縣當經會營前詣該處勘明被搶情

形飭仵驗明方仁德左臂薄有木器傷壹處浮

腫青紅色填單附卷飭醫調治提訊事主船户

人等供與報詞無異傳牙估計失贓值銀壹百

玖拾叁兩玖錢造冊錄供通詳奉批緝參在案
茲查此案疎防例限已屆贓匪仍無弋獲合將
印捕職名開報等情由府開列督緝職名詳參
前來除飭勒緝贓匪務獲究報並飭移取督捕
兼轄職名另詳外該江蘇按察使裕謙查得荊
溪縣事主恩職方照具報伊姪方仁德行舟被
搶適貫壹案疎防例限肆個月應以道光拾伍
年正月貳拾伍失事之日起扣至伍月貳拾伍
日滿所有文職疎防職名印官係署荊溪縣知
縣洪玉珩捕官係荊溪縣湖㳇司巡檢屠祖壇
督緝係不同城常州府知府汪河理合開報詳
候核參等因此案失事處所離城貳拾伍里離施

蕩橋汛拾叁里並無墩鋪防兵主事主傷痕曾
否平復現飭查明遲詳核辦合并聲明等情到
臣據此該臣查得荊溪縣事主退職方熙具報
伊姪方仁德行舟被搶逾貲壹案疎防例限肆
滿月應以道光拾伍年正月貳拾伍失事之日
起扣至伍月貳拾伍日滿贓匪無獲開列疎防
職名請參前來除飭勒緝贓匪務獲究報並飭
取督捕衙轄職名另咨外所有文職疎防職名
印官係署荊溪縣知縣洪玉珩捕官係荊溪縣
湖汊司巡檢曆祖瑄督緝係不同城常州府知
府汪河相應列參聽候部議再此案失事處所
離城貳拾伍里離施蕩橋汛拾叁里並無墩鋪

江蘇巡撫林則徐題本　題參署荆溪縣知縣洪玉珩等疏防行舟被搶限滿贓犯無獲

道光十五年八月初六日

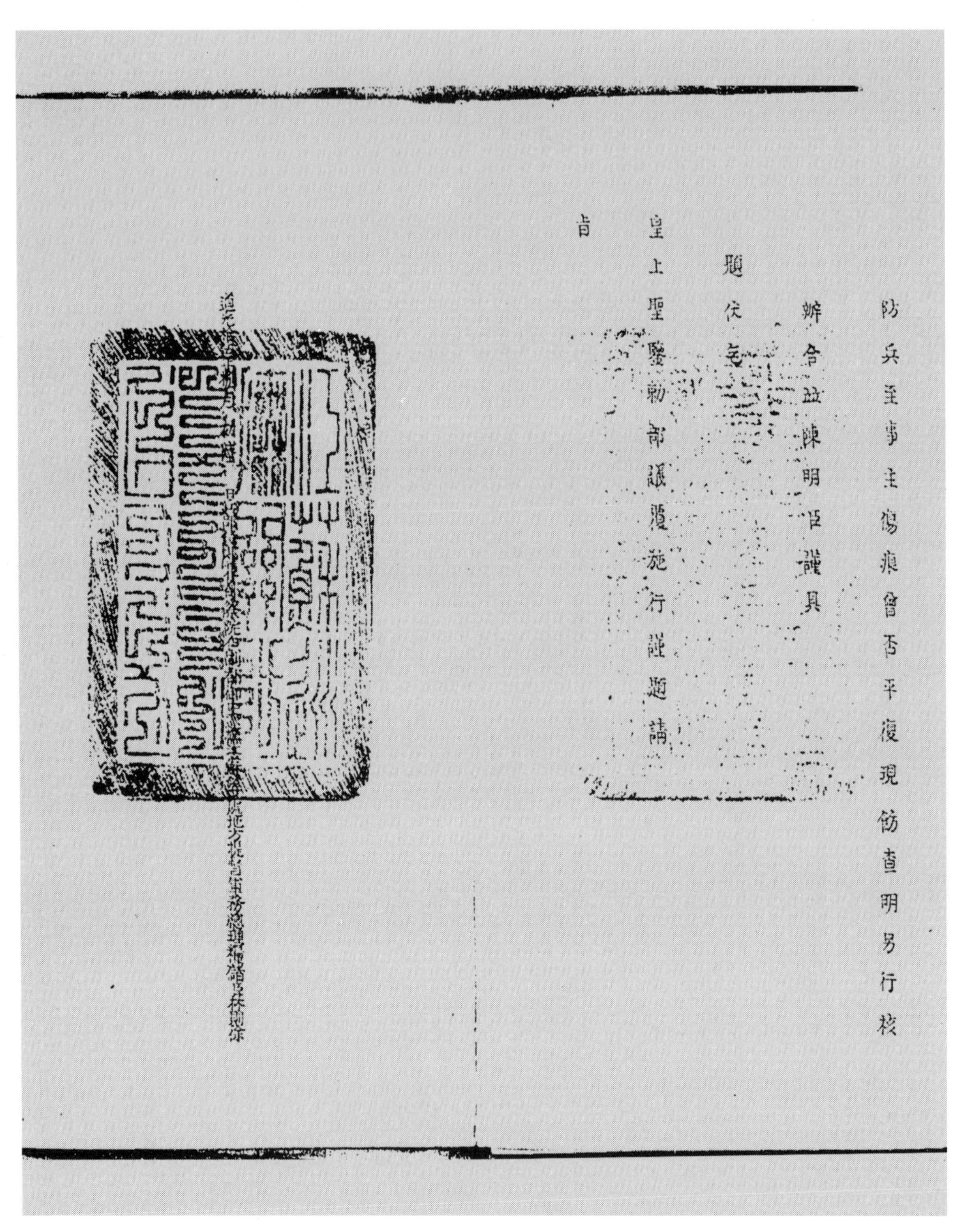

防兵至事主傷痕會否平復現飭查明另行核
辦合並陳明臣謹具
題伏乞
皇上聖鑒勅部議覆施行謹題請
旨

道光十五年八月初六日兵部侍郎兼都察院右副都御史巡撫江蘇等處地方提督軍務總理糧餉臣林則徐

兵部侍郎兼都察院右副都御史巡撫江蘇等處地方提督軍務總理糧儲臣林則徐謹
題為詳參疏防文職事。該臣查得荆溪縣事主恩
職方照具報伊在方仁德行舟被搶適貫豈案
疏防例限肆箇月，應以道光拾伍年正月貳拾
伍失事之日起，扣至伍月貳拾伍日滿限，贓匪無
獲，開列疏防各職名請參前來。除飭勒緝贓匪
務獲究報，並飭取督捕兼轄職名另咨外，所有
文職疏防職名：印官係署荆溪縣知縣洪玉珩，
捕官係荆溪縣湖汶司巡檢屠祖壇，督緝係不
同城常州府知府江河。相應列參，謹題請
旨。

江蘇巡撫林則徐題本 題報江陰縣徐泗等處坍没田岸應需豁課銀數目

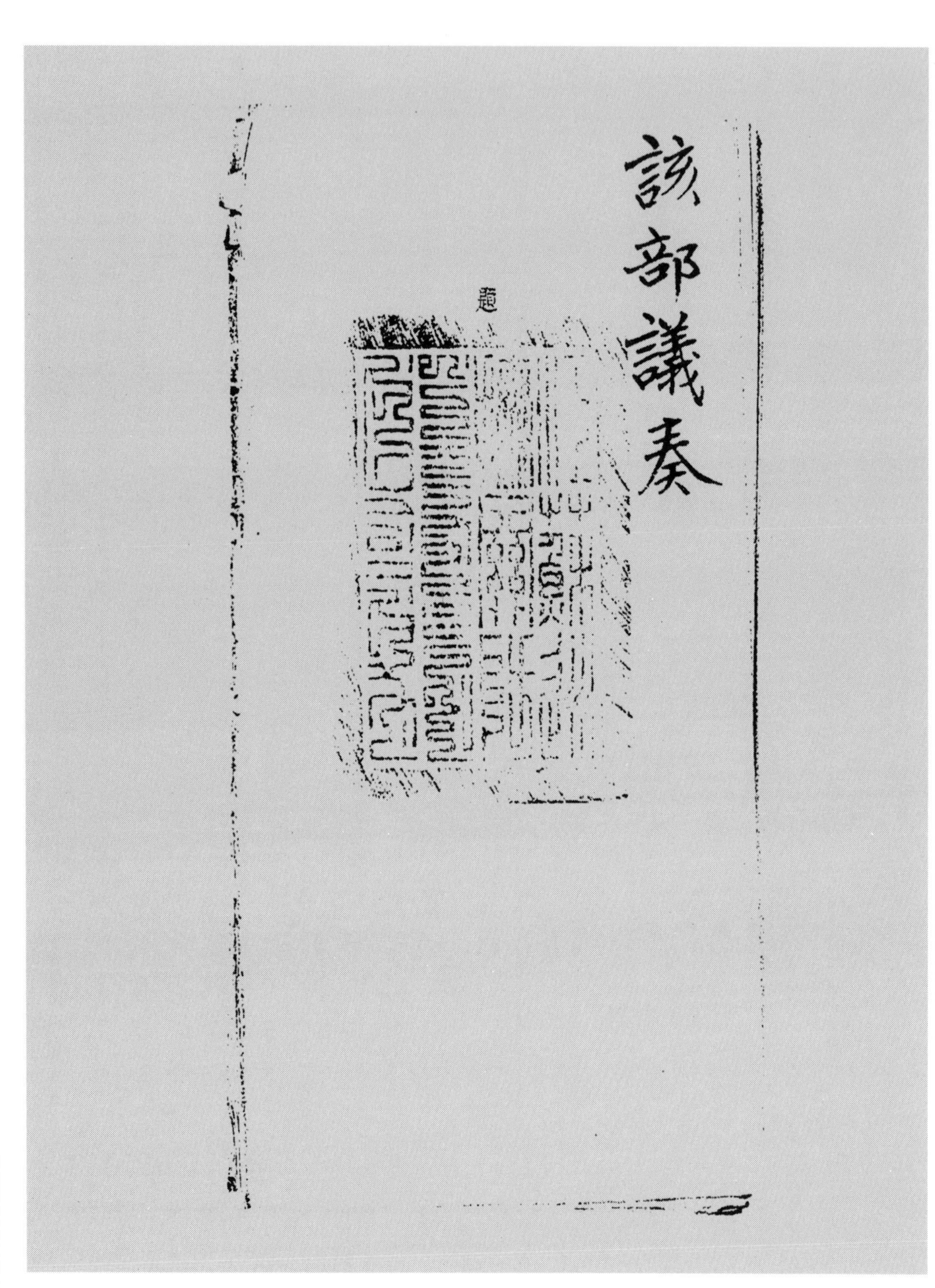
該部議奏

題

江蘇巡撫林則徐題本　題報江陰縣徐泗等處坍没田岸應需豁課銀數目　道光十五年八月初六日

兵部侍郎兼都察院右副都御史巡撫江蘇等處地方提督軍務總理糧儲臣林則徐謹
題爲查報等事據蘇州布政使陳鑾詳稱案奉行
准戶部咨江南司案呈戶科抄出江蘇巡撫魏
元煜題江陰縣徐泗等沙坍沒田地請豁課銀
壹案道光元年貳月拾肆日題肆月貳拾伍日
奉
旨該部議奏欽此欽遵於本日抄出到部該臣等查
得江蘇巡撫魏元煜疏稱據蘇州布政使楊懋
恬詳稱查得江陰縣徐泗等沙坍沒中田岸壹
萬肆千玖百柒拾捌畝貳分陸釐請豁課銀柒
百貳拾兩柒錢玖釐前經題准部覆飭令另委
隔屬道府大員詣沙勘明繪畫坍存四至全圖

題報核辦遵經飭委鎮江府確勘取造冊結圖
形詳題復奉部文以中田岸壹項係腹內重則
地畝與濱江蘆洲沙土鬆浮者有間何致同時
驟坍壹萬肆千玖百餘畝之多且送到坍冊圖
形核對腹地鱗冊亦有舛錯仍令轉飭確勘另
繪準確圖冊逐段註明坍存畝數報部核辦等
因奉經轉飭鎮江府知府策名遵照勘辦今據
該府取造冊結圖形暨同江陰縣勘明存坍田
灘與從前原勘均屬相符委無以少報多情事
加結請轉所有江陰縣徐泗等沙坍沒中田岸
原額應徵蘆課銀柒百貳拾兩柒錢玖釐應請
照例豁除相應據情同圖形冊結詳候具題等

情臣覆核無異除冊結圖送部查核外謹會同
兩江總督臣孫玉庭合詞具題前來查江陰縣
徐泗等沙坍沒中田岸請豁原額蘆課銀兩壹
案節經臣部以中田岸係腹内重則地畝與濱
江蘆洲沙土鬆浮者有間即遇江水沖激自應
逐漸坍卸何致同時驟坍至壹萬肆千餘畝請
豁課銀柒百貳拾餘兩之多且送到坍冊圖形
核對存部鱗冊亦多舛錯題令詳細確勘另造
準確圖冊送部核辦在案今據該撫疏稱飭委
鎮江府知府策名會同江陰縣查勘坍存田岸
悉與原報相符造具圖冊送部等語查坍沒田
地請豁錢糧全以圖冊為憑今該撫送到坍存

圖內原額存田數目籠統造報並未註明各段圩名區畝細數臣部無憑查核至送到坍存區段細冊核對存部鱗冊弓口步數仍屬舛錯臣部礙難核准應將該撫送到原冊壹本並兩次送部圖形貳張逐細簽明發還該撫將其中舛漏之處飭令詳查明確據實聲覆務令總散數目悉歸符合以杜弊混毋任率行造報以致往返駁查徒滋案牘再查蘆洲東坍西漲此案自該縣報坍以來現歷多年未據有漲報文出淤阜田地及轉則陞課之案恐有隱匿不實情事應令該撫一并確查題報到部再行核辦等因

道光元年陸月拾壹日題本月拾叁日奉

旨依議欽此相應行文江蘇巡撫欽遵辦理可也等
因到院行司奉經前司轉飭遵照詳細查明另
造冊結繪圖由府覆核送司詳
題嗣據江陰縣詳稱遵即弔齊存縣檔冊逐細核
查所有原報冊開徐泗新寧善港復善肆沙共
坍沒沙中田岸壹萬肆千玖百柒拾捌畝貳分
伍釐陸毫壹絲捌忽叁微科則不等實應豁除
課銀柒百貳拾兩柒錢捌釐玖毫肆絲柒忽玖
微陸纖委無以少報多捏坍冒豁不實不盡情
事相應遵奉部駁詳細查明另造確冊繪圖貼
說加結詳祈詳咨等情當經批府覆核詳轉去
後今准常鎮道咨據常州府知府汪河詳稱遵

經飭委武進縣縣丞趙庭樾守堤原卷圖冊到
府覆加查核相符合將冊結圖並奉部發發原
冊圖形加結具文詳送伏祈鑒核加移等情到
道據此覆核無異合將送到冊結圖加結移煩
核轉等因到司准此該蘇州布政使陳鑾查得
江陰縣徐泗等沙坍沒各則田岸節經道府勘
明取造圖冊詳奉部咨因原額存田數目並未
註明區畝細數坍冊核對歸冊不符飭令詳查
明確造報核辦等因飭遵在案今據江陰縣另
造細冊繪圖貼說具結由府道覆核無異加結
送轉前來所有此案坍沒田岸壹萬肆千玖百
柒拾捌畝貳分陸釐應豁課銀柒百貳拾兩柒

錢玖釐應請照數豁除仍俟奉部覆准再於奏銷等項各冊内開除造報除飭查各沙有無續課報文出淤阜田地及轉則陞科之案另行專案詳辦外相應將送到冊結圖並部發原冊圖具文詳送伏候具題等情據此該臣查得江陰縣徐泗等沙坍没各則田岸應豁課銀壹案節經題准部覆飭委道府勘明取造圖冊由司詳題復准部咨因原額存田數目並未註明區畝細數坍冊核對蘇冊不符發圖冊行令查明題報等因轉飭遵照在案今據蘇州布政使陳鑾

詳稱飭據江陰縣吊齊檔冊逐細核查原報冊開徐泗新字善港復善肆沙共坍沒中田岸壹萬肆千玖百柒拾捌畝零實應豁除課銀柒百貳拾兩零委無以少報多捏坍冒豁不實不盡情事另造確冊繪圖貼說具結詳由府道覆核無異加結送轉前來所有此案坍沒田岸壹萬肆千玖百柒拾捌畝零應豁課銀柒百貳拾兩零應請照數豁除仍俟奉部覆准再於盡課

奏銷等項冊內開除造報除飭查各沙有無漬報丈出淤阜田地及轉則陞科之案另行詳辦外相應將送到冊結圖形並部發原冊圖詳送具

題等情前來臣覆核無異除冊結圖送部查核外

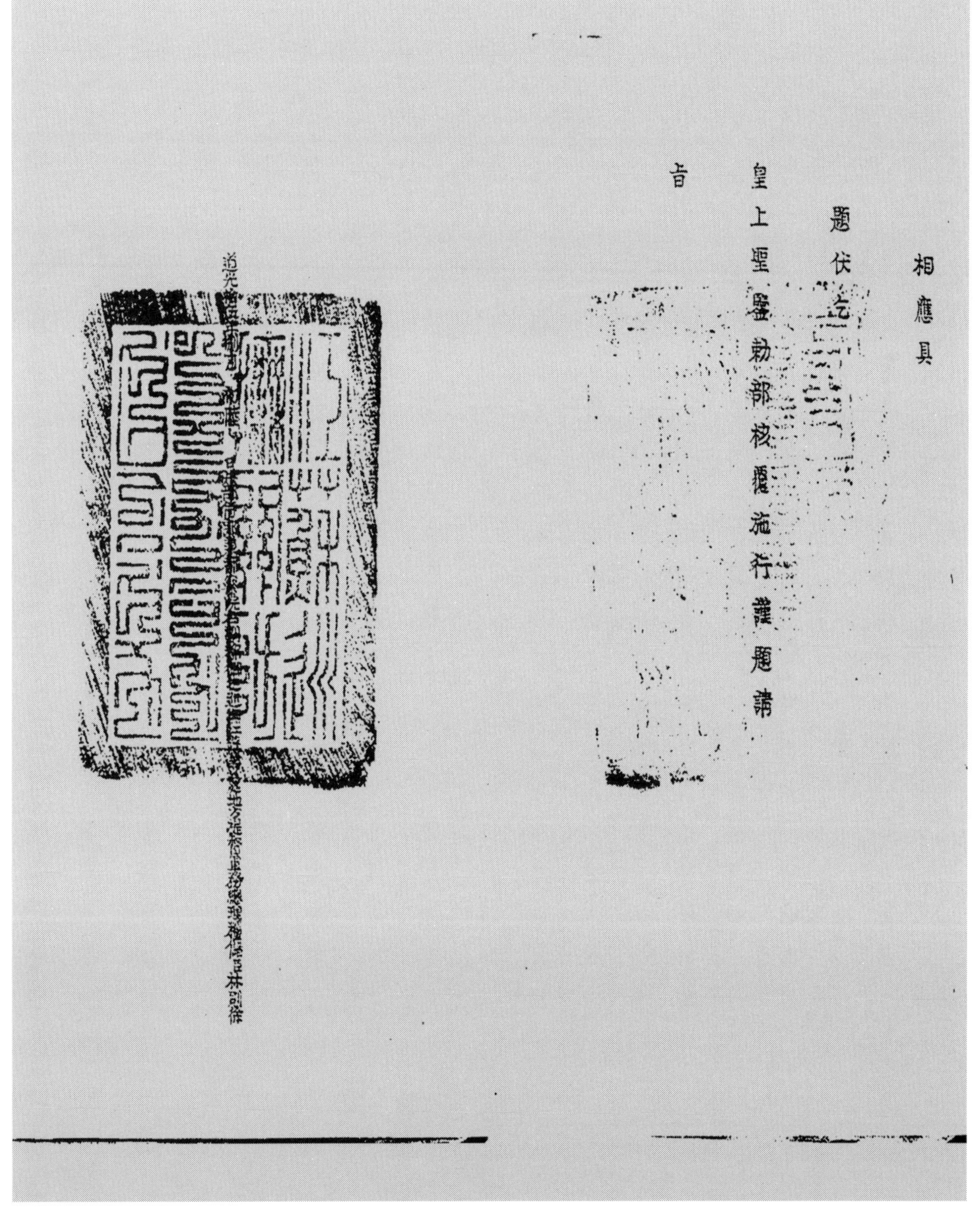

相應具

題伏乞

皇上聖鑒勅部核覆施行謹題請

旨

道光[illegible]林則徐

江蘇巡撫林則徐題本　題報江陰縣徐泗等處坍没田岸應需豁課銀數目

道光十五年八月初六日

兵部侍郎兼都察院右副都御史巡撫江蘇等處地方提督軍務總理糧儲臣林則徐謹
題爲查報等事該臣查得江陰縣徐泗等沙坍没
各則田岸應豁課銀壹案節經題准部覆飭委
道府勘明取造圖冊由司詳
題復准部咨因原額存田數目並未註明區畝細
數坍冊核對鱗冊不符發圖冊行令查明題
報等因轉飭遵照在案今據蘇州布政使陳鑾
詳稱飭據江陰縣吊齊檔冊逐細核查原報徐
泗新寧善港復善肆沙共坍没中田岸壹萬肆
千玖百柒拾捌畝零實應豁除課銀柒百貳拾
兩零委無以少報多混坍冒豁不實不盡情事
另造確冊繪圖貼說具結詳由府道覆核加結
送轉前來所有此案坍没田岸應豁課銀柒百
貳拾兩零應請照數豁除將送到冊結圖形並
部簽原冊圖詳
題前來臣覆核無異除冊結圖送部外謹題請
旨

江蘇巡撫林則徐題本

題報驗明海州民人薄開春戳斃李遺太案擬絞監候

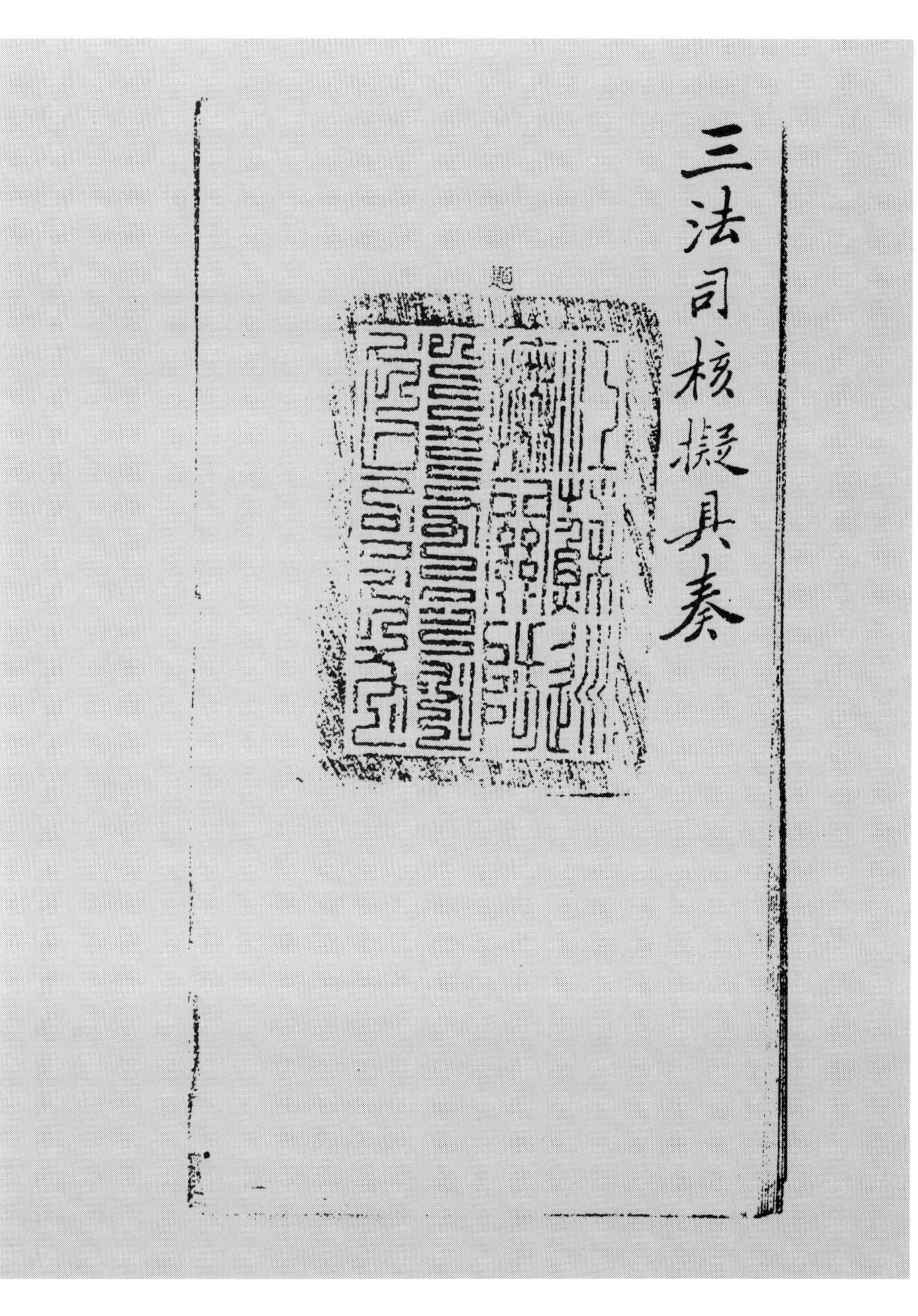

三法司核擬具奏

題

一三　江蘇巡撫林則徐題本　題報驗明海州民人薄開春戳斃李遺太案擬絞監候　道光十五年八月初六日

兵部侍郎兼都察院右副都御史巡撫江蘇等處地方提督軍務總理糧儲臣林則徐謹

題為報驗事據江蘇按察使裕謙詳准淮海道文

麟移據署海州知州王夢齡詳稱道光拾肆年

拾壹月初肆日據地保郁兆淋報據民人李棕

邦投稱拾月貳拾柒日鄰人薄開春因向伊子

李遺太索討牛肉錢文不給詈罵爭吵伊子被

薄開春用刀戳傷右乳等處延至拾壹月初叁

日夜因傷身死等語往查屬實現將薄開春獲

往報候驗究等情並據屍父李棕邦報同前由

到州隨帶吏仵前詣屍所如法相驗據仵作周

玉鳴報已死李遺太問年叁拾貳歲驗得仰面

不致命右肩甲刀戳傷壹處斜長捌分寬肆分

深至骨血污致命右乳刃戳傷壹處斜長捌分
寬肆分深透內血污合面不致命左臂膊刃戳
傷壹處斜長捌分寬肆分右臂膊刃戳傷壹處
斜長捌分寬肆分均深至骨骨不損血污餘無
故委係受傷身死報畢親驗無異飭取兇器小
刀比對屍傷相符填格取結屍飭棺殮隨訊據
地保郁兆淋供與報詞同據鄰證陳振華供道
光拾肆年拾月貳拾柒日小的聽得李遺太家
吵鬧趕去查看見李遺太扭住薄開春髮辮往
下揿按薄開春掙扎不脫用刀戳傷李遺太右
乳鬆手倒地小的連忙上前勸住問據薄開春
說他向李遺太索討牛肉錢文彼此爭毆起釁

的話小的就同李遺太的父親李琮邦把薄開
春從住押令醫治正要稟究不料李遺太傷重
到拾壹月初叁夜因傷身死了李琮邦投保報
驗的並沒別故小的勸阻不及是實據屍父李
琮邦供李遺太是小的兒子與薄開春鄰近居
住素好無嫌道光拾肆年春間兒子賒欠薄開
春牛肉錢壹千文屢討未還小的知道的拾月
貳拾來日薄開春復向兒子索討兒子無錢懇
緩薄開春不依兒子把他混罵薄開春回罵兒
子撲向毆打被薄開春用小刀戳傷兩臂膊右
肩甲右乳倒地是鄰人陳張華走來勸住同小
的把薄開春扭從押他醫治正要稟究不料兒

子傷重到拾壹月初叁夜就因傷死了小的投
保報驗血沒別故求究抵據兇犯薄開春供海
州人年叁拾捌歲父親已故拾柒年母親晏氏
年陸拾歲兄弟薄開名妻子已故生有壹子年
尚幼小與李遺太鄰好無嫌道光拾肆年春間
小的有耕牛壹隻因病倒斃宰賣李遺太向小
的賒取牛肉拾餘斤計錢壹千文屢討未還拾
月貳拾柒日小的到李遺太家索討李遺太無
錢懇緩小的不依李遺太把小的斥罵小的回
罵李遺太撲攏毆打小的順拔身帶小刀戳他
右肩甲右臂膊李遺太用左手奪刀小的又戳
他左臂膊李遺太趕攏扭住小的髮辮往下捺

按小的掙不脫身一時情急用刀往上嚇戳適
傷他右乳鬆手仰跌倒地是陳振華趕來勸住
同李遺太的父親李棕邦把小的扭獲押令醫
治那知李遺太傷重到拾壹月初叁夜因傷死
了並非有心欲殺也沒起釁別故及另有在場
幫毆的人兇器小刀已蒙起案是實各等供據
此將犯收禁錄供通詳奉批飭審道光拾伍年
叁月初壹日據禁卒稟報薄開春在監患病醫
治詳咨於肆月初貳日報痊隨提覆訊各供均
與前審無異不敘外該署海州知州王夢齡審
看得州民薄開春戳傷李遺太身死壹案緣薄
開春籍隸海州與李遺太鄰好無嫌道光拾肆

江蘇巡撫林則徐題本 題報驗明海州民人薄開春戳斃李遺太案擬絞監候 道光十五年八月初六日

年春間薄開春有耕牛壹隻病斃宰賣李遺太
向薄開春賒取牛肉計錢壹千文屢討未還拾
月貳拾柒日薄開春復往索討李遺太無錢懇
緩薄開春不依李遺太斥罵薄開春回詈李遺
太撲向毆打薄開春順拔身佩小刀戳傷李遺
太右肩甲右臂膊李遺太用左手奪刀薄開春
復戳傷其左臂膊李遺太趕攏扭住薄開春髮
辮往下按捺薄開春掙不脫身一時情急用刀
往上嚇戳適傷李遺太右乳鬆手仰跌倒地經
鄰人陳根華趕勸無及同李遺太之父李棕邦
將薄開春投往押令醫治詎李遺太傷重延至
拾壹月初叁日夜殞命報州驗訊通詳奉批飭

當堂復提犯研鞫據供前情不諱詰非有心欲
殺亦無起釁別故及在場幫毆之人案無遁飾
查律載鬬毆殺人者不問手足他物金刃並絞
監候等語此案薄開春用刀戳傷李遺太身死
應按律問擬薄開春合依鬬毆殺人者不問手
足他物金刃並絞律擬絞監候秋後處決李遺
太所欠錢文身死勿徵陳振華勸阻不及應無
庸議無干省釋屍棺飭埋兇刀解驗等情由道
審解到司該江蘇按察使裕謙提犯親訊核擬
無異解候勘
題等情招解到臣提犯親審無異該臣看得海州
民薄開春戳傷李遺太身死壹案緣薄開春籍

江蘇巡撫林則徐題本 題報驗明海州民人薄開春戳斃李遺太案 道光十五年八月初六日
擬絞監候

隸海州與李遺太鄰好無嫌道光拾肆年春間
薄開春有耕牛壹隻病斃宰賣李遺太向薄開
春賒取牛肉計錢壹千文屢討未還拾月貳拾
柒日薄開春復往索討李遺太無錢懇緩薄開
春不依李遺太斥罵薄開春回詈李遺太撲向
毆打薄開春順拔身佩小刀戳傷李遺太右肩
甲右臂膊李遺太用左手奪刀薄開春復戳傷
其左臂膊李遺太趕攏扭住薄開春髮辮往下
揿按薄開春掙不脫身一時情急用刀往上嚇
戳適傷李遺太右乳鬆手仰跌倒地經鄰人陳
振華趕勸無及同李遺太之父李棕邦將薄開
春獲住押令醫治詎李遺太傷重至拾壹月初

登日復稱命報驗訊詳審供不諱詰非有心欲
殺亦無起釁別故及在場幫毆之人案無遁飾
查律載鬬毆殺人者不問手足他物金刃並絞
監候等語此案薄開春用刀戳傷李遺太身死
應按律問擬薄開春合依鬬毆殺人者不問手
足他物金刃並絞律擬絞監候秋後處決李遺
太所欠錢文身死勿徵陳振華勸阻不及應無
庸議無干省釋屍棺飭埋兇刀發回貯庫臣謹
具
題伏乞
皇上聖鑒勅下三法司核覆施行再此案審限除閏
月應以道光拾肆年拾壹月初肆報驗之日起

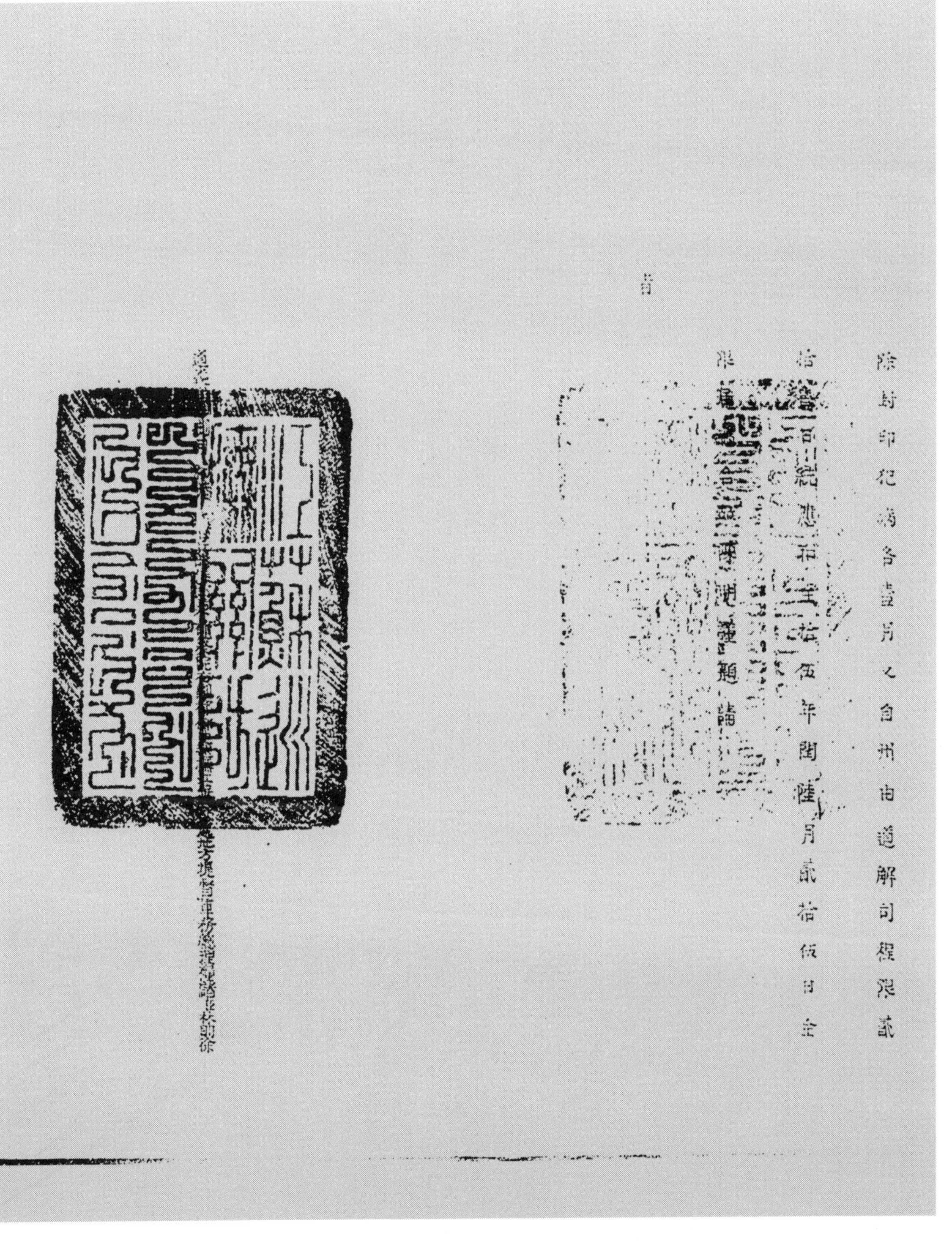

除封印祀竈各壹月之自州由道解司程限貳
拾……伍年閏陸月貳拾伍日全
限……題請
旨

一三　江蘇巡撫林則徐題本　題報驗明海州民人薄開春戳斃李遺太案擬絞監候

道光十五年八月初六日

兵部侍郎兼都察院右副都御史巡撫江蘇等處地方提督軍務總理糧儲臣林則徐謹
題
為報驗事該臣看得海州民薄開春戳傷李遺
太身死壹案緣薄開春與李遺太鄰好無嫌道
光拾肆年春間薄開春有耕牛壹隻病斃宰賣
李遺太向薄開春賒取牛肉計錢壹千文屢討
未還拾月貳拾柒日薄開春復往索討李遺太
無錢懇緩薄開春不依李遺太斥罵薄開春回
詈李遺太撲向毆打薄開春順拔身佩小刀戳
傷李遺太右肩甲右臂膊李遺太用左手奪刀
薄開春復戳傷其左臂膊李遺太趕攏扭住薄
開春髮辮往下揿按薄開春掙不脫身一時情
急用刀往上嚇戳適傷李遺太右乳倒地詎李
遺太傷重至拾壹月初叁日夜殞命報驗訊詳
審供不諱薄開春依鬪毆殺人律擬絞監候秋
後處決謹題請
旨

江蘇巡撫林則徐題本

題報驗明靖江縣民秦松觀傷斃伊妻印氏擬絞監候

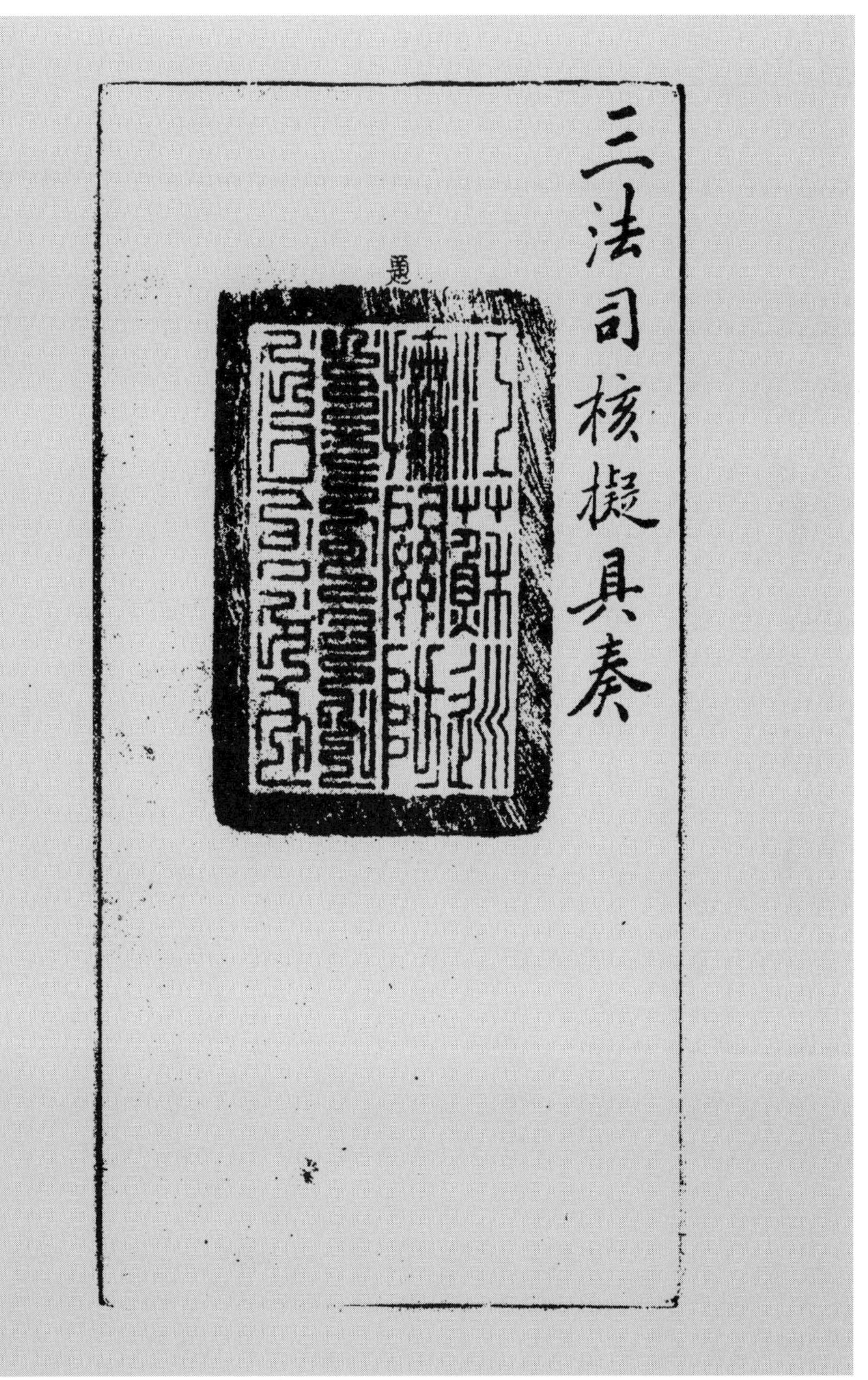

三法司核擬具奏

題

江蘇巡撫林則徐題本 題報驗明靖江縣民秦松觀傷斃伊妻印氏擬絞監候

道光十五年八月初六日

兵部侍郎兼都察院右副都御史巡撫江蘇等處地方提督軍務節制糧儲臣林則徐謹
題爲報驗事據江蘇按察使裕謙詳據常州府知
府汪河詳據靖江縣知縣張新謨詳稱道光拾
肆年拾壹月貳拾柒日據地保沈金照報據民
人溥文州投稱伊表弟秦松觀欠伊錢文欲將
稻穀變價其妻印氏不允兩相爭鬧印氏欲往
伊家哭鬧秦松觀趕至伊家田岸將印氏拉回
掙毆跌地致磕傷咽喉身死有戴東三見證等
語往查屬實秦松觀業已逃避報乞驗緝等情
到縣隨帶吏仵前詣屍所勘得溥文州屋前田
岸相距秦松觀家約有半里秦印氏屍身仰臥
路旁勘畢如法相驗據仵作周林喝報已死秦

印氏問年貳拾肆歲驗得仰面致命咽喉下據
傷壹處橫長壹寸貳分寬肆分青紅色咽喉骨
損傷不致命右肩甲夲傷壹處圓圍叁寸伍分
青紅色右面致命腦後磕傷壹處微紅色餘無
故委係據傷身死報皐親驗無異填格取結屍
飭棺殮提訊地鄰人等供與報詞無異勒差嚴
緝兇犯秦松觀務獲去後旋於拾貳月貳拾壹
日據差稟獲秦松觀到案隨傳集人證查訊據
地保沈金琢供與報詞同據鄰證戴東三供道
光拾肆年拾壹月貳拾陸日傍晚小的探親回
家路過鄰人蔣文州田岸見素識的秦松觀與
他妻子印氏撕打一同跌地秦松觀撲壓印氏

身上小的連忙趕攏往勸秦松觀纔起不料印氏被秦松觀掐傷咽喉停了一會就死了問據秦松觀說他向借欠薄文州錢文想把家存稻穀變價歸還印氏不允要向薄文州家央緩他趕來攔阻致相爭毆的話秦松觀乘間跑走小的告知薄文州投保報驗的小的勸阻不及是實據應訊薄文州供秦松觀是小的表弟道光拾肆年柒月間秦松觀向小的借錢拾肆千文立有欠票並押田單壹紙約定拾壹月底歸還到拾壹月貳拾叁日小的前往索討秦松觀外出小的向他妻子印氏告知當時走回傍晚鄰人戴東三來向小的說秦松觀因要把家存稻

穀變賣歸還小的欠項印氏不允要來向小的家央緩走到小的田旁秦松觀趕來攔阻揪毆跌地秦松觀揢傷印氏咽喉不多一會死了秦松觀當就跑走的話小的前去看明投保報驗

的據屍姑秦盧氏供年陸拾伍歲丈夫秦鳳三已故過繼秦松觀為子道光拾肆年拾壹月貳拾柒日傍晚兒子因借欠薄文州錢文想把家存稻穀變償媳婦印氏不允兩相爭鬧媳婦當就走出說到薄文州家央緩兒子趕去攔阻過不一會薄文州來向婦人告知兒子趕到他家田岸與媳婦揪毆跌地揢傷媳婦咽喉身死兒子已經逃走婦人前去看明薄文州投保報驗

訊據秦松觀供靖江縣人年貳拾捌歲生
父秦鳳林已故生母華氏年伍拾陸歲弟兄貳
人小的居長自幼出繼胞伯秦鳳三爲子嗣父
於道光捌年身故嗣母盧氏年陸拾伍歲印氏
是小的妻子素來和好道光拾肆年柒月間小
的借用表兄薄文州錢拾肆千文寫給欠票並
押田單壹紙約定拾壹月底歸還到拾壹月貳
拾陸日薄文州來向索取那時小的外出傍晚
回家妻子向小的告知小的因無錢歸還想把
家存稻穀變價妻子不允兩相爭鬧妻子當就
走出說到薄文州家央援小的趕去攔阻走到
薄文州田旁把妻子拉回妻子不肯小的生氣

用拳打他右肩甲臺下妻子不依哭罵揪住小
的胷衣欲毆小的也用右手揪住妻子衣領向
推妻子站立不穩仰跌倒地小的被揪帶跌撲
壓妻子身上收手不及致拳骨捺傷妻子咽喉
小的連忙爬起有戴東三路過查問小的告知
情由不料妻子傷重不多一會死了小的就逃
往各處躲避今被差役拏獲的實因被揪推跌
失手捺傷咽喉身死並非有心欲殺也沒起釁
別故是實至妻子腦後傷痕想是跌地時磕傷
的是實各等供據此查吊欠票田單核與所供
相符將犯收禁田單欠票附卷錄供通詳奉批
飭審隨提覆訊各供均與前審無異不敘外該

江蘇巡撫林則徐題本　題報驗明靖江縣民秦松觀傷斃伊妻印氏擬絞監候　道光十五年八月初六日

靖江縣知縣張希謂審看得縣民秦松觀誤傷
伊妻印氏跌傷身死壹案緣秦松觀籍隸靖江
縣娶妻印氏素相和好道光拾肆年柒月間秦
松觀借用伊表兄薄文州錢拾肆千文立有欠
票並將田單抵押約期歸還拾壹月貳拾陸日
薄文州前往索討時秦松觀外出傍晚回家印
氏曾向告知秦松觀欲將家存稻穀變賣歸償
印氏不允致相爭鬧印氏隨即走出聲稱往薄
文州家央緩秦松觀趕向攔阻行至田旁將印
氏拉回印氏不走秦松觀生氣拳毆其右肩甲
印氏不依哭罵揪住秦松觀胸衣欲毆秦松觀
亦用右手揪住其衣領向推印氏站立不穩仰

跌倒地磕傷腦後秦松觀被撳帶跌仆壓印氏
身上收手不及致拳骨磕傷其咽喉秦松觀急
忙喊起適戴東三路過問知詢印氏傷重移時
殞命秦松觀逃避報驗獲犯訊供通詳奉批飭
審擬復提犯研鞫據供前情不諱究非有心欲
殺亦無起釁別故案無遁飾查律載夫毆妻至
死者絞監候等語此案秦松觀撳傷伊妻印氏
咽喉身死應按律問擬秦松觀合依夫毆妻至
死者絞律擬絞監候秋後處決該犯所欠薄文
州錢文照追給領戴東三勸阻不及應無庸議
無干省釋屍棺飭屬領埋等情由府審解到司
該江蘇按察使裕謙提犯親訊核擬無異解候

故

題等情招解到臣提犯親審無異該臣看得靖江
縣民秦松觀傷斃伊妻印氏咽喉身死壹案緣
秦松觀籍隸靖江娶妻印氏素相和好道光拾
肆年柒月間秦松觀借用伊表兄薄文州錢拾
肆千文立有欠票並將田單抵押約期歸還拾
壹月貳拾陸日薄文州前往索討時秦松觀外
出傍晚回家印氏當向告知秦松觀欲將家存
稻穀變賣歸償印氏不允致相爭鬧印氏隨即
走出聲稱往薄文州家央緩秦松觀趕向攔阻
行至田旁將印氏拉回印氏不走秦松觀生氣
拳毆其右肩甲印氏不依哭罵揪住秦松觀胸

衣欲毆秦松觀亦用右手揪住其衣領向推印
氏站立不穩仰跌倒地磕傷腦後秦松觀被揪
帶跌仆壓印氏身上收手不及致拳骨搕傷其
咽喉秦松觀急忙爬起適戴東三路過問知詢
印氏傷重移時殞命秦松觀逃避報驗獲犯訊
詳審供不諱究非有心欲殺亦無起釁別故案
無遁飾查律載夫毆妻至死者絞監候等語此
案秦松觀搕傷伊妻印氏咽喉身死應按律問
擬秦松觀合依夫毆妻至死者絞律擬絞監候
秋後處決該犯所欠薄文州錢文照追給領戴
東三勸阻不及應無庸議無干省釋屍棺飭埋
臣謹具

題咨之

皇上睿鑒勅下三法司核覆施行再此案審限應以

道光拾肆年拾貳月貳拾壹日獲犯之日起除封

印壹月自縣由府解司程限捌日統應扣至拾

伍年閏陸月貳拾玖日全限屆滿合並陳明謹

題請

旨

江蘇巡撫林則徐題本 題報驗明靖江縣民秦松觀傷斃伊妻印氏擬絞監候 道光十五年八月初六日

[illegible]處地方提督軍務總理糧儲臣林則徐

兵部侍郎兼都察院右副都御史巡撫江蘇等處地方提督軍務總理糧儲臣林則徐謹

題為驗事。該臣看得靖江縣民秦松觀毆傷伊妻印氏咽喉身死壹案。緣秦松觀娶妻印氏，素相和好。道光拾肆年柒月間，秦松觀借用伊表兄薄文州錢文，約期歸還。拾壹月貳拾陸日，薄文州前往索討，時秦松觀外出，傍晚回家，印氏當面告知。秦松觀欲將家存稻穀變賣歸償，印氏不允爭鬧，隨即走出，聲稱往薄文州家央緩。秦松觀趕向攔阻，行至田旁，將印氏扭回，印氏不走秦松觀生氣拳毆其右肩甲印氏不依哭罵揪住秦松觀胸衣欲毆秦松觀亦用右手揪住其衣領向推印氏站立不穩仰跌倒地磕傷腦後秦松觀被揪帶跌仆壓印氏身上收手不及致拳骨按傷其咽喉秦松觀急忙爬起詢印氏傷重移時殞命報驗獲犯審供不諱秦松觀依夫毆妻至死者絞律擬絞監候秋後處決謹

題請

旨

江蘇巡撫林則徐題本

題報驗明銅山縣民陳得馨戳斃伊妻滕氏並子女擬絞監候

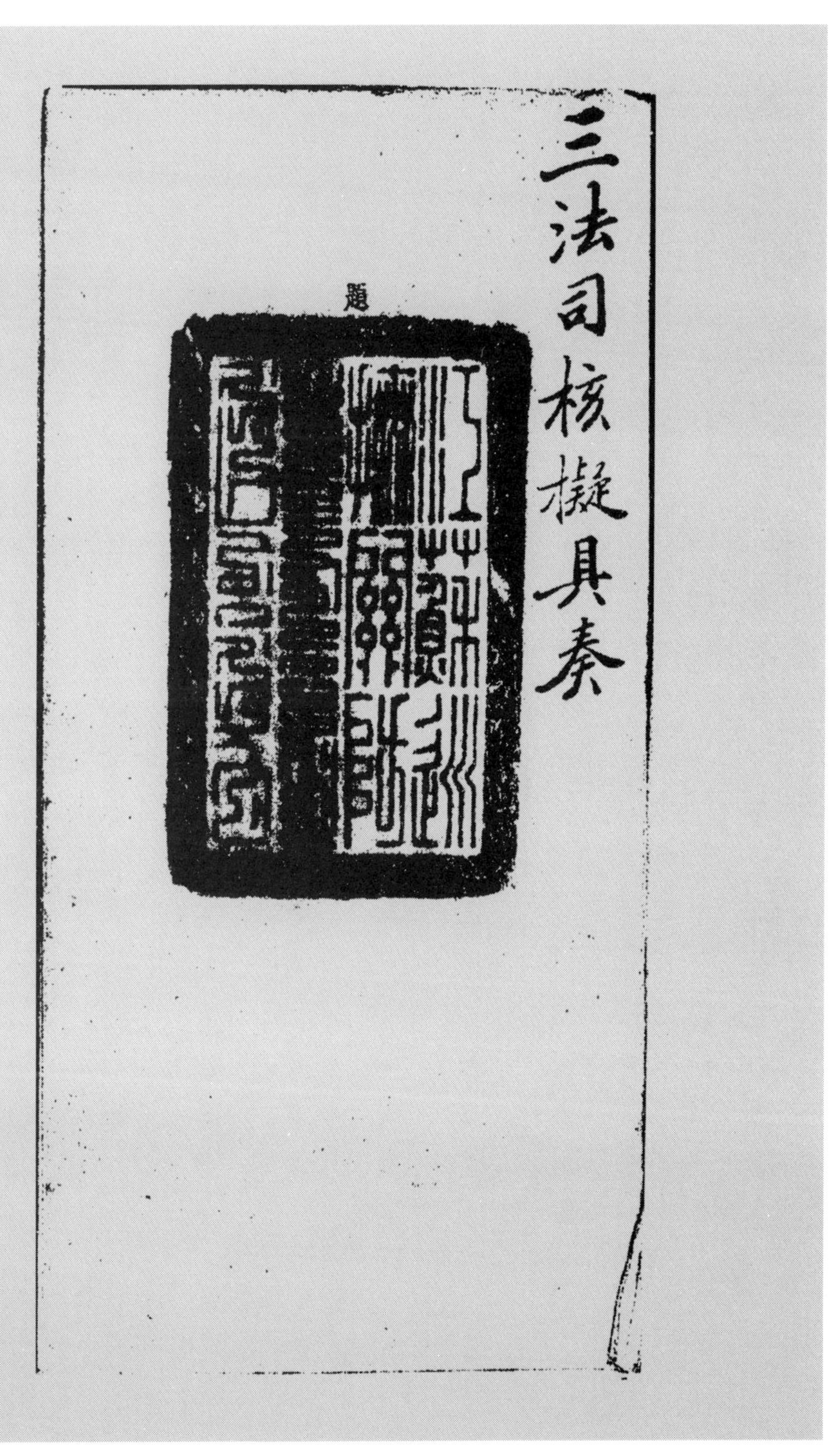

江蘇巡撫林則徐題本　題報驗明銅山縣民陳得馨戳斃伊妻滕氏並子女擬絞監候

道光十五年八月初六日

兵部侍郎兼都察院右副都御史巡撫江蘇等處地方提督軍務總理糧儲臣林則徐謹
題為報明事據江蘇按察使裕謙詳據徐州府知
府武凌漢詳據署銅山縣知縣王文炳詳稱道
光拾肆年玖月初捌日據地保張允報據民人
吳尚節投稱玖月初陸日夜陳得馨歇工轉回
見有一人在伊棚內走出疑妻與人有姦進內
盤問吵鬧用刀將伊妻滕氏並子女一并殺死
等語往查屬實將陳得馨扭獲理合報驗等情
到縣據即帶領吏仵押犯前詣屍所如法相驗
據仵作熊信喝報已死陳滕氏問年叁拾貳歲
驗得仰面致命肚腹刃傷壹處長捌分寬貳分
深透膜合面不致命左肐肘刃傷壹處長陸分

寬壹分深至骨骨微損俱血污又已死陳喜問
年捌歲驗得仰面不致命右肋刃傷壹處長柒
分寬叁分深透內血污又已死陳小丫問年拾
歲驗得仰面致命肚腹刃傷壹處長柒分寬貳
分深透膜血污餘俱無故均係受傷身死報畢
逐加親驗無異飭取兇器干刀比對各屍傷相
符填格取結屍飭棺殮隨訊據地保張允供與
報詞同據吳尚節供道光拾肆年春間小的雇
莊鄰陳得馨幫工陳得馨因他妻子沒處棲身
借胡碧霖屋基搭棚居住他妻子滕氏因窮苦
難度時常吵鬧小的是知道的玖月初柒日早
陳得馨來向小的說他昨晚歇工轉回見有一

人在他棚内走出慌忙逃去他因相隔尚遠追
趕不及疑妻與人有姦進棚盤問滕氏不認反
向辱駡他用刀亂戳適傷滕氏並他女兒陳小
丫他兒子陳喜驚醒啼哭又用刀戳傷先後身
死的話央懇小的幫同掩埋小的就投保把陳
得馨獲住赴案報驗的並沒別故是實據兇犯
陳得馨供銅山縣人年叁拾貳歲父母俱故並
沒弟兄娶妻滕氏生子陳喜女陳小丫年俱幼
小小的借莊鄰胡磐霖屋基搭棚居住在吳尚
節家幫工因工錢無多家裏貧苦妻子時常怨
恨吵鬧道光拾肆年捌月貳拾貳日妻子無錢
使用又向小的哭鬧並說小的既不能養活家

小他只好去跟別人過活小的斥他不要臉面
妻子沒有做聲玖月初陸日夜貳更時分小的
歇工轉回望見一人從小的棚內走出慌忙跑
去因相隔尚遠追趕不及小的想起妻子前要
跟人的話疑心與人有姦走進棚內妻子與子
女們同臥鋪上小的當向妻子盤問姦情妻子
不認反把小的辱罵小的趕攏要去拉他毆打
妻子坐起揪住小的髮辮往下捺按小的掙扎
不脫順拔身帶手刀向上亂戳適女兒聞鬧爬
起黑暗中沒有看清致把妻子同女兒一并戳
傷喊痛跌倒小的點燈查看都已氣絕身死兒
子驚醒啼哭小的恐怕有人聽聞向他喝阻不

理又用刀嚇戳適傷伊右肋也就死了次早小
的想埋屍滅跡去向吴尚節商量吴尚節就投
保把小的扭獲起案報驗的小的實因疑妻子
與人通姦盤問不認用刀向戳致把妻子與女
兒一并戳死兒子啼哭不止又用刀嚇戳致斃
委非有心欲殺也沒起釁別故兇刀已蒙起案
是實各等供據此將犯收禁錄供通詳奉批飭
審適光拾肆年拾壹月拾柒日據禁卒稟報陳
得馨在監患病醫治詳咨於拾貳月拾玖日報
痊前來隨提覆訊各供均與前審無異不敘外
該署銅山縣知縣王文炳審看得民人陳得馨
戳傷伊妻滕氏並子女陳喜等身死壹案緣陳

得馨籍隸銅山娶妻滕氏生子陳喜女陳小丫
年俱幼租借莊鄰胡晉霖屋基搭棚居住受雇
在吳尚節家幫工因傭值無幾家計艱難滕氏
不時怨恨吵鬧道光拾肆年捌月貳拾貳日滕
氏乏錢使用復向陳得馨哭鬧並稱陳得馨既
不能養活家口伊祗可另跟他人陳得馨斥其
無恥滕氏並未嗔聲玖月初陸日夜貳更特分
陳得馨歇工轉回見有一人從伊棚內走出慌
忙逃逸因相隔尚遠不及追拏憶及伊妻前欲
跟人之語疑有姦私走進棚內值滕氏與子女
同臥鋪上陳得馨當向滕氏盤問姦情滕氏不
承反向詈罵陳得馨起攏欲毆滕氏坐起揪住

陳得馨髮辮往下捺按陳得馨拚扎不脫順拔
身帶千刀向上亂戳黑暗中致傷滕氏左胳肘
肚腹並誤傷伊女陳小丫肚腹聲喊跌倒陳得
馨點燈查看詎滕氏及女陳小丫均各殞命伊
子陳喜驚醒哭泣陳得馨慮人聽聞喝阻不止
復用刀嚇戳適傷陳喜右肋亦即身死次早陳
得馨欲圖埋屍滅跡往向吳尚節商量吳尚節
投保獲犯報縣驗訊通詳奉批飭審遵復提犯
研鞫據供前情不諱詰非有心欲殺亦無起釁
别故案無遁飾查律載夫毆妻至死者絞監候
又例載非姦所獲姦將姦婦逼供而殺訊無確
據者依夫毆妻至死論各等語此案陳得馨因

見有人在伊棚屋走出心疑伊妻滕氏與人有姦盤問爭鬧用刀將滕氏戳傷並誤傷伊女陳小丫為各身死又因伊子陳喜哭泣喝阻不止用刀嚇戳適斃訊無姦情確據應按律問擬陳得馨除毆殺誤殺子女輕罪不議外合依夫毆妻至死者絞律擬絞監候秋後處決無干省釋屍棺飭埋兇器千刀解驗等情由府審解到司查核案情未確駁委元和縣審辦茲據該縣審明仍照原擬解勘前來該江蘇按察使裕謙提犯親審核擬無異解候勘

題等情招解到臣提犯親審無異該臣看得銅山縣民陳得馨戳傷伊妻滕氏並子女陳喜等身

死壹案緣陳得馨籍隸銅山娶妻滕氏生子陳
喜女陳小丫年俱幼稱借莊鄰胡碧霖屋基搭
棚居住受雇在吳尚節家幫工因傭值無幾家
計艱難滕氏不時吵鬧道光拾肆年捌月貳拾
貳日滕氏乏錢使用復向陳得馨哭鬧並稱陳
得馨既不能養活家口伊祇可另跟他人陳得
馨斥其無恥滕氏並未嗔聲玖月初陸日夜貳
更時分陳得馨歇工轉回見有一人從伊棚內
走出慌忙逃逸因相隔尚遠不及追拏憶及伊
妻前欲跟人之語疑有姦私走進棚內值滕氏
與子女同臥鋪上陳得馨當向滕氏盤問姦情
滕氏不承反向詈罵陳得馨起攏欲毆滕氏坐

起揪住陳得馨髮辮往下捺按陳得馨掙扎不
脫順拔身帶千刀向上亂戳黑暗中致傷滕氏
左肐肘肚腹並誤傷伊女陳小丫肚腹聲喊跌
倒陳得馨點燈查看詎滕氏及女陳小丫均各
殞命伊子陳喜驚醒哭泣陳得馨慮人聽聞喝
阻不止復用刀嚇戳適傷陳喜右肋亦即身死
次早陳得馨欲圖埋屍滅跡往向吳尚節商量
吳尚節投保獲犯報驗訊詳審供不諱詰非有
心欲殺亦無起釁別故案無遁飾查律載夫毆
妻至死者絞監候又例載非姦所獲姦將姦婦
逼供而殺訊無確據者依夫毆妻至死論各等
語此案陳得馨因見有人在伊棚屋走出心疑

伊妻滕氏與人有姦盤問爭鬧用刀戳傷滕氏
並誤傷伊女陳小丫均各身死又因伊子陳喜
哭泣喝阻不止用刀嚇戳適斃訊無姦情確據
應按律問擬陳得馨除毆殺誤殺子女輕罪不
議外合依夫毆妻至死者絞律擬絞監候秋後
處決據供該犯父母俱故家無次丁是否屬實
飭查另辦無干縣經省釋屍棺飭埋兇刀發出
貯庫臣謹具
題伏乞
皇上聖鑒勅下三法司核覆施行再此案縣審分限
叁箇月應以道光拾肆年玖月初捌報驗之日
起除犯病封印各壹月扣至拾伍年貳月初捌

日滿該於貳月貳拾叁日審解計遲延拾伍日所有承審遲延不及壹月職名係署銅山縣知縣王文炳開報附參至府司院分限各壹月應以柒月貳拾叁該縣審解之日起除委審限壹月又自縣由府解司程限貳拾柒日統應扣至閏陸月貳拾日全限屆滿合並陳明謹題請

旨

江蘇巡撫林則徐題本　題報驗明銅山縣民陳得馨戳斃伊妻滕氏並子女擬絞監候

道光十五年八月初六日

道光[illegible]處地方提督軍務總理糧儲臣林則徐

兵部侍郎兼都察院右副都御史巡撫江蘇等處地方提督軍務總理糧儲臣林則徐謹

題

爲報明事該臣看得銅山縣民陳得馨戳傷伊
妻滕氏並子女陳喜等身死壹案緣陳得馨娶
妻滕氏生子陳喜女陳小丫年俱幼穉借莊鄰
胡[illegible]居住受雇在吳尚節家幫工
因傭值無幾家計艱難滕氏不時吵鬧道光拾
肆年捌月貳拾貳日滕氏之錢使用復向陳得
馨要[illegible]閙並[illegible]馨既不能養活家口伊衹可
另嫁他人陳得馨斥其無恥滕氏並未[illegible]聲玖
月初[illegible]日夜貳更時分陳得馨歇工轉回見有
一人從伊棚內走出慌忙逃逸因相隔尚遠不
及追拏憶及伊妻前欲跟人之語疑有姦私走

江蘇巡撫林則徐題本　題報驗明銅山縣民陳得馨戳斃伊妻滕氏並子女擬絞監候　道光十五年八月初六日

進棚內値滕氏與子女同臥舖上陳得馨向滕
氏盤詰姦情滕氏不承反向詈罵陳得馨趕攏
欲毆滕氏坐起揪住陳得馨髮辮往下捺按陳
得馨掙扎不脫順拔身帶千刀向上亂戳黑暗
中致傷滕氏左肐肘肚腹並誤傷伊女陳小丫
肚腹等處喊跌倒陳得馨點燈查看詎滕氏及女
陳小丫均各殞命伊子陳喜驚醒哭泣陳得馨
恐人聽聞喝阻不止復用刀嚇戳適傷其右肋
亦即身死次早陳得馨欲圖埋屍滅跡往向吳
尚節商量吳尚節投保獲犯報驗訊詳審供不
諱陳得馨依夫毆妻至死者絞律擬絞監候秋
後處決謹題請
旨

圖書在版編目（CIP）數據

清宫林則徐檔案匯編.13/ 中國第一歷史檔案館　福建省林則徐研究會　編.—福州：海峽文藝出版社，2017.12

ISBN 978－7－5550－1326－6

Ⅰ.①清…　Ⅱ.①中…②福…　Ⅲ.①林則徐（1785~1850）—檔案資料—匯編　Ⅳ.①K827＝52

中國版本圖書館 CIP 數據核字（2017）第 271628 號

清宫林則徐檔案匯編　13

中國第一歷史檔案館　福建省林則徐研究會　編

責任編輯　茅林立　陳　婧
美術編輯　劉小岳
出版發行　海峽出版發行集團
海峽文藝出版社
經　　銷　福建新華發行(集團)有限責任公司
社　　址　福州市東水路 76 號 14 層　　**郵編**　350001
發 行 部　0591-87536797
印　　刷　福建新華印刷有限責任公司　　**郵編**　350011
廠　　址　福州市福新中路 42 號
開　　本　889 毫米 × 1194 毫米　1/16
字　　數　860 千字
印　　張　39.25
版　　次　2017 年 12 月第 1 版
印　　次　2017 年 12 月第 1 次印刷
書　　號　ISBN 978－7－5550－1326－6
定　　價　300.00 元